中輟學生的危機與轉機

Alternative Education for Dropout Prevention

吳芝儀／著

濤石文化
嘉義

何　　序

　　大哲學家笛卡兒說：「讀一本好書，就是與許多高尚的人談話。」是的，一本好書是作者博覽群書加上其智慧的結晶，可引領讀者體悟書中的精華，並可從中得到啓示找到可以著力之所在。「中輟學生的危機與轉機」就是一本好書，一本值得推薦的好書，它是一本輔導中輟生必讀的好書，有著豐富的學養和實務的好書，兼具國內現況與外國先進作法的好書，應該會獲得中小學所有教育學者的青睞，更是關心教育以及從事中輟生協尋、輔導、研究的所有夥伴需要參考的佳作。

　　中正大學犯罪防治研究所吳芝儀老師是我欽佩的年輕學者，她回國雖沒幾年，其研究、治學嚴謹之精神令我敬佩，尤其她那顆關懷中輟生的心更令我感動，她持續幫助教育部推動中輟生的輔導工作更是不遺餘力。由於她的專業背景橫跨教育、諮商輔導、社區服務、青少年犯罪等領域，又長期用心關懷、輔導青少年的偏差行爲、輟學、犯罪行爲，方能從多元角度來探討中輟學生的相關問題，又能深入探討解決中輟學生的有效中輟防治策略和選替方案。以她精湛的學術素養加上豐富的實務經驗，分別以不同章節來闡述分析中輟生的現況、中輟生的定義與內涵、中途輟學之危機因素；並進而探究中輟生的防治方案、選替教育方案；最後並整合中輟生輔導之相關資訊與資源，研提具體可行之建議，供教育部、縣市政府、學校及相關團體進行中輟生教育、輔導、服務之參採運用。

　　青少年問題、中輟生問題之因素錯綜複雜，一直是民意輿論關懷的焦點，也是政府施政的重點。「全是贏家的學校」書中就曾提出警告，如果政府不肯多花2200美元將中小學階段孩子從危險邊緣中救出來，帶上來，可能會把他推到監獄去，關他一輩

子，如此一來，政府每年至少要花二萬美元。近年來教育部結合各界的力量大力推動教育改革，分從治本與治標方面著手，更有十二項具體的教改行動方案以及其他諸多的配套措施如火如荼地進行著，其最終的目標是要帶好每位孩子，也就是實現「有教無類」、「因材施教」、「適性發展」的教育理想，在這種教改浪潮中，教育部訓育委員會當不能置身事外。在長官的提示指導下，也分別致力配合「教訓輔三合一整合實驗方案」、「中輟學生通報及復學輔導方案」、「兩性平等教育實施方案」、「生命教育實施方案」、「人權教育實施方案」、「生活教育實施方案」、「法治教育計劃」、「青少年輔導計劃」等專案，可謂忙得不可開交，除感謝政府各部門的支持與合作，讓各項工作都能循序漸進地推動外，更要感謝民間團體及學者專家的大力支持。

就以中輟生之復學輔導方案而言，除定期召開督導會報來協商解決相關問題外，也陸續在各部門的分工合作下推出許多工作，諸如「教育部補助直轄市、縣市籌設中途學校實施要點」，協助各縣市設立獨立式、資源式、合作式、學園式等多元型態中途學校，提供具有銜接、中介功能的教育設施，扶助家庭變故、嚴重適應困難、中輟後需要特別保護之學生順利就學；也委請中正大學犯罪防治研究所成立「全國中輟防治諮詢研究中心」，幫忙致力於中輟防治方案和選替教育之研究、分析、規劃、整合、支援；此外為結合民間團體的力量，也研擬「國民中小學中輟學生輔導與支援網路實施方案」、「補助直轄市、縣市結合民間團體追蹤、輔導與安置中輟生實施要點」。因為大家的重視與支持，雖然還有許多困難亟待突破，中輟生的輔導已有初步的成效，中輟生人數從八十五學年度的10,112人逐漸下降為8,984人，8,368人，5,638人；復學率也提高了。

中輟生的復學輔導工作是件積德的工作，也是件今天不做、明天會後悔的工作，雖然吃力不討好，「前途有限，後患無

窮」，卻是良心的工作。將心比心想想看，將中輟生視同自己的子女，就會油然而生出「快樂傻瓜」的熱情，能幫一個算一個，能救一個算一個。俗諺說的好「人在做，天在看」、「救人一命，勝造七級浮屠」、「勸人做好代，沒輸吃早齋」，期盼借助吳芝儀教授「中輟生的危機與轉機」一書的出版，朝向中輟生輔導制度的建構、人才的培訓、方法的創新、經驗的傳承、資源的整合，以及教育共識的凝聚著力，期能營造「發展重於預防，預防重於治療」的健康、安全、溫馨校園，每位教職員都能將學生視為自己的子女並樂意參與輔導工作，讓教訓輔三合一實驗方案「教師有效教學、行政人員專心辦學、家長熱心助學、學生快樂求學」的願景早日實現。

在分享、欣賞、感謝又欽佩中樂於為序。

教育部參事兼訓育委員會常務委員

何進財

2000.12.01

自　序

　　最近曾和一個中輟後又回到學校的國中學生聊天，談到了他以前輟學的動機及當時的生活情形，他心無芥蒂地和我大談當時浪蕩街頭、流連KTV、廝混幫派的心情。值得慶幸的是他對於往後要走的路已經有了一些方向，所以又回到學校來，希望能學得一技之長，有一天能實現自己的理想。像他這樣曾在學校中不斷遭受挫折打擊的孩子，一有機會就想躲避逃離學校的壓力，每天總可以在浪跡街頭的邊緣青少年中找到好多個；而有更多的孩子雖然無奈地去了學校，但是心中並不快樂，充滿了對自己慘澹人生的茫然和失落。看著稚嫩的臉龐盡是滄桑，常不禁要悲憫起這些孩子就像是被關在籠中接受電擊實驗的老鼠，總要儘速逃離電擊現場；而無處可逃的只能無助地躲在籠中角落顫抖，或麻木不仁地過一天算一天。年齡還輕、涉世未深的孩子呀，怎能忍心責怪他們挫折容忍力太低呢？

引自吳芝儀（1999）

　　三年前剛來到國立中正大學犯罪防治研究所，就接獲黃光雄院長要求協尋「中輟學生」的任務，期能藉由歐美先進國家所實施的中輟學生教育和輔導措施，來建構我國未來的中輟學生教育和輔導藍圖。這個任務獲得了長期鑽研少年犯罪問題的專家─蔡德輝所長，以及教育部訓委會何進財常委的大力支持，目前仍在持續進行之中。

　　由於個人所學的專業背景，橫跨了教育、諮商輔導、社區研究、及目前的犯罪研究領域，實務工作上長期關注並輔導青少年的學習、生活、行為和生涯發展等相關議題，對青少年發生中途輟學、偏差或犯罪行為的現象，一直有著高度的好奇和關心。一

方面試圖了解問題行為發生的原因，二方面更致力於從教育、輔導、社區服務等層面謀求有效的解決之道。因此，個人近年來的研究方向與主題均和中輟學生脫離不了關係。

本書乃將個人近年來在中途輟學成因和中輟防治策略兩方面的探究心得有系統地加以彙整，因此本書的目的有二：一方面試圖從多元角度理解中輟學生的問題，二方面深入探討能解決中輟學生問題的有效中輟防治策略和選替教育方案。期能藉由本書的分析和整理，提供關心中輟學生問題的教育、輔導、社福、警政、法務等不同專業領域的實務工作者參考，協力促成國內中輟學生教育和輔導方案的長足發展，以有效消弭青少年中途輟學或犯罪的問題，減低少年偏差和犯罪行為對社會之戕害。

本書第一章呈現中輟學生的現況，俾使讀者瞭解當前中輟學生的分佈情況，對個人、家庭、學校和社會各方面的潛在危害，以及我國政府所採行的因應策略。第二章說明筆者個人所信仰的教育理念，用以省思中輟學生問題的理論框架，以及從事中途輟學相關研究的研究方法。第三章說明中輟學生與危機學生的定義及其指涉之內涵，並討論其相關問題。第四章討論中途輟學與偏差行為或犯罪行為的問題，俾瞭解中輟學生和虞犯少年、犯罪少年之間的關連。第五章則詳述導致學生中途輟學的危機因素，及國內外的研究發現和心得，並說明筆者對中輟復學生進行訪談研究的成果。

本書的六至八章旨在探討有效的中輟防治策略和選替教育，以提供我國教育部門作為擬定危機學生教育政策之參考。第六章說明綜合性、全面性的中輟防治方案，第七章介紹作為中輟防治核心的選替教育方案之發展與現況，第八章則提出數個已實施經年、並被證明對協助危機學生具有卓越成效的選替教育方案實例，以歸納出有效選替教育方案特點及其規劃和評鑑，俾讀者對選替教育內涵及其運作方式有更為清楚的理解。

第九章報告我國中輟（復）學生對理想學校的期待與願景；最後第十章則試圖整合各項有關中輟學生與教育策略之資訊，對我國政府為中輟或危機學生實施教育、輔導和支援服務提出具體的建議。

本書的孕育和完成，首先要感謝國立中正大學教育學院黃光雄院長的提攜指導，引領我跨入中輟學生教育和輔導的領域，促使我的專業和所學獲得較大的提升和轉型。其次要感謝中正大學犯罪防治研究所蔡德輝所長，由於他的全力支持和積極推動，使我有勇氣繼續為中輟學生克盡心力。最後要感謝教育部訓委會何進財常委和鄭崇趁專門委員，是他們堅定地扮演機長和火車頭的角色，中輟防治的列車才能一路駛來，穩健而順利，造福所有需要更多關懷、更多鼓勵、更多肯定的危機學生！

吳芝儀

謹誌於國立中正大學

2000/11

目　　錄

何序 1

自序 5

第一章　中輟學生的問題與現況 1
　　第一節　中輟學生問題的現況分析 3
　　第二節　中輟學生問題的潛在危機 9
　　第三節　中輟學生問題的因應策略 12

第二章　個人教育理念與研究方法 19
　　第一節　實用主義的教育理念 20
　　第二節　人本心理學的輔導理念 21
　　第三節　建構論的教育觀點與教學實務 23
　　第四節　質的研究方法 31

第三章　中輟學生與危機學生 41
　　第一節　中輟學生的涵義 42
　　第二節　危機學生的涵義 48

第四章　中途輟學與偏差行為 59
　　第一節　青少年偏差行為的涵義 60
　　第二節　青少年偏差行為的理論觀點 64
　　第三節　中輟學生之輟學經驗與偏差行為 71
　　第四節　中途輟學與犯罪行為之關係 76

第五章　中途輟學危機因素 79
　　第一節　中途輟學的個人層面因素 81
　　第二節　中途輟學的家庭層面因素 82
　　第三節　中途輟學的學校層面因素 86
　　第四節　中途輟學的社會或同儕因素 91
　　第五節　中途輟學危機因素之深度研究 92

第六章　中輟防治方案—預防與介入 115
　　第一節　早期的中輟防治策略 116
　　第二節　中輟防治方案之現況 118
　　第三節　綜合性中輟防治方案之架構 121
　　第四節　綜合性中輟防治方案之內涵 126

第七章　選替教育之發展與現況 133
　　第一節　選替教育之目標與內涵 134
　　第二節　選替教育之發展 137
　　第三節　選替教育之服務對象 144
　　第四節　選替教育之法令依據 145
　　第五節　選替教育之類型與模式 150
　　第六節　選替教育方案之課程內涵 162

第八章　選替教育方案之特點與規劃 169
　　第一節　綜合性中輟預防方案 170
　　第二節　獨立式選替學校 177
　　第三節　以中輟預防為目的之橋樑方案 189
　　第四節　有效選替教育方案之特點 190
　　第五節　選替教育方案之規劃 194
　　第六節　選替教育方案之評鑑 202

第九章 我國中輟學生之理想學校願景 207
　　第一節 理想學校之學校設施 208
　　第二節 理想學校之教師態度 210
　　第三節 理想學校之訓導管理 212
　　第四節 理想學校之課程內容 215
　　第五節 理想學校之學生與班級 215
　　第六節 理想學校願景之綜合分析 219

第十章 我國實施中輟防治與選替教育芻議 219
　　第一節 我國當前中輟因應策略之評析 220
　　第二節 我國實施中輟防治方案之芻議 226
　　第三節 我國實施選替教育之芻議 232
　　第四節 我國籌設選替學校之芻議 237

附錄一 國民中小學中輟學生通報與輔導辦法 249
附錄二 國民中小學中輟學生通報與輔導方案 253
附錄三 教育部補助各縣市設置中途學校實施辦法 265
附錄四 中輟學生訪談綱要 269
附錄五 中輟因素調查問卷 273
附錄六 中輟學生鑑別檢視表 277
附錄七 1997美國全國中輟防治法案 279
附錄八 美國選替學校或方案檢核表 285
附錄九 教訓輔三合一整合實驗方案 291
附錄十 國民中小學中輟學生輔導
　　　　與支援網路實施方案（草案） 297

參考書目 307

Chapter 1

中輟學生的問題與現況

◆ 中輟學生問題的現況分析
◆ 中輟學生問題的潛在危機
◆ 中輟學生問題的因應策略

近年來，社會上連續發生多起駭人聽聞、令人髮指的青少年集體凌虐或殺人事件，惡質殘忍的手段攪得人心惶惶，深怕危機就隱藏在自己生活的周邊。更令人難堪的是，在連串類似情節的青少年集體暴力犯罪事件中，我們經常會發現，無論施暴者或是受暴者多是學習成就低落、自認被主流教育體系所放棄的「中輟學生」。這些原應該在校園中愉快地學習和成長的「我們的孩子」，竟然以如此兇狠殘暴的手段來反噬我們在教育上所付出的心力和成本，著實令肩負著教育使命的教育工作者和家長，感到挫折、難過、痛心和不知所措。

　　如果我們有機會到學校中和老師們聊一聊，我們常會聽到類似的故事：許多學生來自破碎或功能不良的家庭，許多學生的家長並不關心子女在學校中的表現，許多學生因跟不上課程進度而對學習失去興趣，不愛讀書的學生在學校中製造許多問題和爭端、行為發生偏差的學生愈來愈難以管教，學校老師因缺乏輔導知能而加劇師生間的衝突，問題行為學生愈來愈少到學校終至中輟，學校對被找回的中輟學生仍然束手無策，學校擔心「找回的一匹狼會帶走好幾隻羊」！這些故事的背後有著許多教育工作者的無奈和辛酸。然而，如果我們眼睜睜地讓這些可能或已發生偏差行為的青少年流落在街頭遊蕩，他們很容易呼朋引伴「相偎取暖」，一起嗑藥「搖頭」、一起飆車打劫、一起雜交濫交、一起暴力揮刀……。我們所要付出的社會成本更數倍於教育和輔導的投資。

　　識此之故，我們一方面要深入推敲究竟是什麼因素導致這些「我們的孩子」執意掙脫學校的樊籠，另一方面更要仔細尋思有效的策略和方法來將中輟學生所造成的社會危機減到最低。如果這些孩子已不幸生長在結構不全或功能不良的家庭，唯有學校能彌補他們所欠缺的關愛，支持他們健康地成長茁壯。有效地解決中輟學生的問題，始能避免危機的擴大，避免對學生個人、家庭關係、學校教育、社會治安造成莫大的傷害。

第一節　中輟學生問題的現況分析

　　內政部統計處（2000）曾根據教育部訓育委員會所提供的八十五至八十七學年度中輟學生通報資料，分析出近三年來的中輟學生特性和趨勢，得出下列數項結論：

一、國中、小學平均輟學率爲0.3%，平均每學年輟學人數爲9,155人

　　若按各學年度輟學情形觀察，八十五學年度輟學學生人數爲1萬112人，同時期在學學生總人數爲3,05萬5,472人，輟學率爲0.33%。八十六學年度輟學人數爲8,984人，輟學率爲0.30%。至八十七學年度輟學人數爲8,368人，輟學率爲0.29%。顯示近三年國中、小學輟學率大致在0.29%至0.32%之間，變動並不明顯，但就輟學學生人數、輟學率而言有逐年減低趨勢（見表1-1）。若按國中、小學中輟生人數分配觀察，近三年平均國中中輟生比例占84.6％、小學占15.4％。若按各學年度國中小學中輟生人數分配觀察，近三年小學中輟生比例由八十五學年度14.1%，上升至八十七學年度17.9%，顯示國小中輟生有呈逐年遞升現象，國中中輟生則呈反向變動（見表1-2）。

表1-1　近三年國民中、小學中途輟學學生輟學率

學年度	輟學學生數 （1）	失蹤學生人數 （2）	輟學率（%） （3）＝（1）/（2）*100
三年平均	9,155	2,985,247	0.31
八十五學年度	10,112	3,055,472	0.33
八十六學年度	8,984	2,980,278	0.30
八十七學年度	8,368	2,919,990	0.29

　　資料來源：教育部訓育委員會、教育部「教育統計」（1999）

表1-2　近三年中途輟學學生人數—按國中、國小分

學年度	輟學人數			分配比		
	總計	國中	國小	總計	國中	國小
三年平均	9,155	7,742	1,413	100.0	84.6	15.4
八十五學年度	10,112	8,682	1,430	100.0	85.9	14.1
八十六學年度	8,984	7,671	1,313	100.0	85.4	14.6
八十七學年度	8,368	6,872	1,496	100.0	82.1	17.9

資料來源：教育部訓育委員會、教育部「教育統計」（1999）

二、國中、小學輟學率以原住民人口較密集之花蓮、臺東縣最高，約0.9%

就八十七學年度各縣市國中、小學中輟生輟學率觀察，以花蓮、臺東縣輟學率最高分別為0.99%及0.93%，約為當年中輟生平均輟學率0.29％的三倍以上；其次為基隆市0.53%及新竹市0.52%；再次為嘉義縣0.46%及屏東縣0.42%；高雄縣、新竹縣輟學率亦分別為0.38%及0.36%；都會區之臺北市、高雄市輟學率分別為0.21%及0.23%；臺北縣、臺南縣均為0.17%，澎湖縣0.19%；而以福建省金門縣、連江縣之輟學率分別為0.01%及0.12%最低。就以上統計資料結果，發現屬山地鄉、原住民較集中縣市如花蓮縣、臺東縣、基隆市、嘉義縣、屏東縣、高雄縣、新竹縣等，其輟學率相對較高，故有關單位應重視山地鄉中輟生輟學率偏高現象，及早謀求因應之道（見表1-3）。

三、男性中輟學生比例逐年遞升，男、女性中輟學生比例約達6:4

就中輟生近三年平均人數之性別觀察，男性占55.8%，女性占

表1-3 各縣市國民中、小學中途輟學學生數、輟學率

縣市別	輟學學生數 （1）	輟學學生數 （2）	輟學率（％） （3）＝（1）/（2）*100
總計	**8,368**	2,919,990	0.29
台北縣	822	488,017	0.17
宜蘭縣	158	60,560	0.26
桃園縣	717	244,221	0.29
新竹縣	209	57,950	0.36
苗栗縣	228	73,723	0.31
台中縣	675	217,804	0.31
彰化縣	429	178,165	0.24
南投縣	219	68,128	0.32
雲林縣	290	88,602	0.33
嘉義縣	264	57,456	0.46
台南縣	225	135,542	0.17
高雄縣	563	148,229	0.38
屏東縣	467	111,144	0.42
台東縣	270	28,919	0.93
花蓮縣	430	43,380	0.99
澎湖縣	20	10,367	0.19
基隆市	258	48,722	0.53
新竹市	266	50,877	0.52
台中市	408	140,553	0.29
嘉義市	103	40,515	0.25
台南市	242	107,188	0.23
台北市	656	316,763	0.21
高雄市	447	194,880	0.23
金門縣	1	7,442	0.01
連江縣	1	843	0.12

資料來源：教育部訓育委員會、教育部「教育統計」（1999）

44.2％。若按各學年度觀察，八十五學年度男性為5,445人占53.8％，女性為4,667人占46.2％；八十六學年度男性為4,904人占54.6％，女性為4,080人占45.4％；至八十七學年度男性為4,972人占59.4％，女性為3,396人占40.6％。顯示近三年國中、小學男性中輟生比例由八十五學年度53.8％，上升至八十七學年度59.4％，呈逐年遞升現象，男、女性中輟生比例約達六比四（見表1-4）。

表1-4 近三年中途輟學學人數─按性別分

學年度	輟學人數			分配比		
	總計	男性	女性	總計	男性	女性
三年平均	9,155	5,107	4,048	100.0	55.8	44.2
八十五學年度	10,112	5,445	4,667	100.0	53.8	46.2
八十六學年度	8,984	4,904	4,080	100.0	54.6	45.4
八十七學年度	8,368	4,972	3,396	100.0	59.4	40.6

資料來源：教育部訓育委員會

四、三年平均中輟學生來自單親家庭比例高達二成六

若將中輟生所屬家庭類別歸納成（1）單親家庭、（2）原住民家庭、（3）其他家庭（除上述單親家庭、原住民家庭外之一般家庭）等三類。就中輟生近三年平均所屬家庭類別型態觀察，單親家庭占26.2％，原住民家庭10.0％、其他家庭為63.8％。若按各學年度觀察，八十五學年單親家庭為24.3％，原住民家庭8.5％；八十六學年單親家庭為25.5％，原住民家庭10.4％；八十七學年單親家庭為28.8％，原住民家庭11.0％。顯示單親家庭及原住民家庭之子女，成為中輟生之比例有升高現象，尤其是單親家庭中輟生比例已接近三成，殊值相關單位加以重視，並適時對中輟生提供必要之輔導與協助（見表1-5）。

表1-5　近三年國民中、小學中輟生所屬家庭型態類別

學年度	總計	單親家庭	原住民家庭	其他
三年平均	100.0	26.2	10.0	63.8
八十五學年度	100.0	24.3	8.5	67.2
八十六學年度	100.0	25.5	10.4	64.1
八十七學年度	100.0	28.8	11.0	60.2

資料來源：教育部訓育委員會

五、中輟學生輟學原因以個人因素占三成七最多，其次為家庭因素占二成四

　　以中輟生近三年平均輟學原因觀察，以個人因素占36.6％最高，家庭因素占23.7％居次，學校因素占14.3％再次之。若就輟學因素比例在各學年度之變動觀察，仍以個人因素所占比例最高（八十五學年為32％，八十六學年為31％，八十七學年竄升至47％）；其次為家庭因素（八十五學年為24％，八十六學年為25％，八十七學年為22％）；再次為學校因素（八十五學年、八十六學年均為17％，八十七學年降為9％）；同儕因素（八十五學年、八十六學年均為14％，八十七學年降為7％）。足見學生輟學原因仍以個人及家庭因素為主（見表1-6）。

表1-6　近三年國民中、小學中輟生之主要輟學原因

學年度	總計	個人因素	家庭因素	學校因素	同儕因素	其他因素
三年平均	100.0	36.6	23.7	14.3	11.7	13.7
八十五學年度	100.0	32.0	24.0	17.0	14.0	13.0
八十六學年度	100.0	31.0	25.0	17.0	14.0	13.0
八十七學年度	100.0	47.0	22.0	9.0	7.0	15.0

資料來源：教育部訓育委員會

六、中輟學生平均失蹤率為36％，但行蹤掌握已逐漸好轉

就各級學校對中輟生行蹤掌握情形觀察，近三年中輟生平均每學年失蹤人數為3,263人，平均失蹤率為35.6％。若按各學年度觀察，八十五學年度失蹤學生3,777人，失蹤率37.4％；八十六學年度失蹤學生3,843人，失蹤率42.8％；八十七學年度失蹤學生2,170人，失蹤率25.9％，較八十六學年度下降16.9個百分點，顯示中輟生失蹤率已獲得顯著改善（見表1-7）。

表1-7　近三年國民中、小學中輟生失蹤人數比率

學年度	輟學學生數 （1）	失蹤學生人數 （2）	輟學率（％） （3）＝（1）/（2）*100
三年平均	9,155	3,263	35.6
八十五學年度	10,112	3,777	37.4
八十六學年度	8,984	3,843	42.8
八十七學年度	8,368	2,170	25.9

資料來源：教育部訓育委員會

七、中輟學生平均復學率為39％，但復學情形逐漸好轉

就各級學校之中輟生復學情形觀察，近三年中輟生平均每學年復學人數為3,593人，平均復學率為39.2％。若按各學年度觀察，八十五學年度復學學生為3,191人，復學率為31.6％；八十六學年度復學學生為2,878人，復學率為32.0％；八十七學年度復學學生為4,710人，復學率為56.3％　顯示中輟生之復學率逐漸好轉，八十七學年度更獲顯著改善（見表1-8）。

表1-8 近三年國民中、小學中輟生復學人數比率

學年度	輟學學生數 （1）	失蹤學生人數 （2）	復學率（％） （3）＝（1）／（2）*100
三年平均	9,155	3,593	39.2
八十五學年度	10,112	3,191	31.6
八十六學年度	8,984	2,878	32.0
八十七學年度	8,368	4,710	56.3

資料來源：教育部訓育委員會

　　綜合而言，三年來國民中、小學中輟生的人數約在八千至一萬人左右，輟學率約為0.3％；其中有八成多為國中學生；而男性中輟生比例較女生高出約二成；單親家庭中輟生比例已接近三成，原住民家庭中輟生之比例亦近一成；主要輟學原因以個人因素最多，其次為家庭因素。中輟生復學率在八十七學年度明顯遞升至五成六，顯示在教育部實施中輟學生通報、協尋及輔導辦法之後，中途輟學問題獲得明顯的改善。不過，屬山地鄉及原住民較集中縣市如花蓮縣、台東縣、基隆市、嘉義縣、屏東縣、高雄縣、新竹縣等縣之輟學率相對較其他縣市為高，亟需縣市政府教育和輔導機構付出更多心力發展有效的教育和輔導策略。

第二節　中輟學生問題的潛在危機

　　學生中途輟學不僅是個人的損失，還可能造成家庭、學校、社會等數方面的傷害，全體納稅人所需擔負的社會成本實至為鉅大。

學生個人方面

中途輟學的青少年大多是在學校中無心唸書、缺乏成就動機、或無法擔負課業的壓力，以至於產生學業成績不良、同儕疏離、低度自我肯定、充滿無助感等，易成為教師和同學眼中的「壞學生」。這些充滿挫折經驗的學生很容易會將「壞學生」的形象自我標籤化，以致對自己具有相當負向的自我概念、自暴自棄，和其他同樣是壞學生的青少年同流合污。

家庭關係方面

中途輟學青少年常來自於破碎、或喪失功能的家庭，他們既逃學也逃家，親子關係不良既是因亦是果。如長期缺乏家庭的關心和照顧，更會使得這些青少年對家庭親職角色和功能產生認知的扭曲，影響到他們日後對家庭的參與和投入，極易步上他們父母的後塵而難以建立具有健全功能的家庭。

學校教育方面

無所事事的中輟學生多群聚在學校鄰近的空屋荒地，或在放學後出入校園，伺機向在學學生威脅恐嚇，或打架滋事危害校園的安全；而輟學後非志願重返校園的學生，再次面對充滿挫折失敗的學校經驗，鬱積心中的無助與憤怒不啻是一顆顆的不定時炸彈，對校園、教師與其他學生均潛在著相當的危險性，不僅增加班級管理上的困難，且極易影響其他學生產生偏差行為以致隨之中途輟學。

社會治安方面

　　成群結黨流竄在社會陰暗角落的中輟學生，多半會在同儕相互影響之下不由自主地從事不見容於社會規範或法律的危險勾當，徘徊在違法犯罪的邊緣，以至於如犯罪學者蔡德輝所言：中輟學生的犯罪率幾乎是一般學生的四倍（引自鄭崇趁，1999）；而且約有七成比例的犯罪少年在犯罪之前即經常不到校上課（蔡德輝等，1999）。換句話說，中途輟學常是青少年發生違法犯行的重要前兆，是危害社會治安、威脅大眾安全的紅燈警訊。

　　在現今社會快速變遷的衝擊之下，青少年所面對的環境處處潛藏著危機。無論是生於斯長於斯的家庭、受教化薰陶的學校、或者是規範信仰的社會文化，皆須因應層出不窮的社會問題而快速分裂解組，在在使得e世代的價值觀、生活形態等，和現今社會中堅份子的青壯年有著難以道里計的差異。於是，並存於社會的不同世代，有如地球板塊激烈衝撞，隨時可能爆發火山、洪流，也使得家庭、學校、社會處處危機四伏。瀕臨危機邊緣的青少年，就被稱為「危機青少年」（at-risk youth）或「危機學生」（at-risk students），「逃學」（truancy）「中途輟學」（dropout）只是危機青少年用以因應其危機狀態的一種行為手段（McWhirter, 1998）。

　　此外，國內外關心青少年問題的教育、輔導、犯罪學者，亦已深切體認到傳統考試取材的教育體系已衍生無數積重難返的結構性障礙，如學制缺乏彈性、能力標籤、考試決定、課程內容狹隘、缺乏支援服務、疏於早期預防、隔絕父母社區的參與等（Hixson, & Tinzmann, 1990），造成了學生「學業至上」的單一成就價值，是迫使許多在學校中缺乏關注、與成功經驗絕緣的低成就學生，自我阻絕於校門之外，甚至以違法犯行創造另類成功經驗來滿足其所需要之自我實現。這些面臨「教育失敗危機」的青

少年，在學校中多出現學業成績不良、疏離、低自我肯定、充滿無助感等，是其後期發生偏差行為的徵兆，如未能及早加以輔導或採取矯正行動，逃學輟學、進而違法犯紀即是可能的後果。

因此，妥善處理青少年逃學或中途輟學的問題，是預防危機學生浪蕩街頭無所事事以致違法犯罪的重要方法之一。於是，無論是政府教育單位或民間教育團體皆積極致力於「把中輟學生找回來」，以減低社會成本的支出。

第三節　中輟學生問題的因應策略

近年來教育部為有效找回中途輟學學生，自八十三年起即建立「國民中小學中途輟學學生通報系統」，並與內政部合作，請警政署協尋中輟失蹤學生，請社政、社輔單位和地方教育廳局合作，追蹤輔導長期未復學學生。與法務部合作，加強執行學校法治教育實施計畫各項重點工作，強化中輟犯罪學生的觀護與輔導措施。民國八十五年五月正式提出「國民中小學中途輟學學生通報及復學輔導辦法」（附錄一），加強國民教育階段中途輟學學生之通報，輔導其復學，並協助其順利完成國民教育。從八十六年起，教育部與省政府教育廳試辦中途輟學學生通報與追蹤輔導計畫，由地方各縣市政府教育局與民間團體中華兒童福利基金會各地家扶中心合作，進行中輟學生之協尋與輔導工作。於是，「把中輟學生找回來」在教育部門的大力推動之下，成為政府與民間的共識，並已獲致高度卓著的成效。

輓近更因為青少年重大刑案多與中途輟學者有關，引致社會大眾普遍關注，教育部亦已列為當前重大教育課題之一。教育部遂於八十七年七月七日頒布「中途輟學學生通報及復學輔導方案」（附錄二），成立「輔導中途輟學學生專案督導小組」，落實執

行二十四項重點工作，其中復學輔導方面乃跨部會合作措施，亟待內政部、法務部、原住民委員會督導所屬單位共同促成，期能有效找回中輟學生，增益復學輔導效果。

政府致力推動的中輟復學措施雖已著有成效，然而，對收容中輟學生的學校而言，找回中輟學生之後，往往才是問題的開始。為了妥善安置這些已沾染了社會江湖習氣的中輟復學生，常會弄得學校內各處室水火不容，而勉強收留的班級導師往往也不知所措，使得學校更無時無刻不緊盯著中輟復學生，擔心「一顆老鼠屎，弄壞了一鍋粥」，更擔心「找回一匹狼，帶走了幾隻羊」。於是，在課程和學習環境都沒有改變的情況下，中輟復學生更感覺到學校老師或同學對其另眼看待是不懷好意，或「存心找碴」，最後落得怨氣更深，也走得更遠─中途輟學時間一次比一次更久（吳芝儀，1999a; 2000）。

如果「把中輟學生找回來」只是把早已在主流教育體系中歷盡滄桑的學生找回到使他自我挫敗的地方，則不僅無益於改變他偏差行為，反而像是去點燃炸彈的引信，促使其內心鬱積的憤怒一觸即發。

那麼，找回中輟學生之後，要如何適當安置他們？要提供什麼樣的教育與輔導措施，才能讓學生在校園中重新拾回對自我和社會的信心？除了政府教育單位的努力之外，社會福利、警政、法務等不同部門應如何協同合作，才能消弭中輟學生的危機？政府與民間機構要如何各盡所能，為瀕臨中輟學生以及中輟復學生提供最有效的輔導與支援服務呢？這些關於中輟學生問題的因應策略，頗值得各個不同領域的學者專家，從多個不同層面謀求適切有效的解決之道。

筆者限於自身專業背景在教育、輔導和犯罪學領域，從實務工作和研究經驗中，發現青少年犯罪個案多數有著不愉快的學校經驗或曾中途輟學，早已是不爭的事實，所浮現的教育失敗危機

只是冰山一角。偏差或犯罪青少年受求學歷程中和課程接觸、與教師和同學相處的學校經驗影響甚爲深遠，而這些銘印在偏差或犯罪青少年記憶中的學校經驗幾以負向經驗佔絕大多數，導致其以中途輟學的方式來逃避挫折（吳芝儀，1999b），令人扼腕嘆息。而在筆者對中輟學生輟學經驗和危機因素的研究中（吳芝儀，2000），更發現在個人、家庭、學校、社會等不同層面危機因素中，對課程不感興趣、師生衝突、同儕疏離等學校因素，是導致學生中途輟學的最重要根源。這些發現促使筆者更爲關注學校教育體系如何能有效協助有中輟危機的學生和中輟復學生，以預防其中輟或再度中輟。

歐美等先進國家對中輟學生或危機學生所提供的教育、協助和服務，或許值得吾人所效法。

在美國，學生因中途輟學所衍生的社會問題，亦是相當棘手。根據一份對美國中輟現況的統計報告（Kunisawa, 1988）指出，全美平均有25%的學生無法完成十二年的義務教育，有十州的中輟率更超過35%，而賓州、芝加哥、紐約及波士頓等地的中輟率更是超過40%。而許多有關犯罪青少年的研究證實，逃學或退學常是青少年違法犯行的主要前兆（Hixson, & Tinzmann, 1990）。在英國，某地方教育局統計發現年齡在十一歲以上的被退學少年中，有58%在被退學當年的前後有違法犯行，42%被少年法庭判刑的學齡少年在犯行前已被學校退學，另23%的犯罪少年有嚴重的逃學行爲（The Audit Commission , 1996）。有鑑於中輟學生對社會治安的潛在威脅性，歐美等先進國家的內政、法務及教育部門無不聯手積極推展「中輟防治方案」（dropout prevention programs），以多元面向的聯防行動，有效遏阻青少年中途輟學的可能性、降低逃學或被退學的學生人數，期能顯著控制青少年犯罪的情況。而由教育機構針對中輟學生的特殊教育需求，設計革新性的「選替教育」（alternative education），毋寧是最能統合

各項聯防行動的關鍵。

「中輟防治方案」係指由政府或民間機構所主導的、以預防學生中途輟學、減低中輟學生人數爲目標的行動方案。例如我國教育部試圖整合社政、警政、法務等機構協同合作的「中途輟學學生通報及復學輔導方案」。美國「全國中輟防治中心」（National Dropout Prevention Center）則列舉出數項成效卓著的中輟防治策略。在學校方面，包括選替教育、教學科技、服務學習、衝突調解、放學後經驗、讀寫方案、個別化教學、學習風格和多元智能評量、生涯教育等。在家庭方面，包括早期兒童教育和家庭參與。在社區方面則爲社區合作等。

「選替教育」是一個實施於學校的教育方案或方式，一方面企圖達成教育當局所設定的教育目標，另方面則在教學方法、課程安排和學習環境上加以創新調整，致力於滿足中輟學生或危機學生的學習需求，故有迥然不同於一般正規學校的作法。此類選替教育方案大多以中輟學生或潛在中輟學生爲對象，以中輟防治爲目標，並不包括純粹以提供殘障或資優學生特殊教育爲主的方案，故父母和學生擁有選擇參與選替學校或方案的權利（Morley, 1998）。

英國教育與就業部（the Department of Education and Employment, DfEE）曾提出「逃學和叛逆學生」（the Truancy and Disaffected Pupils Program）方案，致力於改善學生出勤率且減低叛逆行爲的有效處遇措施。如Oxford的Peers School因位於一高度社會不利的地區，校內成立有一個特殊需求小組（special needs unit），包括一組支援教師（support teachers）和一位心理諮商師（counselor），使校內具有偏差行爲問題的學生能有部分時間在該小組中接受輔導和教育。此一將具有情緒或行爲上困難的學生視爲選替教育對象，而提供額外的心理、行爲及課業輔導，正視了不適應於正規教育模式之學生的特別教育需求及其受教權。

因此，如何針對危機青少年的特別教育需求，提供有別於傳統以習得基本學術技能為主的「選替教育」，促使學生藉由從事於有趣且富挑戰性的學習，以多方獲得成功的機會，進而增進自我肯定，不啻是當前社會邁向二十一世紀之前最重要的教育課題。我們亟需將「把中輟學生找回來」化為更積極更具體的教育改革行動，籌設專門收容所有不適應於現有教育體系之中輟學生的「選替學校」或「選替教育方案」，設計學業、生活、技藝、諮商服務等多元化的課程或方案，規劃適切的教育及輔導策略，建構最理想的教育及輔導服務網絡，為這些學生創造愉快的學習經驗，以協助他們發展自我潛能、提升自我肯定、達成自我實現。

　　輓近，我國教育部亦已深切體認到為中輟學生實施「選替教育」有其必要性和迫切性，故於民國八十八年四月頒佈實施「教育部補助直轄市、縣市籌設中途學校實施要點」（附錄三），推動各縣市設立獨立式、資源式、合作式、學園式等四類「中途學校」，提供具有銜接、中介作用的教育設施，扶助家庭變故、嚴重適應困難、行為偏差、中輟復學或需要特別保護之學生（含不幸少女）順利就學。

　　然而，一方面圍於許多從事危機學生教育與輔導的實務工作者並不瞭解選替教育之真諦和作法，所提出的教育計畫仍未能跳脫正規教育體制的框限；二方面由於政府近年來財政負擔逐漸加劇，對教育上的投資轉趨保守，常令得「巧婦難為無米之炊」，難以規劃需長期投入始能見效的教育方案；三方面，又逢新政府主政的適應期，仍須一段時間才能從盤根錯節的龐大教育體系中釐清頭緒，尚難有效著力於照顧少數危機學生的教育政策。因此，在實際推動「選替教育」上尚未見具體成效。

　　雖然，我國的中輟防治方案和選替教育仍在起步階段，猶尚百廢待舉。所幸，教育部亦於民國八十九年四月支持國立中正大

學犯罪防治研究所成立「全國中輟防治諮詢研究中心」，致力於中輟防治方案和選替教育的研擬、規劃，並在政府和民間機構間扮演橋樑角色，推動政府與民間機構的協同合作，輔導學校為危機學生規劃適當的選替教育方案或推動設立選替學校。期望未來，在教育部與政府各相關部門、民間社福機構和「全國中輟防治諮詢研究中心」的努力下，共同建構起「中輟學生輔導與支援網絡」，讓不適應於傳統正規學校的中輟學生及危機學生都有均等的機會，接受最能激發其健康成長和正向發展的「選替教育」！

表1-9

與輔導措施的重要紀事。

表1-9　我國教育部推動中輟學生通報與輔導措施大事記

- 八十三年起即建立「國民中小學中途輟學學生通報系統」，與內政部合作，請警政署協尋中輟失蹤學生。
- 八十五年五月提出「國民中小學中途輟學學生通報及復學輔導辦法」。
- 八十六年起，教育部與省政府教育廳試辦中途輟學學生通報與追蹤輔導計畫。
- 八十七年七月七日頒布「中途輟學學生通報及復學輔導方案」，成立專案督導小組，落實執行二十四項重點工作。
- 八十八年四月實施「教育部補助直轄市、縣市籌設中途學校實施要點」，推動各縣市設立獨立式、資源式、合作式、學園式等四類「中途學校」。
- 八十九年四月支持國立中正大學犯罪防治研究所成立「全國中輟防治諮詢研究中心」，推動「中輟學生輔導與支援網絡」之建立。

Chapter 2

個人教育理念與研究方法

◆ 實用主義的教育理念

◆ 人本心理學的輔導理念

◆ 建構論的教育觀點與教學實務

◆ 質的研究方法

從「建構論」（constructivism）的觀點來看，教育工作者個人所信仰的教育理念，將成為其思考教育現象和問題的關照角度和理論框架，並以此理論框架來選取和裁減所蒐集的現象資訊，放大符合本身理論框架的焦點，或漠視和此一理論框架難以相容的無關資訊。此一教育理論框架不只主導了個人對教育現象的關注焦點，也同時主導了該理論框架所證立的教育行動，並致力於以行動作為改善教育現象和問題的重要手段。由於筆者相當推崇建構論的思想體系，本章即試圖說明筆者個人所依循的教育或輔導理念，以及其所啟發的對人、學習、和教育的思維。最後並概述本書第四、五、九章中有關中輟學生輟學經驗、危機因素、理想學校願景等實徵研究所採用的質的研究方法。

第一節　實用主義的教育理念

　　二十世紀初期，美國教育學者John Dewey（1938）的《經驗與教育》一書，為以經驗為基礎的「實用主義」（pragmatism）教育觀點奠定了紮實的根基。實用主義重視行動和實踐，主張學生須在實際操作的經驗性活動中學習，知識係產生於學生自身的學習經驗中，隨著經驗的累積和變化，知識內涵亦能不斷擴充和更新。因此，Dewey強調教育須設計操作性的教學活動，引導學生「由做中學」（learning by doing）。教育的結果，則在於促使學生增進其瞭解問題和解決問題的能力，可以因應現實生活經驗中的挑戰，並為未來的生活適應奠定基礎。

　　由於重視兒童的經驗，強調教育的歷程在協助兒童能不斷地擴充、改造和重組其經驗，促使兒童的知識不斷更新且生生不息，因此，Dewey認為教育的目的即在促進兒童的生長。而兒童的生長是其生活經驗中的自發行動，在生活中實踐，故「教育即

生活」-- 教育不能自外於兒童的生活經驗，教育的內容須以生活
為核心。由此一觀點出發，實用主義的教育工作者便強調在生活
中有用的知識，才是兒童所需的知識。換句話說，具有實用價值
的知識，是對兒童的生活有意義的，能有助於他們解決實際生活
中所遭遇的問題。

　　為發展具生活實用價值的知識，教室應該要成為一個生活的
實驗室。教師的角色和任務，乃設計以經驗為基礎的學習活動和
催化輕鬆愉快的學習氣氛，激發學生主動參與學習的興趣。而
且，因為每一個孩子都有其自己的個性和成長速度，教師需尊重
兒童的個性和興趣，只扮演從旁協助、鼓勵和引導的角色，給予
學生更多的自由去從事順性的學習和發展實用的知識。故教學活
動的設計應以「兒童為中心」（child-centered）。

　　實用主義教育理念對筆者個人的啓發是：相信個人從經驗中
建立起來的知識，才是真正的知識。兒童係從操作性的經驗中產
生抽象的概念，進而透過省察將抽象概念轉化為知識。因此學習
的內容必須和生活經驗相連結。教師的角色在於設計活動、催化
參與、鼓勵省察、及提供回饋等。

第二節　人本心理學的輔導理念

　　「人本心理學」（humanistic psychology）是由美國心理學家
Abraham Maslow和Carl Rogers於1950年代所創始。Maslow
（1954）主張每個人都有與生俱來促進其成長發展的內在動力，是
人的「基本需求」（basic needs）。這些基本需求有其發展上的層
次，主要包括：（1）生理需求（physiological need）—維持基本
生存所必須，（2）安全需求（safety need）—需要免於外在環境
威脅的安全感，（3）愛與隸屬需求（love and belongingness need）

一被重要他人所關愛、接納，（4）肯定需求（esteem need）一包含被他人所肯定尊重，以及自我肯定或自我尊重，（5）自我實現需求（self-actualization need）一個人潛能在現實生活中獲得充分發揮。由於Maslow視「自我實現」為個人發展歷程的最高境界，是引導個人成長發展的最大動力來源，故致力於探討已充分獲得「自我實現者」（self-actualized persons）的人格特質，因此Maslow的觀點被認為在強調一個成熟的人已經自我實現的狀態。

另一位人本心理學代表人物Rogers（1951, 1979）則更為關注個人朝向最高境界之成長發展的「自我實現歷程」（self-actualizing process），認為每一個人都在現實生活中不斷地力圖發揮自己的潛能，致力於「成為自己」（on becoming the self），使自己也持續地向上成長提升，以成為一個能完全發揮自我功能的人。

人類此一朝向「自我實現」成長的傾向，就像是植物有「向光性」一般：不論置身何處都向著陽光照耀的地方生長；然而當植物被放置在不見陽光的密室之中，而最大的光源一陽光一被阻斷時，植物只能茫然無措地向上抽高生長，逐漸地即會因無法行光合作用而顯得蒼白脆弱；此時一旦有人為密室點亮一盞日光燈，憔悴瀕死的植物就像遇到救星，而朝向日光燈繼續成長。識此，當一個人生長的環境充滿陽光一擁有安全、愛和肯定一他即會充分地、自由地發展和成長。一旦生長的環境遭遇諸多挫折和阻礙，他的成長也可能遲緩、停滯，甚至朝向不良或偏差團體尋求認同肯定，而轉移了自我實現的方向。

輓近許多基於人本心理學觀點思考青少年偏差行為的心理學家發現，由於「自我肯定」（self-esteem）是決定一個人能否充分自我實現的關鍵，但卻是奠基於他人的關愛、接納、尊重等評價性的經驗之上；如個人處在低度自我肯定或缺乏肯定的環境中，將會轉向尋求其他有利於提升自我肯定的方式，而偏差行為即可

能是青少年所用以提昇自我肯定的手段（Chalker, 1996; Hefner-Packer, 1991; Wells, 1989）。

Rogers（1979）的「個人中心諮商」（person-centered counseling）即奠基於對個體自我實現傾向的信心，藉由諮商師眞誠、尊重、無條件積極關注和同理的態度，和受輔者建立和諧、安全、信賴的關係，以促成受輔者的自我接納、自我信賴，提昇自我肯定感和自我價值感，朝正向的方向充分發揮潛能，以臻於自我實現。

人本心理學的輔導理念對筆者的啓發是：相信自我實現是個人成長發展的最大動力來源，而自我肯定感則是決定個人能否順利邁向自我實現的關鍵。爲了協助學生提昇自我肯定感，教師須以其眞誠、尊重、同理的態度，和學生建立良好的互動關係；並在學科以外設計多樣化的學習活動，讓學生有機會獲得成功經驗，以俾更進一步探索與充分實現自己的潛能。

第三節 建構論的教育觀點與教學實務

「建構論是有關知識和學習的理論，描述了『知』是什麼，和人類如何『求知』。」（Constructivism is a theory about knowledge and learning; it describes both what 〝knowing〞is and how one 〝comes to know〞.）— Catherine T. Fosnot （1996）

始於1960年代的「後現代主義」（post-modernism）思潮深信不同的人具有截然不同的世界觀，社會組織係由不同世界觀的人們所創造，個人的身分認定隨著不同情境背景而改變，所有用於表徵「現實」（reality）或「眞理」（truth）的知識，均只是被人們所建構的「信念」（beliefs）或「詮釋」（interpretation）。而這些

信念或詮釋無論是衍生於人類認知結構與歷程之操作，或是透過語言、文化之社會結構與歷程之產物，均與客觀實存之現實有一段或近或遠的差距。此一後現代思潮對「現實表徵」（representation of reality）的質疑，在在重擊著奠基於客觀現實的「實證論」（positivism）派典。「建構論」（constructivism）是後現代主義思潮中相當關鍵的理論導向，對當代教育領域和教學實務影響深遠。

一、 建構論的理論基礎及學習觀

傳統上受實證論派典所主導的知識論，知識被認為具有普遍性和共通性，可以透過語言符號等現實的表徵加以「傳遞」（transmission），故可以代代相傳。教師所肩負的神聖使命是將所謂的「知識」傳遞下去，如神父牧師的講經說道，如孔子的「傳道、授業、解惑」，牧師或教師扮演著知識的擁有者和知識的權威者，須透過教導和經驗傳承，協助學習者擁有如教導者所擁有的相同知識內涵。學習者的學習歷程被期待為完全接收教導者所欲傳遞的知識，因此有賴記憶、理解、歸納、應用等學習策略，來呈現知識學習的成果，並可用紙筆測驗來測量此一知識學習的精熟程度。為了通過成就測驗的評量，學生須將教導者所欲傳遞的知識當作「標準答案」，不斷反覆加以記誦。

傳統學習模式中的知識內涵，呈現了自古以來學者窮畢生之力從不同面向探究現實世界或真理所發展出來的抽象表徵，如語文、數學、自然科學、社會科學、人文藝術等，所累積的豐富知識自有學習的價值。然而，由於這些知識愈是抽象，愈顯得和個人生活切身的經驗毫無關連，學習者對這些抽象知識的記憶、理解、歸納、應用就愈感到窒礙困難。簡單的說，這些具有普遍性和共通性價值的抽象知識，其實是許多青少年學生在其切身生活

經驗中所無法獲知的；學生透過傳統學習歷程所學到的僅是「他人的知識」，難以轉換成「自己的知識」。另一方面，因學生慣於不加批判地反覆記誦標準答案，無形中框限了思考的架構、阻斷其他可能的思考脈絡，使學生更缺乏自己的獨立思考和判斷，極易成為人云亦云的社會文化盲從者，阻礙社會文化的進步和發展。

　　輓近，建構論思潮在教育領域中造成了莫大的衝擊，基於對學生知識發生和學習歷程的不同見解，促使教師的教學歷程產生根本的變化。尤其在數學與科學領域的教學理論（pedagogy），受Piaget認知建構論及Vygotsky社會建構論之影響深遠。國內崇尚建構論的教育工作者，亦逐漸揚棄傳統實證論以獲取標準答案為目標之教學方式，而致力於進行建構教學法之實驗與研究。

　　　「奠基於心理學、哲學和人類學，建構論描述了暫時性、發展性、非客觀性、內在建構、和社會及文化媒介的知識。依據此一觀點，學習即是在個人現有對世界的認知模式和發生歧異衝突的新洞察之間進行自我調節的歷程；個人以文化中所發展的工具和符號，進行意義覺察的探險，建構出對現實的新表徵和模式；並進一步透過合作性社會活動、表述、和論辯，來對意義進行協商。」（Fosnot, 1996:ix）

　　建構論此一「學習即意義建構歷程」、「知識係意義建構產物」的觀點，主張學習者無時無刻莫不主動投入於對自身經驗的意義建構歷程，從新的經驗中擷取和自己原有認知結構切合者（同化assimilation），並試圖調整自己不適用於新經驗的認知結構（調適accommodation），以達成最佳的認知結構「均衡」（equilibrium）狀態，來理解新經驗的意義。而教師所扮演的角色，在於為學生的意義建構歷程搭起「鷹架」（scaffolding），設計思辯性問題和經驗性活動來「催化」（facilitating）學生的學習

動機和興趣，透過教師與學生的協同合作與參與，以促進學生的學習臻於其「最大發展區間」（the zone of proximal development）。前者對學生個人認知發展的討論是瑞士心理學家 Jean Piaget（1932）「認知建構論」（cognitive constructivism）的焦點；後者對教師催化角色的討論則係蘇俄心理學家 Lev Vygotsky（1978, 1986）「社會建構論」（social constructivism）的重心。二者的共通特點均是以學生為知識建構的主體，強調學生為其經驗事件的「主動求知者」，而非被動的「知識接收者」。

Piaget的認知建構論主張個人的認知發展是藉由認知結構的同化與調適作用而自然地發生，個人對世界的知識即是此一適應歷程的產物，經由不斷地擴充與修正認知結構，認知結構更為分化與複雜化，個人即可逐漸建構出對世界的較正確的知識。故教育活動中應均等地提供學生各類學習經驗，使學生能自由而獨立地學習，在活動中主動地建構知識，以促進個人之認知發展。

Vygotsky的社會文化建構論認為知識的建構係在社會文化情境中透過與人們社會互動而產生，生活於社會中的個人係主動地投入於內化社會知識的歷程來建立知識。故教育活動中應安排學生與認知較精進者的協同合作機會，以促成學生認知的最大可能發展。而教育的目的是藉由此一協同合作的社會互動歷程來擴充社會文化知識，促使「社會轉型」（social transformation）。

筆者在檢視建構論相關文獻之後，試圖將個人建構論和社會建構論觀點的異同加以區分，並和實證論的觀點相比較，以使吾人更能明白建構論對學習的主張（如表2-1）。

在認知建構論的教學情境，作為知識建構者的學生是學習的主體，學習的目的在促進個人的成長和發展；教師則扮演協助並催化學生學習的角色，具有服務性的功能，安排經驗性或操作性的學習活動，以促使學生從個人親身從事問題解決的經驗中產生意義、理解和詮釋。此一認知建構歷程的產物即被視為學生個人

表2-1　建構論對學習的觀點及其與實證論之差異

	實證論的觀點老師	社會建構論的觀點	認知建構論的觀點
學習的主體	老師	學生與老師	學生
學習的目的	促進社會文化的傳承	促進社會轉型	促進個人成長
學生的角色	知識的吸收者	知識的建構者	知識的建構者
老師的角色	知識的提供者、知識的權威指導性功能—傳遞社會文化價值	知識的共同建構者、協同合作者	學習的催化者服務性功能—協助學生個人發展
知識的內容	社會文化之產物與社會現實有關—促進更好的社會生活	個人與社會互動的產物	個人建構之產物與個人現實有關—促進更好的個人生活
學習的方法	資訊的提供(information giving)透過教導而學習	共同建構(co-construction)從協同合作的活動中學習	意義的形成(meaning making)由做中學-從經驗性活動中學習
學習的產物	真理或單一現實標準答案	社會建構之多元現實個人建構之多元現實	選替性解決(alternative solutions)

所擁有和所產出的知識內容，反映其個人建構之現實，而非具有普遍性價值或現實表徵的科學知識。

　　在社會建構論的教學情境中，學生仍被視為知識的建構者，而非接收者；然而知識的內涵則係透過學生和教師的社會互動歷程所共同建構出來的，因此學生和老師同時作為學習的主體，二者需協同合作始能產出有意義、有價值的知識。因此，教師需安排許多師生之間協同合作以及小組合作學習的活動，以催化學生對學習經驗進行表達、分享、討論、溝通、協商等社會建構歷程，共同建構出對經驗的理解和詮釋。學生的學習目的即在於透過此一社會建構歷程，促進社會文化的轉型、更新、和進步。

依筆者之見，後現代的建構論教育思潮，則更傾向於主張學習既在於促進個人認知建構的發展，亦在於促進社會文化的轉型，二者實相互依存且不可偏廢。一方面，個別學習者從自身所經驗的學習活動中，發展自身的建構和理解；二方面，透過和社會群體的協同合作和互動經驗，擴充社會共享的普遍性知識，促進社會的轉型和進步。這也是「知識經濟時代」對知識「產值」的期待，結合全民之力，促使知識能在實際用於生活中不斷被開發和創新，對科技的發展、社會的轉型、文化的進步均具有高度的經濟價值。

二、 建構論的教學實務

作為知識論和學習理論的建構論，推動當代的教育實務產生了鉅大且根本的變革。尤其在教學和課程兩方面，均與傳統的教學模式和課程設計原則迥然不同。

基於建構論對「學習即意義建構歷程」的觀點，Fosnot（1996:29）曾試圖推論建構論的教學實務，並歸納出下列數項重點：

1. 學習即發展（Learning is development），而非發展的結果，要求學習者的創新和自我組織。因此，教學應允許學習者探究其自己的問題，自己形成對可能解答的假設和模式，並在經驗事件中加以考驗。
2. 失衡促進學習（Disequilibrium facilitates learning），故學生在學習過程中所犯的錯誤，有其促發進一步學習的價值，無須減少或避免。學習經驗的衝突和不一致，必須加以闡釋、探索和討論。教學須提供合於現實的、有意義的情境，促使學習者進行開放的、挑戰性的探究，以探索和產生各種可能的發現。

3.省察性抽象思考是學習的驅動力（Reflective abstraction is the driving force of learning）。作為意義創造者的人類尋求以表徵的形式組織和類推其經驗，故教學亦應引導學生透過多元形式的表徵系統如語言表達、文字書寫、視覺圖像和行動等，來省察或討論經驗事件之間的關連及意義。

4.社群之內的對話促進深入思考（Dialogue within a community engenders further thinking）。班級教室應被視為是「一個投入於活動、省察和會話的表述社群」，學生應有機會對其班級社群表達、舉證、辯護、溝通其想法，使社群能瞭解、討論、協商彼此的想法，達成經驗知識的「分享」（taken-as-shared）。

5.學習歷程持續地推進結構的發展（Learning proceeds toward the development of structures）。當學習者致力於意義創造時，學習者的觀點會產生持續的結構性變化，並對先前的概念進行結構重組，而使得知識能不斷更新。因此，教學即須致力於引導學生投入意義建構的歷程，以產生新的理解和新的知識。

筆者依據Fosnot（1996）對教學的主張，並試圖融合認知建構和社會建構二者的觀點，將建構論中教師的角色和其教學歷程做如下的說明：

1.教師應設計能讓學生充分參與、經驗的學習活動，最好能和學生的先前經驗有不一致和矛盾衝突，以激發學生探究問題情境的興趣，啟動個人建構的歷程。

2.教師應以詢問開放性問題的方式，引導學生思考和探究問題，鼓勵學生表達自己的想法，傾聽和瞭解學生如何賦予經驗個別且特定的意義。

3.教師應鼓勵學生透過小組合作學習的方式,討論問題,共同尋找問題的可能答案,形成假設,並建構出理解問題情境的模式、概念和策略,以付諸行動進行假設的考驗。

4.教師應鼓勵學生將其對經驗現象的暫時性理解,以多元表徵的形式或多元評量活動如口頭報告、書面報告、繪圖、演劇等表現出來。

5.教師引導學生進一步探究其暫時性理解,指出其彼此之間觀點的衝突或不一致部份,激發學生深入討論、舉證、辯護、溝通其想法,透過意見的協商,逐漸達成想法的共識,共同建構出新的、且較為成熟的知識。

6.教師將自己所擁有的理論性或較為成熟的知識發表出來,和學生所建構的知識加以比對,激發進一步的討論、協商與共同建構的歷程,以深化知識的內涵,並擴充知識的範疇。

在此一教學歷程中,教師首先須試圖瞭解並催化學生個人對經驗的的認知建構,繼而以合作學習方式引導學生從其協同合作和互動經驗中共同建構知識,最後再以自身所擁有的理論知識參與和學生的共同建構歷程,促使人類知識的學習可以不斷創新和發展。

實用主義、人本心理學、以及建構論三者率皆對筆者個人的世界觀產生了深遠的影響,使個人在思考中輟學生的成因、教育措施、輔導策略和中輟防治方案之時,無法不受這些觀點的左右。可以說,這些觀點或理念已對個人形成一個穩固堅實的理論框架,個人係從這個理論框架觀看世界、理解中輟學生的問題,並思考中輟防治的策略。

第四節 質的研究方法

　　由於本書第四、五、九章部份單元分別呈現筆者於民國八十八年間接受台灣省諮議會委託，針對嘉義縣市二十四位中輟學生及中輟復學生所進行的研究報告（吳芝儀，1999）。該研究係採取質的研究中的「深度訪談法」(in-depth interview)進行資料的蒐集，以「現象學內容分析法」（phenomenological content analysis)進行資料的分析。本節旨在說明該研究所依循之質的研究方法，及其如何主導該研究之完成。

一、 質的研究之涵義

　　Denzin & Lincoln （1994)在「質的研究手冊」（Handbook of Qualitative Research)一書中，對「質的研究」的涵義做出如下的敘述：

> 「質的研究係運用多元性方法，以詮釋性、自然取向來探究其研究對象，確保對研究現象的深度理解。亦即，質的研究者在自然情境中研究事物，試圖以人們賦予事物之意義來理解或詮釋現象。……質的研究指涉須運用或收集多種經驗性材料的研究方法，如個案研究、個人經驗、內省、生活故事、訪談、觀察、歷史、互動、及視覺文件等，以描述人類生活中的常規、問題時刻或意義。」

　　對Denzin 和Lincoln而言，質的研究之多元方法論，可被視爲「bricolage」，質的研究者則爲「bricoleur」。Bricoleur是一個「萬事通」（Jack of all trades)，製造出（或建構出）一個以拼布緊密織結的物件，具體地提供問題解決之道。

Bricolage即如迷題的解答一般，隨著不同的工具、方法和技術的運用而改變或出現新的形式。Bricoleur知道研究是一個在研究者與被研究者雙方個人歷史、生理發展、性別、社會階層、種族、宗教等所形塑之互動歷程；知道研究者僅是為其所研究的世界說故事，而研究者所說的故事則不出其所遵循的「派典」（paradigms）（如現象學、批判理論、建構論）之框架。Bricoleur所創造出的bricolage僅是具現了研究者本身對所分析之現象或世界的「視像」（image）、「瞭解」（understanding)和「詮釋」（interpretation)。「質的」（qualitative)一詞，即指其著重無法嚴格檢驗或測量數量、密度或頻率的「過程」（processes)和「意義」（meanings)。質的研究者強調「現實的社會建構性質」（socially constructed nature of reality)，研究者與被研究者間的密切關係，探究情境脈絡，尋求社會經驗如何被創造或賦予意義之答案。

　　一般而言，質的研究所依循的方法論派典，多為俗民誌、現象學、詮釋學、符號互動論、批判理論、俗民方法論、建構論等；而其蒐集資料的方法及技術，則涵蓋訪談、觀察、文件分析、文化研究、調查研究等諸多不同策略。由於質的研究係以「探索」（exploration)和「發現」（discovery)為主要目的，對所要研究的人類經驗和情境產生全面性和統整性的描述，以深入理解人類經驗或現象的意義，並試圖以人們對其現象世界所採取的主觀觀點及其賦予事物之意義，來理解或詮釋現象。由於不考驗任何預先設定的研究變項或假設，而係從資料中尋找具說明性的概念和類別，故質的研究所蒐集的資料，典型上來自於對情境和參與者的觀察，及和參與者進行開放性的訪談（Patton, 1990；引自吳芝儀、李奉儒，1995)。

　　Merriam（1998）曾說明在教育研究領域中，「詮釋性研究」（interpretive research）不同於「實證論研究」（positivist research)，在於實證論研究中教育、學校體系被視為研究的「客

體」（object），須藉由科學化或實驗性的研究來獲取客觀的和可量化的知識或「現實的表徵」。而在詮釋性研究中，教育則被視為「歷程」（process），而學校是「生活經驗」（lived experience），研究者須藉由「歸納分析」（inductive）的探究模式，來了解該歷程或經驗的「底涵意義」（underlying meaning），掌握由不同個人的社會建構而出現的「多元現實」（multiple realities）。如研究者欲從詮釋性或質的研究的觀點來研究學生中途輟學的問題，研究者並不須考驗理論、進行實驗或評量變項，而是意圖從中輟學生自身的觀點來瞭解其輟學的經驗，以發現影響其中輟的因素，故多須親自當面訪談中輟學生，檢視學校輔導人員的文件記錄或學生個人的日記，甚至設法在學校內外觀察其學習與生活情況。

　　本研究即採取由研究訪談員親自到中輟學生和中輟復學生生活的「實地」（field），和中輟學生進行面對面的個別深度訪談，試圖從中輟學生自身的觀點來瞭解其輟學經驗和影響其輟學的因素，並探究其心目中所勾勒的理想學校願景。

二、資料蒐集方法

　　深度訪談為質的研究法中甚具代表性的資料蒐集策略。訪談者詢問受訪者開放性的問題，由受訪者就其經驗、意見、知覺、感受和知識等的內容來回答，其逐字記錄即是質的研究的基本資料（吳芝儀、李奉儒，1995）。本研究以「半結構」（semi-structured）深度訪談法為主，訪談者除依據本研究預先擬定之「訪談綱要」（interview guide）詢問主要問題之外，並可視受訪者實際回答內容加以探問，以增加資料的豐富性與可信性。訪談綱要可增進資料的綜合性，並使對每一位反應者所作的資料蒐集較為有系統；在資料之中的邏輯性鴻溝，亦能被事先預測且將之消

弭；並使訪談維持了相當的會話性和情境性。唯訪談者均需以同理、中立的態度為之，對受訪者表達同理的瞭解，對受訪者回答的問題不預設立場或價值批判。

本研究分別編擬以中輟學生與中輟復學生為對象之「中輟學生訪談綱要」（附錄四）及「中輟因素調查問卷」（附錄五）各一份，以蒐集描述性的研究資料。「中輟學生訪談綱要」內容含括輟學經驗、影響中輟因素、復學考慮、理想學校願景等。

「中輟因素調查問卷」則參考目前國內外有關中輟學生問題與成因的實證研究結果加以編擬，內容含括學校因素、家庭因素、同儕因素、個人因素等四項層面。該問卷在受訪者自述其輟學原因之後，提供予受訪者勾選符合其狀況的選項，可複選。並在受訪者勾選完符合選項之後，配合半結構深度訪談實施。主要目的在於完整地蒐集與中輟學生輟學因素有關的訊息，作為深度訪談資料之輔助，並可與現有研究成果進行比較分析。

此外，在質的研究中，研究者或訪談員是最主要的資料蒐集工具，研究歷程的真確性與研究結果的可信性，很大程度取決於研究者或訪談員的能力、技巧、訓練與經驗，及是否能嚴謹而系統地執行研究程序（吳芝儀、李奉儒，1995）。本研究中，研究者與兩位協同研究者共同處理所有研究事宜，包括文獻的蒐集與整理、訪談綱要之擬定、訪談員訓練、深度訪談、資料之整理與分析、報告之撰寫等。研究者除個人致力於質的研究工作外，並持續教授「質的研究法」。兩位協同研究者均為具有諮商專業背景的碩士研究生，且均有二至三年的工作經驗，一位曾為專任張老師，一位現任國中輔導教師。二人均曾修習質的研究法，並已有豐富的深度訪談經驗。本研究的訪談員共有六名，其訓練背景分別為心理、輔導、社工、教育、與犯罪防治等碩士研究生，均曾接受過諮商技巧之訓練，並多曾修習「質的研究」課程，熟悉訪談技巧。在正式訪談之前，並在研究者督導下接受由協同研究

者主持前後共八小時的訪談員訓練，實際演練本研究之訪談程序。

　　研究參與者包括四名在訪談當時仍中輟的學生，以及二十名中輟復學生。男生有十三位，女生有十一位。年齡分布為十三歲至十六歲，其中以十四歲者有十二位最多。受訪者多數來自單親家庭，約有半數受訪者多數時間並未與父母親居住在一起。父母親的教育程度多數中學或小學，教育程度不高。

三、資料分析方法

　　質的研究之目的在於發現，故質的研究之終極活動，是分析、詮釋，及呈現發現結果。質的分析的首要任務是「描述」（description）。質的分析的嚴謹性，有賴於詳實的描述性資料之呈現，使別人閱讀了分析結果之後就能有所理解，並能做出自己的詮釋。「詮釋」則包括解釋發現結果，回答有關「為什麼」的問題，指出研究結果之特定或重大意義，並找出分析架構之「組型」（patterns）（引自吳芝儀、李奉儒，1995）。對訪談資料內部的主要組型進行確認、編號和分類的歷程，即稱為「內容分析」（content analysis）。

　　本研究由深度訪談所蒐集的描述性資料，乃依據Hycner（1985）「現象學內容分析」之十五項步驟，逐一加以歸納分析，以找出跨個案共通的類別與主題。該內容分析程序共有十五步驟，依序說明如下：

1.謄寫逐字記錄（transcription）：訪談員在訪談結束後，先將錄音帶裡的訪談內容，包括重要的非語言訊息以及擬語言的溝通（paralinguistic communication），逐字謄寫。
2.放入括弧（bracketing）與現象學的還原（phenomenological reduction）：研究者保持開放的態度，去除研究者先前對問

題的預先假定。儘可能擱置研究者已知的意義和詮釋，進入受訪者個人的獨特世界。應用受訪者的世界觀來了解受訪者所談所說的意義。

3.聆聽訪談內容以掌握整體感（a sense of whole）：聆聽全部訪談內容數次，體會其音調、重音、停頓，以及整體意涵。

4.描述一般性的意義單元（units of general meaning）：以開放的態度，對每一個字、片語、句子、段落、非語言訊息的記錄，加以斷句，為的是引出特殊的意義。

5.描述與研究問題有關的意義單元：以研究問題來省視一般性意義單元，以確定受訪者的內容是否可闡明該研究問題，記錄相關的意義單元。

6.訓練獨立的判決者，來驗證相關意義單元。

7.淘汰多餘不必要的資料。

8.群聚相關的意義單元（units of relevant meaning）：將保留下來的句子根據其意義加以歸類，並且給予分類名稱，形成概念。嘗試將相關意義單元自然地加以群聚，以產生共通主題（common theme）或本質（essence）。

9.從意義的群聚（cluster of meaning）中決定主題項（themes）：研究者詳細推敲所有意義的群聚，以判定是否有一或多項中心主題可用以表示該群聚之本質。

10.撰寫每一訪談單元的摘要：結合從資料中抽取出的主題項，為每一訪談單元撰寫摘要。研究者完全參照受訪者的訪談內容寫出摘要，不加以詮釋、修飾。

11.帶著摘要與主題與受訪者討論：以檢核資料分析的效度。

12.修正主題與摘要。

13.確認整個訪談中一般性與獨特性的主題項：對所有訪談單元做跨單元分析，判定所有訪談中所出現的共通性主題，

並判定單一或少數訪談單元所出現獨特主題。

14. 主題項的脈絡關係闡述（contextualization of themes）：將分析得出的主題置回研究的整體脈絡情境或背景中，撰寫摘要，以掌握現象本質。

15. 撰寫統整摘要：將所有的訪談摘要加以統整。

　　本研究的資料分析部份係由研究者暨兩位協同研究者共同進行，由協同研究者負責中輟學生訪談資料之謄寫、編碼、群聚意義單元。研究者則和兩位協同研究者相互檢核初步分析結果，以淘汰不必要的資料，修正意義的群聚和主題項，最後並撰寫統整性的摘要，闡述與中輟學生之輟學經驗、中輟因素、理想學校願景有關之主題項的脈絡關係，以呈現研究結果，並對研究發現進行討論和詮釋。

四、可信性檢驗

　　質的研究結果是否具有「可信性」（trustworthiness），或是否能取信於人，是一個嚴肅且必須謹慎思慮的問題。如同量化研究工具須進行信度和效度的檢驗，以確認該研究工具能一致穩定地測量研究者所欲測量的研究主題，質的研究者亦須藉助可信賴性、可遷移性、可依靠性、可確證性等標準，來檢驗研究歷程和研究結果的可信性（Lincoln & Guba, 1985）。茲簡要說明如下：

1. 可信賴性（credibility）：研究結果的「真實價值」（truth value）。與「內部效度」（internal validity）相當，指研究的進行可確保研究主題被正確地界定和描述。

2. 可遷移性（transferability）：研究結果可加以「應用」（applicability）。與「外部效度」（external validity）或「可

類推性」（generalizability）相當，指研究發現可被應用於理解和研究情境相類似的情境。

3. 可依靠性（dependability）：研究結果的「一致性」（consistency），與「信度」（reliability）相當，檢驗研究過程是否嚴謹與系統化，以支持產出具有一致性的研究發現。

4. 可確證性（confirmability）：研究發現的「中立性」（neutrality），與「客觀性」（objectivity）相當，指研究者對研究資料不加入任何個人的價值判斷。

達成質的研究之可信性的最有效方法，則多仰賴「三角檢定」（triangulation）（Denzin, 1978; Lincoln & Guba, 1985; Patton, 1990）來進行。三角檢定可分為四大類別：

1. 方法論（methodological）三角檢定：在一項研究中交互運用無論質的或量的多元化方法論，來研究單一問題或方案，或檢驗研究發現的一致性。

2. 資料來源（data sources）三角檢定：在一項研究中從多個不同的資料來源蒐集資料，如在個案研究中分別蒐集訪談、觀察、及文件資料等，以進行交互檢證研究發現的一致性。並可藉由數項資料來源作交互檢驗：

3. 研究者—分析者（investigator-analyst）三角檢定：使用數個不同的研究者或評鑑者來協同進行研究，或進行資料分析，以驗證分析的可信賴度與可依靠性。

4. 理論—觀點（theory-perspective）三角檢定：在對研究結果進行討論與詮釋時，應用多元理論觀點，來詮釋同一組資料。如採用不同心理學觀點檢驗當事人的訪談記錄等。

在本研究中，「資料來源的三角檢定」乃分別以深度訪談蒐集描述性資料、以調查問卷蒐集數量化資料，二者經資料分析的結果可進行交互檢證，增加本研究之「可信賴性」與「可確證性」。本研究由多位訪談員進行開放式訪談，且由協同研究者分別進行資料分析後共同討論取得共識，符合「研究者三角檢定」之要求，對於本研究之「可信賴性」與「可依靠性」有所裨益。最後，本研究經現象學內容分析所歸納之主題，則援引相關理論與研究結果來加以檢視、討論或詮釋，係以「理論三角檢定」來增加本研究成果之可信性。

Chapter 3

中輟學生與危機學生

◆ 中輟學生的涵義
◆ 危機學生的涵義

「中輟學生」顧名思義乃指從學校中途輟學的學生。而「危機學生」則是輓近教育學者從危機因素觀點，來描述那些瀕臨教育失敗危機的學生。本章試圖從多個不同層面來探討中輟學生與危機學生的定義，及其相關問題。

第一節 中輟學生的涵義

國內外對於「中輟學生」(dropout）的定義相當多元而分歧，可謂百家爭鳴。茲將相關文獻所討論到的定義整理之後，分述如下：

一、依據學程範圍之定義

此類定義明確指陳中途輟學者的「學生」身分，內容多依據教育階段區別學程範圍，大致上可歸類爲「不限學程」、「中小學階段」和「中學階段」三大類。「不限學程」係綜合各學習階段，只要在完成該學習階段前離開均是中輟學生。「國中小階段」多以國民義務教育爲依據，中輟學生多係未完成國民教育階段的學業。此外，因青少年階段學生的中途輟學問題尤其嚴重，故許多中輟學生的研究，係以十二至十八歲的青少年爲對象，橫跨國中與高中階段的中學學生。

不限學程

如美國邦學生註冊局 （Federal Register, 1988）規定，中途輟學係指前一學期在學校註冊，新學期開始沒有註冊，且在政府規定的畢業年齡限制前，沒有畢業、沒有轉到其他的公、私立學校或政府認同的教育計畫，也沒有完成任何學習計畫，而且離開學

校的原因不是因爲疾病或其他學校所容許的理由（引自梁志成，1993）。

中小學階段

例如美國教育百科全書中對中途輟學的定義是：在學的中、小學生在完成學業之前，除轉學與死亡外，因各種緣故退出學生身分者（Carter,1973）。Morrow（1990）認爲中途輟學指的是學生已在初等或中等學校註冊，在中學畢業或是完成同等學習計畫之前，不論學生的離校時間是在正規學習時段之前或是處於該時段內，不論其離校是發生在義務教育年齡屆滿之前或之後，也不管該名學生是否以完成學校課業的最低要求，除轉學與死亡原因外，因其他任何原因而提早離開學校，凡符合上述條件者即被視爲中途輟學。國內學者段秀玲（1988）與張人傑（1994）在其研究中即採此定義，主張中途輟學是義務教育階段終止年以前的輟學。

中學階段

由於美國各州所規定的義務教育年齡從十四至十八歲不等，但一般而言以十六歲佔最大多數，故根據美國國家教育統計中心（National Center for Education Statistics）所顯示的中輟學生問題，亦以中學階段的九至十二年級最爲嚴重。根據美國國家教育統計中心於1999年出版的「1997年美國全國輟學率」（Dropout Rates in the United States:1997）調查報告，對於中學階段「中輟學生」的界定須符合下列四個條件：

1.在前一年度的任何時間於某一學校中註冊者。
2.在當年度開學時，並未在該學校中註冊者。

3.尚未從高中畢業，或尚未完成各學校區所認可的教育方案。

4.未能符合下列條件者：轉學至其他公立學校區、私立學校、其他各州或學校區所認可的教育方案，因留級而暫時缺席，或死亡。

二、依據離校原因之定義

有些學者考量學生中途輟學因素之差異而意圖有所間隔，可歸類為「基本型因素」和「除外型因素」兩類定義。「基本型因素」的定義強調在學習基本概念之下，不論任何原因離校都是中途輟學；「除外型因素」的定義多排除外在的因素，如死亡、學習限制或轉學等。

基本型因素

Robert（1987）認為當任何一位學生在生理及心理狀況都還具備參與學習活動的能力時，卻離開學校，且沒有轉學至他校繼續就學，也沒有參與其他的教育活動計畫，即可視之為中途輟學。英漢教育辭典即將「輟學」解釋為由於未能完成一門課程的學習，或是因延長學習和某種其他社會義務而退學，並成為退學學生的人。

除外型因素

Hamilton（1986）對中途輟學所下的定義為：「中途輟學是指學生除了因嚴重學習能力不足、被開除及被退學者，在智能上可以達成畢業的要求，卻在畢業前選擇離開學校。」West Verginia州教育部（1987）認為學生在未完成畢業的計畫要求前，除死亡原

因外，因故提早離開學校,且未轉入其他學校，即稱之為中途輟學。美國聯邦學生註冊局 （Federal Register, 1988）亦認為中途輟學是指在政府規定的畢業年齡限制前，不是因為疾病或其他學校所容許的理由而沒有畢業或轉學，也沒有完成任何學習計畫。

三、依據離校天數之定義

一般中途輟學定義對離校天數較少說明，常只提出在畢業年齡限制前離校，或鋪陳離校相關條件，卻未定義離校天數，這些對離校天數有所說明的中途輟學定義多散見於政府相關規定，大致上可分為三日、一週、四週和四十五天。例如我國「強迫入學條例施行細則」（1984）第十條指出長期缺課者指未經請假缺課達一星期以上。教育部曾在所擬「國民中小學中途輟學學生通報要點」中將中途輟學的通報對象界定為:「未經請假、不明具體原因未到校上課達一星期以上之學生；或轉學未向轉入學校報到之學生；或是與家長聯繫後得知其已輟學而去向不明之學生」。民國八十五年所訂定的「國中小學中輟學生通報與輔導辦法」則規定國民中小學未經請假且未到校上課達三日以上之學生，包括轉學時未向轉入學校報到達三日以上和開學三日內未到校註冊之國民教育階段學生，即將之列為中輟學生。

依美國聯邦教育部的規定（McMillen et al., 1996）係指「學生在完成其教育方案或畢業之前即離開學校，且未轉學至其他學校者，均屬之。」然而，一般研究上所使用的定義通常較為嚴格，例如美國「1988年國家教育長期研究」（National Education Longitudinal Study of 1988）的報告中，即將「中輟學生」 定義為：（1）依據學校及家庭的敘述，學生非因疾病或意外事故而未到校上課超過四週以上者；（2）當該學生被歸類為「中輟學生」之後，到學校上課仍未超過兩週者。Davalos等人（Davalos,

Chavez, & Guardiola, 1999）對中輟學生課外活動等議題的研究中，亦將參與其研究的「中輟學生」界定為：學校所記錄的逃學時間超過一個月以上、且之後仍未與學校聯繫者。該定義較接近美國教育部門在「1988年國家教育長期研究」報告中所用的標準。

此外，美國加州教育部（1986）對中途輟學的定義是：任何一位在10、11、12年級註冊的學生，在畢業或完成正式教育之前離開學校，且在45天內沒有轉學至其他公、私立學校就讀或參與其他學習計畫的學生。

綜合上述，可發現對中途輟學的定義認定相當紛歧，在學程範圍部分，有的對教育階段有清楚界定，有的則將全部學程視為一體，有的則認為中途輟學只適用於義務教育階段；在原因部分，有的認為未完成學業即視為中途輟學，有的卻認為要扣除死亡、轉學或其他因素；在天數部分，有的明確訂定離校天數，有的則未設定期限。當研究所依據的中輟學生之定義有別，所獲得的結果也會產生南轅北轍，無法比較的困惑。

四、我國中輟學生定義和問題

我國當前對中輟學生的教育政策，是由教育部訓育委員會所負責制訂。依據教育部「國民中小學中途輟學學生通報與輔導辦法」規定，「中輟學生」係指：國民教育階段（國中、國小）學生，未註冊入學，或在學中未經請假而有三天以上未到學校上課者。學校一旦發現學生有三天以上未到校上課，即必須通報，由警政單位和家扶中心等社工單位協尋，輔導其回到學校上課。

此一定義的特點及其所衍生的問題是：

1. 階段不同難以比較：我國係將中輟學生限定在國小和國中的國民教育階段，故並未統計出高中、高職階段的輟學人

數。然而，根據中教司和技職司的推測，我國高中、高職階段的中輟學生人數可能是國中小中輟學生的數倍以上。以國外先進國家來說，中輟學生多指六至十二年級—相當於我國國、高中學生—的「中學階段」，且根據統計以九至十二年級的高中階段輟學最為嚴重，故為中輟學生設計的選替教育方案多以協助學生至少通過相當高中文憑的「普通教育發展測驗」（GED）為學科教育目標。此一教育階段的差距，使得我國中輟學生的統計資料甚難和國外相比擬。

2. **難以反映真實情況**：以離校「三天以上」來界定中輟學生，俾及早通報協尋，但容易流於形式。許多學生為了獲取一紙文憑，會有一週輟學三天、到課兩天的情況，而出席的時候因完全跟不上進度也無心聽課，再加上老師也束手無策，以致全程趴在桌上睡覺，造成老師在教學輔導上莫大的困擾。此外，以每一學生離校三天以上作為中輟學生人次的計算依據，也會產生同一學生連續中輟卻以不同人次計算的狀況，導致部分學校因憂慮輟學人次太多遭致上級和地方糾舉或批評，而不願據實通報。

3. **輟學原因未加分類**：對中輟學生背景和輟學原因未加以分類，在進行教育安置上有所困難。教育部擬籌設「中途學校」收容中輟學生，但因學生中途輟學可能肇因於個人殘疾障礙或行為偏差、家庭變故或功能不良、學校或課程功能不良、或者是被迫從娼之「不幸少女」，不同輟學原因有其不同的學習需求，唯有針對不同學習需求設計適性教育或選替教育課程，學生始能獲得最大之學習效益。否則，即使將所有中輟學生找回到「中途學校」中，教育仍難以克竟全功。

至於中輟學生的測量計算方式，也會造成對中輟學生比率多寡的認知差異。如美國「國家教育統計中心」（National Center for Educational Statistics, NCES）所建立的對中輟學生的測量方式，包括三類：一是「事件率」（event rate），測量單一年度中尚未完成高中學業而中途輟學的學生比率；二是「身份率」（status rate），測量全國目前未完成高中學業且未在任何學校中註冊的學生比率，不論學生的輟學年度；三是「年群率」（cohort rate），測量一段時間之內同一年級群的學生發生中輟的學生比率（NCES, 1992）。這三種測量中輟學生的方法，會得出相當不同的結論，影響教育政策的制訂方向。

　　筆者建議我國一方面需以更周延的方式來界定中輟學生，二方面也需以更多元的方式來評量計算中輟學生的人數或比率，始能提供作為比較不同年級、不同年度、不同教育階段、和不同國家之中輟學生狀況之依據。

第二節　危機學生的涵義

一、危機學生定義

　　「危機」（at-risk）一詞，一般多翻譯為「高危險」（如楊瑞珠，1998），其在各領域、觀點而言皆有其不同的瞭解、定義與應用，因此很難有一致看法與共通的解釋。就Jaeger（1993）的看法，「危機」一詞係從預防醫學的領域借用過來，因家族中曾有遺傳性疾病紀錄的人特別會有罹患該類遺傳性疾病的危機，故應施予預防性評量及早期療育策略，以防患問題的發生於未然。Gordon & Yowell（1994）說明早期將「危機」一詞應用於教育領

域中，主要乃描述學生肢體障礙的問題，如眼盲、耳聾、行動困難等，並提出早期療育的特殊教育主張。後期的教育學者則傾向於將種族、性別、社經地位、宗教文化等成長背景或環境不利的學生，界定為「危機學生」（at-risk students），並鼓吹教育機會均等，以滿足這些危機學生的教育需求。

Tindall（1988）則說明美國的「卓越教育委員會」（National Commission on Excellence in Education）在1983年提出一個檢討當時教育品質的報告書「危機國家：教育改革的迫切性」（A Nation At Risk：The Imperative for Education Reform），指出青少年在發展上的適應困難，代表了學校與家庭教育的失敗，反映出國家前途正遭逢嚴重的危機，根本的因應之道即是教育體制的全面革新。此一觀點激發了教育工作者危機意識，更加致力於教育危機的預防工作。因此美國在1980年代後期，教育學者即積極使用「危機」一詞來描述普遍存在於每一個學校中、卻無法從教育經驗中獲益的特定群體的學生。例如，Ogden & Germinario（1988）相信：「每一個學校中都有一群學生，缺乏從教育機會中獲得充分益處所必備的智能、情緒或社會技巧」，以致表現出較差的基本技能、學習問題、低學習成就、行為常規問題，以及高缺席率等。Frymier & Gansneder（1989）針對危機學生之研究，主張危機學生是那些很可能會在學校及生活中面臨失敗危機的學生，並進一步提出這些學生需要額外的替代性學習經驗，以預防其遭致留級、被退學、中途輟學或其他偏差行為等。Hixson & Tinzmann（1990）亦已深切體認到傳統以考試取材的教育體系已衍生無數積重難返的「結構性障礙」，如學制缺乏彈性、能力標籤、考試決定、課程內容狹隘、缺乏支援服務、疏於早期預防、隔絕父母社區的參與等，是迫使許多在學校中缺乏關注、與成功經驗絕緣的低成就學生，自我阻絕於校門之外的主要肇因。這些「面臨教育失敗危機」（at risk of educational failure）的青少年，在學校中

多出現學業成績不良、疏離、低自我肯定、充滿無助感等,是其後期發生偏差行為的徵兆。因此,「危機學生」的現代意涵,指涉了那些瀕臨學業失敗危機、或瀕臨從學校中途輟學危機的潛在中輟學生和中輟復學生(Jaeger,1993)。

綜合而言,「危機學生」或「危機青少年」係指因個人身心狀況、家庭、學校、社會、文化等不利因素之影響,在傳統教育體系中難以獲致成功經驗的青少年,甚多面臨教育或學業失敗的危機,易於發生偏差(deviant)或違規犯過(disruptive)之行為問題,包括中途輟學、藥物濫用、暴力攻擊、危險性行為、或自我傷害等。同時,這些過早離開學校的危機學生,大多尚未具備求職就業所需的工作技能,以致失業情況嚴重,甚多流連在街頭或潛伏在社會底層,極易造成社會更大的危機。

本文捨國內學者對「高危險群學生」的普遍性說法,而選擇「危機學生」,乃因前者常易令人誤解這些學生是「危險份子」,將會對社會造成高度的危險性,造成社會一般民眾對這些學生「避之猶恐不及」。後者則較能從青少年成長背景的「危機因素」(risk factors)著眼,促使社會民眾能抱持諒解和關懷的態度,致力於協助這些青少年及早辨認危機因素並化解危機困境,挽救這些危機青少年不使其向下沈淪至社會黑暗的深淵。

二、危機學生成因

Well(1990)曾指明會導致危機學生的許多不同情境,包括個人、家庭、學校和社區相關的因素等。這些因素分別包括了一些重要的危機項目(如表3-1)

Frymier & Gansneder(1989)曾對Phi Delta Kappa地區導致學生中輟學的因素進行全面性的調查研究,彙整了學生所指認的從最嚴重(曾試圖自殺)到最不嚴重(搬家遷居)共45項的危機

表3-1 導致學生發生危機的危機因素

學校因素	學生個人因素
家庭/學校文化衝突	不良的學校態度
無效的訓育管理系統	低能力水準
缺乏足夠的諮商	出席率不良/逃學
負向學校氣氛	行為/常規問題
缺乏生活相關課程	懷孕生子
被動式教學策略	藥物濫用
科技的不當應用	不良同儕關係
不關注學生學習風格	不參與
留級/留校察看	朋友中輟
低度期待	生病/殘障
缺乏語言教學	低自我肯定/低自我效能
社區因素	家庭因素
缺乏社區支持服務	功能不良的家庭生活
缺乏社區對學校的支持	缺乏父母的參與
犯罪活動頻繁	父母的低度期待
缺乏社區/學校連繫	無效的親職表現
	頻繁的遷移

資料來源： Well （1990）

表3-2　導致學生發生危機的因素

● 試圖自殺	● 酗酒
● 違法被捕	● 父母對教育的負向態度
● 有兄弟姊妹中輟	● 遭受性侵害或肢體暴力
● 有兩科被當掉	● 從學校休學
● 缺席超過20天	● 父母酗酒
● 被留級	● 父母一方試圖自殺
● 濫用藥物	● 販售毒品或禁藥
● 負向自我肯定感	● 懷孕生子
● 被學校退學	● 標準測驗成績在全班倒數20%名內
● 其他家庭成員濫用藥物	● 過去五年內讀過三所以上的學校
● 學期平均在乙等以下	● 曾無照駕駛被捕
● IQ成績低於90	● 父母離婚或分居
● 父親是非技術勞工且失業中	● 母親是非技術勞工且失業中
● 父親或母親死亡	● 被診斷需接受特殊教育
● 英語非其母語	● 居住在市中心或近郊
● 母親是家中唯一的家長	● 比同年齡的學生大一歲以上
● 母親沒有高中畢業	● 父親被解雇
● 中途離開體育團隊	● 發生嚴重疾病或意外傷害

資料來源：Frymier,Barber,Denton,Johnson-Lewis,&Robertson（1992）

因素矩陣。這45項因素又被Frymier所領導的研究團隊重新歸納爲36項因素（Frymier et al., 1992），（如表3-2）所示。通常，教師和學校諮商師必須謹慎地辨認校園中的危機學生，當學生成績嚴重落後班級同學、經常缺席逃學、行爲發生較大改變時，當父母離婚、自己懷孕、或家庭和社區中充滿了暴力和侵害時，當面臨死亡、濫用藥物和酒精、失戀時，都可能會導致學生以輟學甚至自殺來逃避。

軼近，對於「危機青少年」成因的解釋，多採取生態學理論的觀點，描述環境角色對兒童及青少年發展的影響。McWhirter（1998）即認爲所謂「危機」是指一組因果動力的假設，也就是會導致青少年或兒童陷入危險或負面未來事件的可能肇因，這些危機絕不是分離、單一的範疇，而是一系列連鎖的狀態，包含社區、家庭、學校、個人等一連串危機因素；任何看似微不足道的危機，都有可能在特定時空背景之下轉變爲嚴重的危機。例如：從年幼無知時受到誘惑而使用不法藥物，到嚴重的藥物依賴和濫用；從小學時期的偏差行爲、攻擊行爲、低學習成就等徵兆，轉變成嚴重的反社會或犯罪行爲。這些瀕臨危機邊緣的青少年，就被稱爲「危機青少年」，「中途輟學」只是危機青少年用以因應其危機狀態的一種行爲手段，其他可能的手段還包括犯罪、藥物濫用、危險的性行爲和自殺等。

許多實證研究結果也持續證實家庭過程、同儕團體、社會支持與社區資源、鄰里安寧與生活品質，以及更大的主要社會機構、學校等對個體發展之影響（Baruch & Stutman, 1994; Lerner, 1993; Wozniak & Fischer, 1993）。意即，青少年偏差行爲的嚴重性雖逐步升高，卻可能均導因於一組相關連的危機因素。識此之故，McWhirter（1998）即試圖以微觀和鉅觀的角度，提出「危機樹」（at-risk tree）的系統性架構，嘗試將相關連的危機因素加以整合，從生態觀點來說明、澄清及分析青少年危機之成因和範圍，促使我們對危機青少年有更爲深入且同理的了解。

土壤：環境因素

　　青少年的家庭社經地位、政治現況、經濟現況、文化因素，及社會變遷、都市化、弱勢族群、貧窮等問題，都是我們全面瞭解危機問題所須考慮的，這些複雜的環境因素交互影響著青少年的發展，是危機樹所根植的土壤。其中，低社經地位者由於所能獲得的社會資源相當有限，加上現代化科技的進步，使得他們工作機會及層級降低，更是成長環境中的負面因素。

樹根：家庭及學校因素

　　危機樹有兩條基本的根，就是家庭與學校。根是提供網絡及滋養生活的來源，如同家庭及學校的功能在傳遞文化及促進青少年的發展。這些初級社會團體為青少年的生活經驗提供社會化的架構。其中，家庭是主根，因為家庭是影響個人發展及行為表現的最主要因素。但現今家庭生態已發生重大的變革，諸如離婚、家庭支持網絡的衰退、問題家庭與家庭問題、家庭教養等問題，造成許多家庭應有的功能無法發揮、功能薄弱或功能失調，腐壞的根就生長不出健康的枝枒。

　　學校系統是另一條主根。社會期望學校能提供給青少年一個安全且充滿生命力的學習環境，使青少年能獲得愉快的學習經驗與穩定的認知、情緒、技能之發展。但由於目前的學校教育過於側重智能培育，缺乏以生活各層面為內涵之生活技巧課程、法治教育課程、生涯探索與規劃課程等，使得社會資源有限的危機青少年更因較少機會學到未來生活所需技能而感到無聊無趣，甚至因缺乏知識學習的動機而無心向學，導致低學業成就或學業失敗的狀況。第一天上學的兒童，多半對學校生活滿懷著憧憬、期待與希望；然而到頭來，在學校中充滿挫折經驗的青少年卻頹喪失

望地逃離學校。由此看來，學校在青少年心目中的角色也正面臨了相當大的挑戰及危機。

樹幹：個人因素

樹幹的功能是支持樹枝，並將養分從土壤經由樹根傳送到樹葉、花朵與果實。危機樹的樹幹是由青少年個人的特殊行為、態度、技能、及根深蒂固的本質所組成，表現出青少年的強與弱、資優或無能，這些個人的特質如低自我肯定、憂鬱、煩躁、攻擊、低社會技能、沒有目標等，經由環境連結到家庭及學校，並進而傳導至樹枝，直接造成令人擔憂的危機行為。

高危機青少年的特質，和低危機青少年相較，有五項重要差異：（1）學習能力較差，（2）低度自我肯定和負面的自我概念，（3）與他人溝通能力較弱，（4）處事能力較差，（5）控制能力較低等。除非青少年具有良好的「韌性」或豐沛的「復原力」（resiliency），始能抵抗這些不利因素的侵襲，在夾縫中艱辛地成長茁壯。

樹枝：社會適應

樹枝代表青少年適應社會的狀況。大部分的青少年都能適應社會生活，順利發展成為有工作能力的成人、父母及成為社區的一份子。而適應不良者常是因為生長於功能不良的家庭，被孤立於主流社會、文化之外，經由不良友伴群體的互動而習得不良態度和危機行為，如中輟、藥物濫用、危險性行為、犯罪等，終至成為禍延社會的危機青少年。換句話說，也就是結成、長出壞的果實出來。單一危機行為可能是其他危機行為的前兆，會造成連鎖影響，因此危機行為並不能被視為單獨、分離的行為。

樹葉、花朵、果實：危機青少年

　　樹上的每朵花或每顆果實都代表著個別的青少年，受到不健康的枝幹所支撐的果實經常是受傷、腐壞的，因爲適應不良的行爲會增加危機行爲發生的可能性。更令人感到憂心的是，危機青少年本身就是一個種子，落在不良的土壤中，會再孕育出下一代的危機樹。

　　此一危機樹的隱喻（metaphor）生動描繪了危機青少年如何在成長過程之中受到來自社區、家庭、學校、社會群體及個人自我等各類因素的交相影響，且相當程度反映了中途輟學問題和其他偏差行爲之間的關聯性—可能均係導源於同一組危機因素。有關中途輟學和偏差行爲的關係將在第四章作進一步的討論。至於導致學生中途輟學的危機因素，則是第五章所探討的焦點。

　　就如所有其他樹的成長一般，危機樹需要灌漑、支柱及修整、施肥，更需要適當的陽光、水分及養分的滋潤。此時，教師、諮商師、心理學家、社會工作者、健康服務者教養者、政策制訂者等，即扮演著養分供給者的角色，適時補給危機青少年在成長過程中各個階段所需的滋潤，以調和鼎鼐，將果實腐壞的可能性減至最低。由於危機樹在成長過程中會受到各個面向交互影響和衝擊，也唯有能兼顧土壤、樹根、樹幹、樹枝、果實各部分之健康發展的綜合性方案或介入措施，才能徹底有效的解決青少年危機問題。

　　例如，目前美國校園中爲「危機學生」所設計的綜合服務方案，係以「團隊合作」（teamwork）的方式，結合教師、醫師、護士、社工師、、心理師、諮商師、和其他人群服務工作者，並和社區中的社會服務機構、工商企業機構、家長等建立協同合作的夥伴關係，齊心協力來協助危機學生逐一化解危機因素，在校園學習活動中重新找回其失落的成就感和自我肯定感，俾其健康地

成長和茁壯（Kronick, 1996）。本書地六章將深入討論中輟防治方案的發展與現況。

屬中華文化・智開人類心田

上達升學廣場　（重

書　號：　U1001

書　名：　中輟學生的危機與-

出版社：　濤石

進貨數：　1

進貨日：　90　5　3

定　價：　350.0

揚智文化公司

Chapter 4

中途輟學與偏差行為

◆ 青少年偏差行為的涵義
◆ 青少年偏差行為的理論觀點
◆ 中輟學生之輟學經驗與偏差行為
◆ 中途輟學與犯罪行為之關係

中途輟學和偏差或犯罪行為之間的關係，是許多教育或犯罪學者所關注的焦點之一。多項研究指出，中途輟學少年易有偏差行為、較高的失業率，對個人未來的生涯發展及社會成本的支出有極負面的影響。中輟學生的偏差行為問題，一直被犯罪學者視為違法犯罪的前兆，是危害社會治安、威脅大眾安全的紅燈警訊，如少年犯罪學者蔡德輝（1993）研究地方法院的資料顯示非在學少年之犯罪率為在學學生的5.15倍，因此強烈建議政府當局必須妥善加以預防、處理。本章旨在援引各項理論、筆者之研究發現及國內外相關研究成果，說明青少年中途輟學和偏差或犯罪行為之間的關連性。

第一節　青少年偏差行為的涵義

　　所謂「偏差行為」（delinquent or deviant behaviors）乃指個人行為顯著地偏離一般常態，以致妨礙其生活適應。然而，學者對於偏差行為所指涉的行為型態卻有多種不同的見解。

　　從法律層面而言，我國「少年事件處理法」第三條規定，「虞犯少年」是指有犯罪傾向而尚未具有顯著的犯罪事實，需由警察機構責付學校輔導教師或少年輔導委員會加強輔導。這些偏差行為所涵蓋的範圍層面較小，且需具備「經常」發生之特質，包括如下數端：

　　1.經常與有犯罪習性之人交往者。
　　2.經常出入少年不當進入場所者。
　　3.經常逃學或逃家者。
　　4.參加不良組織。
　　5.無正當理由經常攜帶刀械者。

6.吸食或施打煙毒或麻醉藥品以外之迷幻藥物者。

7.有預備犯罪或犯罪未遂而違法所不罰之行為者。

在一般學術性論著之中，青少年偏差行為則更為多樣而具體。如許春金（1997）指出青少年偏差行為有逃學、逃家、賭博、抽煙、打架、偷竊、飆車、喝酒、傷害、無故攜帶刀械、吸毒、恐嚇、勒索、毀損公物、自殺、閱讀黃色書刊、出入不良風化場所等。楊瑞珠（1998）列舉青少年常見的偏差行為，涵蓋「逃學、輟學、逃家、偷、賭、搶、恐嚇，到涉及更嚴重後果的未婚懷孕，濫用藥物、暴力、雛妓、自殺等，皆對青少年身心發展、家庭功能、學校教育及社會安寧造成相當程度之威脅與挑戰」，並認為偏差行為很少以單一的型態出現，譬如濫用藥物的青少年極可能也是經常逃學或涉及犯罪行為的青少年。

可見偏差行為的層面甚為廣泛，部分是獨立單一的型態，部分則是多元連續的組型。而「逃學」或「輟學」則被不同領域學者共同認定為青少年的主要偏差行為之一。

雖然，也有部分犯罪學者對中途輟學和其他偏差及犯罪行為之間是否有正相關存在，抱持相當質疑的態度。如周愫嫻（1999）曾以官方統計資料分析輟學和少年犯罪之間的關係，結果發現二者之間僅具有共變關係，並無因果關係，故主張輟學和犯罪共同肇因於不良的社會結構，但輟學並一定會導致犯罪。不過，鄧煌發（2000）的研究則反駁上述觀點，而得出「輟學行為均與其他非行（偏差行為）或犯罪行為呈正向之關係存在」的結論。

彭駕騂（1995）主張危機青少年的偏差行為常具有相對性、連鎖性、多元性等三項特性，使得偏差行為具有相當的複雜性。茲進一步說明如下：

1. 相對性：危機青少年行為的界定依不同時空、文化背景有所不同。例如，目前台灣社會中四處可見的「檳榔西施」，少年群聚的「搖頭」舞吧，以及高科技網路遊戲時代的產物「網路咖啡」等，出入期間的青少年是否可被認定為具有偏差行為，甚難有明確的定論。

2. 連鎖性：各類問題行為之間關係因循相衍，難以理出先後因果，造成惡性循環。例如，與有犯罪習性者交往、出入不當場所、中途輟學、和犯罪行為之間的關連性，究竟孰先孰後，亦難有定論，卻經常可在同一群青少年身上看到，無疑是一組循環相衍的問題行為。

3. 多元性：各類問題行為可能來自各類適應困難，同一類適應困難的情境也可能導致多項問題行為。例如，家庭功能不良、學業挫敗、低自我肯定感等均可能會導致逃家輟學及其他偏差行為。

McWhirter（1998）即認為會導致青少年或兒童陷入危險或負面未來事件的可能肇因，絕不是分離、單一的範疇，而是一系列連鎖的狀態，包含社區、家庭、學校、個人等一連串危機因素；任何看似微不足道的危機，都有可能在特定時空背景之下轉變為嚴重的危機。例如：從年幼無知時受到誘惑而使用不法藥物，到嚴重的藥物依賴和濫用；從小學時期的偏差行為、攻擊行為、低學習成就等徵兆，轉變成嚴重的反社會或犯罪行為。識此之故，McWhirter（1998）提出「危機樹」的系統性架構（參見第三章），來說明青少年偏差行為的嚴重性雖逐步升高，卻可能均導因於一組相關連的危機因素。

Wigtil（1995）亦提出中途輟學之危機行為有三階段的連續發展性，並引發短期、中期、長期的行為效應，如表4-1所示。

表4-1　　三階段危機行為效應

短期效應	中期效應	長期效應
*設定過低或過高的目標和期望 *低自我肯定 *不以未來為導向 *讀書習慣不良 *缺乏動機	*學業表現失敗 *對未來失去希望 *過度和沒有防護的性經驗 *疏離感 *沒有參與或投入感 *被退學或輟學	*依賴家庭或社會救濟 *生理、情緒及心理不健康 *犯罪行為

資料來源：Wigtil（1995）

在此一連續發展階段中，初期的危機行為癥候主要是青少年的低自我肯定感、缺乏適當目標和缺乏學習動機。如未能有效進行早期介入和預防，即會產生學業表現失敗、對學校疏離、對未來失去希望等中期的危機行為徵候。更有甚者，即向外在環境尋求精神和實質上的支援，和校外不良青少年群體集結靠攏，而產生更多、更嚴重的偏差行為，如危險的性行為、飆舞、嗑藥、飆車、群架鬥毆等，終至被學校退學或輟學。輟學之後，也脫離了主流價值規範的束縛，許多青少年更變本加厲、目無法紀，為達目的不擇手段，終至走上結夥搶劫、縱火、殺人等犯罪的不歸路。

由此看來，多數學者均主張青少年「從中輟到犯罪」即使並非線性模式，但也是一個連續性的發展歷程，由輕度的問題行為徵兆發展至嚴重的犯罪行為，每一個發展階段都有一段維持期。教育、輔導、社會和犯罪等各專業領域的工作者，如能仔細體察青少年問題行為之徵候，把握每一階段的維持期，妥善規劃早期介入策略，必然來得及阻斷青少年偏差行為之惡性循環。

第二節 青少年偏差行為的理論觀點

對青少年發生偏差行為的理論性解釋，長期以來即是心理學、社會學、犯罪學等專業領域所關注的焦點，且各衍生出不同觀點的理解。受限於筆者之所學，本文僅從心理學和犯罪學理論，探討偏差行為的發展歷程。

一、自我理論與標籤理論

奠基於人本心理學的「自我理論」（self theory），主張行為是個人「自我概念」（self-concept）的表達，故自我概念在偏差行為的發展中發揮了關鍵性的作用（Reckless & Dintz, 1967）。依據人本心理學觀點（Maslow, 1954），「自我肯定」（self-esteem）是決定一個人能否充分「自我實現」（self-actualization）的關鍵，而自我實現是人類最高層次的基本心理需求，是主導一個人成長發展的最大動力來源。因此，如個人處在低度自我肯定或缺乏自我肯定的環境中，將會轉向尋求其他有利於提升自我肯定的方式，而偏差行為即可能是青少年所賴以自我肯定的一種手段。

自我和行為的關係尚影響個人如何從各類可能行為選項中選擇了偏差或犯罪，即個人對偏差或犯罪行為的選擇取決於其是否符合「自我形象」（self-image）。如許多依據犯罪學「標籤理論」（labeling theories）所進行的研究亦顯示，「壞孩子」的負面標籤對中產階級青少年、原先遵循傳統社會秩序的初犯青少年等特定群體影響最為鉅大（Ageton & Elliott, 1974; Elliott, Ageton, & Canter, 1979）。由於遵循傳統社會秩序的青少年通常相當在意社會中他人的看法與期待，一旦因犯錯而遭致「壞孩子」的負面標籤，對自我概念的打擊將異常深遠，甚至因預知該負面標籤已如

烙痕印記，無法再取得傳統社會團體的認同，故轉而依附具有同類（壞孩子）標籤的同儕團體，學習其動機、態度與偏差行為模式，以獲取該次級社會團體的認同。於是，青少年逐漸地將自我形象疊入社會上一般人心中的「壞孩子」形象中，而表現出「壞孩子」應有的偏差行為模式，此即為自我標籤化（self-labeling）的歷程（Warren, 1983）。

此一理論觀點說明青少年的低自我肯定感、負面自我形象或自我概念是導致其發生偏差行為的最重要癥結。許多危機青少年在成長的歷程中，經常遭受從家庭、學校到社會的挫折和打擊，則是重創其自我概念或自我肯定的原兇。

二、 心理分析與社會控制理論

Freud學派的心理分析論最受矚目的基本人性觀點，可見諸於其對人格結構與自我防衛機轉的闡釋。Freud認為人格結構中包含潛意識層面的「本我」（id）與「超我」（superego），及意識層面的「自我」（ego）三者，彼此動力運作的歷程。本我即是人格中的是生物性本能或原欲衝動（性與攻擊），受「享樂原則」支配，要求立即性的滿足；超我是人格中從父母教養與社會文化內化認同而來的社會與道德規範，是對行為之好壞、善惡的審判單位，受「道德原則」支配；自我的功能則在於調和本我與超我之衝突，從事合於現實與邏輯的理性思考，受「現實原則」支配。準此而論，當「自我」功能薄弱且缺乏「超我」規範時，可能導致青少年易於以偏差行為來滿足「本我」的立即需求。

由於「超我」的內涵中，蘊藏的主要是由父母教養與社會文化內化認同而來的社會與道德規範，在青少年進入社會之前，父母、長輩、教師、甚至較年長的同儕，均是超我發展中最重要的資源。然而，許多危機青少年成長於破碎或惡劣的家庭環境，無

法和父母發展良好密切的「依附關係」（attachment）；如果這些少年在學校中又因學業或行為表現不良受到老師和同學的排斥拒絕，將轉而依附其他不良友伴群體，以致吸納該不良友伴群體之不當價值信念與偏差行為模式，成為其超我結構中最核心的內涵，即容易產生偏差或犯罪行為。此一觀點與犯罪學者Hirschi（1969; 1990）的「社會控制理論」（social control theory）頗為相近。

社會控制理論認為個人與「社會鏈」（social bond）連結的強弱是決定一個人是否會遵守社會規範的主要原因，當個人與社會的連結過於薄弱或斷裂時，就容易產生偏差行為。維繫個人與社會鏈的連結有四個要素：（一）依附（attachment）乃與重要他人情感上的融洽狀況；（二）參與（involvement）係指費時費心參與社會慣常活動；（三）投注（commitment）於個人所追求的理想與世俗的目標；（四）信念（belief）為個人對價值規範的正向認知。而社會鏈所連結的範圍可包括：學校、家庭、朋友與社區等。

此一理論主張，當青少年與其所依附對象之連結程度愈強時，愈會重視他人的反應與期待，則愈能模仿和接受其價值、信念和規範，積極投入於其所期待的行動或活動中。當青少年行為符合其所依附對象之價值與信念時，會因獲得讚許和提升自我肯定，而增強該項行為；此時，若所依附對象未予正向之鼓勵增強，則將消弱依附對象所期許之行為，僅在避免懲罰時才會遵守規範，而其對依附對象之順從性將逐漸減低。

在青少年成長過程中，父母、師長和同儕均是影響最大的「重要他人」（significant others），但在青少年渴望追求獨立自主的階段，父母和師長的影響力逐漸降低，同儕影響力激增。此時，若青少年無法建立起對家庭和學校之依附關係，則同儕團體即成為他們主要的依附團體。如果所依附對象是不良同儕團體或

違法犯罪者、無法確立未來目標、未能投入於有利的社會活動、且不相信社會規範，就很容易會產生偏差或違法犯罪的行為。因此國內致力於研究青少年偏差行為原因的學者，均認為社會控制理論頗能解釋我國少年偏差行為的狀況（楊國樞等，1986；許春金，1986；張景然，1992）。

心理分析和社會控制理論分別從「超我」規範之形成和「依附」關係之發展，探討重要他人（父母、教師、同儕）如何在青少年成長歷程中扮演了相當關鍵性的角色。父母的管教訓示和教師的諄諄教誨並不一定深根柢固地主導青少年的價值、信念和行為，取決於其能否讓青少年產生正向且緊密連結的依附關係；而此一關係的形成，取決於父母、教師能否以真誠關愛的態度給予青少年積極的增強和鼓勵。如果答案是否定的，青少年尋求依附的對象將是同病相憐的不良友伴群體，信仰該群體所要求其遵循的行為規範，演變成其「超我」的主要內涵，主導其表現出偏差或犯罪的行為。

心理分析或社會控制理論補足了自我理論或標籤理論的缺口，對於說明低自我肯定者或負面自我形象者，何以傾向於表現和其不良同儕群體相同的偏差行為，提出了具有相當具說服力的理論根基。

三、社會學習與差別接觸理論

從行為學派衍生而來的「社會學習理論」（social learning theory），強調人們的行為係心理社會環境下的產物，是在人們所居住生活的社會環境中學習模仿而來（Bandura, 1977）。犯罪學家最關心的兩項學習機制，一是「觀察學習」（observational learning）或「楷模學習」（modeling），二是「酬賞和懲罰」（reward and punishment）或「操作制約」（operant conditioning）

（Englander, 1997）。

　　楷模學習係指對他人行為的模仿，如青少年在成長過程中因經常觀察到重要他人或角色楷模使用偏差行為，即學會了偏差行為。酬賞和懲罰的學習機制，意指受到酬賞的行為很可能會再次發生，而受到懲罰的行為則會逐漸消失。因此，當青少年觀察到別人因表現偏差行為而受到酬賞或達到目的，或自己的偏差行為獲得預期的良好效果時，偏差行為即會持續不斷地發生，此即「增強效應」（reinforcement）。Bandura（1977）並歸納行為模仿的三項主要來源為：（1）家庭及親人，（2）生活環境及同儕團體，（3）文化、媒體與偶像。因此，偏差行為是由與他人的接觸中，觀察他人（家人、同儕、媒體等）因表現偏差行為而達成目標或受到社會讚許（正增強），學習而來。

　　此一社會學習觀點與犯罪學理論中的「差異接觸理論」（differential association theory）實有異曲同工之妙。Sutherland（1939）假設犯罪行為的發生是透過與違犯社會規範者的社會接觸而學習得來，學習的內容不僅是犯罪的技巧，尚包括犯罪的動機、驅力、態度以及合理化反社會的行動。渠此，與一般人相較，和違法犯罪的朋友有所交往的人傾向於表現出明顯的犯罪行為（Enyon & Reckless, 1961; Johnson, 1979）。

　　在社會學習理論中，「認知」（cognition）亦被認為在個人行為學習過程中扮演了一個相當重要的角色。由於日常生活中的許多經驗或現象，對每個個人均有不同的意義，個人在社會學習過程中會根據自身的獨特情況與認知結構，對各類不同的社會接觸做出不同的解釋與判斷，能有助於個人「自我定位」（self-identity）的同儕團體，即會對個人的動機、態度、行動等產生重大的影響。俗言「物以類聚」，但類聚之後則「近朱者赤、近墨者黑」，個人的「認知」在此一歷程中是主導選取類聚對象、認同特定行為的關鍵因素。簡言之，社會學習或差別接觸理論所強調

的是行為「學習」的歷程，以及作為觀察、模仿之機制的「認知」在行為學習過程中所扮演的角色。

四、整合觀點之偏差行為循環模式

奠基於前述各學派理論觀點，筆者（吳芝儀，1999b）曾試圖加以整合，並描繪出一個較為統整的青少年偏差行為發展歷程或循環模式圖（如**圖**4-1所示）：

1.在家庭、學校等生活環境中屢屢遭受挫折或阻礙的危機青少年，由於難以獲得被父母增強或被教師肯定的機會，將導致其擁有較低的自我肯定感，且和父母、老師的依附關係薄弱。
2.在生活環境中缺乏自我肯定感的青少年，易於不適當地知覺到外在環境的敵意、威脅和壓力，而產生負向的感受和情緒。
3.為了紓解負向情緒，青少年主動選擇了其所認同的偏差同儕團體，和其建立緊密的情感依附和連結；並透過觀察、模仿在群體友伴之間受到增強和肯定的偏差信念和行為，以積極爭取群體友伴的認同。
4.當青少年所知覺到的環境威脅、挫折或壓力真的因為表現偏差行為而獲得解除，即對青少年產生「負增強」效應。
5.另一方面，青少年因表現偏差行為而獲得了同儕團體的社會讚許，隨之而來的愉悅滿足感，則提供了最大的「正增強」效應，進而提升了青少年的自我肯定感和自我價值感。
6.然而，此一高度自我肯定狀態在青少年的生活環境中甚難維持穩定，使得青少年需要一再地依賴偏差行為來加以維繫；於是，偏差行為將成為目標導向行為而持續地出現。

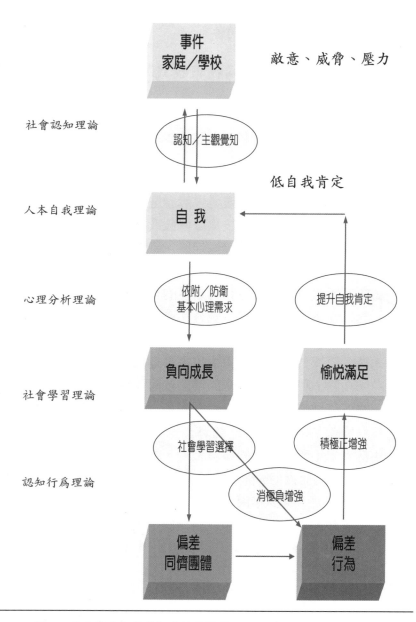

社會認知理論

人本自我理論

心理分析理論

社會學習理論

認知行為理論

事件
家庭／學校

敵意、威脅、壓力

認知／主觀覺知

低自我肯定

自我

依附／防衛
基本心理需求

提升自我肯定

負向成長

愉悅滿足

社會學習選擇

積極正增強

消極負增強

偏差
同儕團體

偏差
行為

圖4-1　整合觀點知偏差行為循環模式

此一循環模式不僅可用於理解青少年的偏差行為，亦適用於理解青少年的中途輟學和犯罪行為。一旦學生在其求學的環境中不斷遭遇學業挫敗經驗，且缺乏被讚美、鼓勵的正增強機會，即會對其自我肯定感造成莫大的打擊，喚起學生憤怒、無助等負向情緒。當其鬱積的負向情緒壓力難以在生活環境中正常宣洩，他只好轉而採取其他的宣洩管道，同儕團體的因應方式即成為其模仿學習的目標，於是許多危機學生就和那些早已中輟的好兄弟走上同樣的不歸路。中輟之後，一方面掙脫了壓力的束縛、紓解了鬱積的不舒服情緒，獲得了「負增強」效應；二方面更因在同儕群體中的行為表現受到肯定或讚賞，提昇了至為緊要的自我肯定感，而發生積極的「正增強」效應。更複雜多樣的偏差行為、甚至犯罪行為於焉發生，且不斷地循環。

第三節　中輟學生之輟學經驗與偏差行為

有關中輟學生輟學後的去向，及其所從事的活動，是瞭解其偏差行為出現頻率和發展性的重要關鍵。然而由於國內關心中輟學生的研究仍以輟學成因為焦點，探究其輟學後去向和生活經驗的相關研究並不多見。較近，僅有黃德祥、向天屏（1999）以三位中輟學生為對象進行訪談研究，發現他們輟學時最常從事的工作是賣檳榔、黑手、幫人收帳等。

為了深入瞭解中輟學生輟學後的生活經驗及從事的活動，筆者則以二十四位曾經中輟或現仍中輟的學生為訪談對象，男生有十三位，女生有十一位；年齡分布在十三歲至十六歲之間。所探問的問題包括：何時選擇離開學校、輟學時間的長短，以及輟學後的情形等（吳芝儀，1999a; 2000）。訪談所獲得的描述性資料，以現象學內容分析步驟（見第二章第四節）處理，依據資料

顯示的共通意義和組型加以群聚，歸納出類別和主題，並描述說明其脈絡關係。

一、 中途輟學的時機

受訪者初次發生中途輟學的時間，最早者是從國小四年級開始。大部分受訪者第一次發生的中輟時間點多在國中階段，尤其是國中一、二年級左右。顯見對某些學生而言，從國小升上國中的學習階段轉換，常會造成嚴重的學校生活適應問題，值得教育與輔導工作者加倍的重視和關心。尤其許多位受訪者均有多次進出學校的輟學和復學經驗，推測多數受訪者仍對學校心存期待，並非毅然決然地離開。因此，如果學校能為中輟復學生付出更多的照顧心力，仍很有機會挽回中輟學生逐漸失落的心（如**表**4-2）。

二、中輟時間

不同受訪者中輟的時間長度差距甚遠，但多數受訪者中輟時間約一年或以上。這一點可以讓我們瞭解到這樣長時間的離開學校，中輟生復學後的適應問題、及中輟之後學習進度的銜接問題，都可能對再復學的中輟學生造成莫大的壓力。而且，中輟生復學後若是如同轉學生般立即地編入既有班級裡，殊異性將更形彰顯，使得無論是中輟學生、其他同學或班級教師勢必面臨劇烈的衝擊。因此，為中輟一段時間之後再度復學的學生，提供一個復學調適機制，實有其必要性；否則復學後同樣或更嚴重地無法適應學校生活的學生，必然會很快失去耐性而再度中輟。以致多次中輟的學生，中輟的時間也一次比一次長（如**表**4-3）。

表4-2　受訪者中途輟學時機

主題	類別(次數)	訪談實例
國小階段	國小開始中輟 (4)	* 國小四年級。（#24） * 第一次是國小四年級下學期...第二次在快上國中的時候...差不多10歲，第二次差不多13歲。（#11） * 國小六年級，13歲。（#06） * 第一次是在國小六年級，第二次是國中一年級。（#08）
國中階段	國一開始中輟 (10)	* 國中一年級。（#14）（#15）（#16）（#20）（#21） * 第一次的時候是國一，那時13歲。（#05） * 國中一年級下學期讀完，就沒有讀了。等於是15歲。（#12） * 第一次是國一...有四次。（#22） * 第一次國一，第二次國二上學期，第三次國三下學期。（#01） * 第一次國中一年級，第二次是在國二的時候，有二次。（#04）
	國二開始中輟 (7)	* 國二。（#19） * 國二上學期結束的時候，14歲。（#07）（#09） * 第一次忘了...第二次輟學是，二上的時候。（#17） * 二次，都在二年級。（#23） * 第一次是二年級下學期的時候，第二次，二年級快結束的時候。（#26） * 十次以上..第一次是國二。（#25）

表4-3　受訪者中途輟學時間長度

類別（次數）	訪談實例
一年以下 （7）	＊ 兩三天沒有到學校。（#18） ＊ 第一次輟學兩個禮拜...第二次一個多月...（#01）（#26） ＊ 第一次的話，好像二、三個禮拜...第二次是在台南，大概一個月，第三次的時候，..快一個學期。（#04） ＊ 半年至一年（#06）（#13）（#17）
一年以上 （12）	＊ 一年了。 （#07）（#08）（#09）（#10）（#11）（#12）（#14）（#15）（#16）（#24） ＊ 兩年。（#22） ＊ 五年了。（#61-1）

三、中輟後所從事的活動

　　中輟不上學的時光裡，受訪者的活動安排可以分成「待在家裡」、「和朋友玩」及「做工作」等三種主要類型（如表4-4）。待在家裡的中輟學生，主要的活動是看電視、看漫畫、打電動或是幫忙作家事，但當時間久了感到無聊後，也會開始外出和朋友閒逛、泡紅茶店、打電動玩具等。而多數和朋友在外面到處遊玩的中輟學生，所從事的活動較單純者主要是打電動玩具，較多樣複雜者則舉凡唱歌、跳舞、撞球、喝酒、飆車、打架等無所不「玩」，這些均可歸類為「偏差行為」的範疇（許春金，1997；楊瑞珠，1998）。這些和朋友共同參與的活動，實則強化了中輟學生和其同儕團體的依附關係，織就了偏差行為的社會學習網絡，使得中輟學生的偏差行為更為多樣化、也更為嚴重化。

表4-4 受訪者中途輟學後生活

主題	類別（次數）	訪談實例
待在家裡	待在家裡（9）	* 在家裡...看電視、睡覺。（#12）（#15） * 在家裡，打電玩。（#08）（#18） * 打球或看電視、掃地、帶狗出去洗澡。（#14） * 睡覺喔，在家玩啦...不錯呀很自由。（#19） * 第二次跟媽媽一起去工作，有時候就在家裡。...很無聊。（#11） * 在家裡看電視、不然就幫忙做點家事或是媽媽有時候叫我們搬東西。...要是出去都只會去漫畫店或錄影帶店。（#07） * 都在家裡而已...都沒有在做事，大多都去租漫畫看。...除了看漫畫，就是看電視。...中輟之後，還是覺得讀書比較好，沒讀書就覺得好像沒事做，感覺怪怪的。（#13）和朋友玩玩電動（5）
和朋友玩	玩電動（5）	* 玩呀，在電動玩具店，pub，跟中輟的同學...（#17） * 出去電動玩具店打電動。（#18）（#22）（#25） * 和朋友聊天啊!...出去都去撞球或者打電動。（#21）
	偏差行為（4）	* 玩啊，...逛啊，在高雄都是在唱歌、喝酒、跳舞，唱歌、喝酒要不然跳舞去飆車這樣...去坐茶坊。（#23） * 只有玩、打架、抽煙、喝酒。（#24） * 唱歌、打保齡球、騎機車亂逛。（#26） * 都在玩，和我表哥要不然找外面的朋友...很好玩...那樣玩到最後也很無聊。（#20） * 大概一個月都在做檳榔西施。（#06）
找工作	和爸媽去工作（4）	* 都跟爸媽去工作。（#10） * 第二次跟媽媽一起去工作，有時候就在家裡。...很無聊。（#11） * 後半年在爸爸的工廠工作，做電子的。...讀書比較好，做工很累。（#12） * 幫爸爸送貨，幫忙搬貨...還有做工...做麵包。（#22）
	做其他工作（3）	* 大概一個月都在做檳榔西施。（#06） * 在我們那邊做美髮。（#09） * 跟朋友出去，然後做工作。（#37）

此一現象局部驗證了「偏差行為循環模式」的觀點：中途輟學使得青少年脫離學校的依附與規範，可能增強其對青少年次文化的認同，於同輩團體中尋求情感的依附，並逐漸認同且主動學習該團體的價值信念與行為模式，以致產生多樣偏差行為。從「危機樹」的發展觀點（McWhirter, 1998）來看，由於中輟學生成長經驗中的危機因素和其他危機學生相當類似，在彼此觀摩仿同對方行為舉止或社會學習的歷程中，將無可避免地會發展出更多樣的危機行為。亟需從事犯罪防治工作者採取預防性的介入措施，以預防犯罪或藥物濫用等嚴重危機行為的發生。

　　至於中輟之後已有工作者，部分男生是在家人的要求下和爸媽一起去做勞力工作，而幾位女生則從事美髮或檳榔西施等較輕鬆的工作。這和黃德祥、向天屏（1999）的研究發現中輟生輟學時最常從事的工作是賣檳榔、黑手等不謀而合。這些工作所需的教育程度不高，再加上年輕就是青少年的本錢，成為輟學青少年的收容所並不令人訝異。只是，這些工作對於輟學青少年而言也只是過渡性質，無法作為青少年終身投入的生涯目標，因此青少年也隨時會因任何原因而離開該工作領域。再加上青少年的玩樂取向和向同儕團體認同的特性，總令人對這些流連在社會底層的青少年捏一把冷汗！一旦父母也束縛不了他們想飛的心，失控的火箭很可能會造成社會重大的危機。

第四節　中途輟學與犯罪行為之關係

　　國內關心青少年中途輟學與犯罪行為的研究多發現，中輟學生與少年犯罪問題有著顯著密切的關連。例如，一項有關「中途輟學與青少年犯罪」的研究證實，65％的犯罪少年曾有過輟學經驗，更有90％受訪的犯罪少年對中途輟學會導致犯罪表示贊同

（商嘉昌，1995）。

　　法務部（1997）曾針對全國九所主要少年矯正機構收容學生進行調查，顯示有四分之三的犯罪少年在犯案時正處於離校輟學階段。根據法務部（1998）的統計資料顯示，犯罪少年之教育程度以國中程度者最多，佔71.72%，其中國中肄業者佔了30.50%；而高中輟學生的比例亦佔全部犯罪青少年的近25%。法務部（1999）所完成的少年犯罪狀況調查，仍顯示台灣地區十二歲以上十八歲未滿之犯罪少年，教育程度以國、高中肄業或輟學學生居多。而在蔡德輝等人（1999）最近針對暴力犯罪少年所進行的調查中，亦發現暴力犯罪少年在進入矯正機構前有高達67.4%的比例經常不到校上課；而初次犯案被捕的年齡有61.9%在十三歲到十五歲之間，大約是國中的年紀。可見，逃學及輟學行為的確與偏差或犯罪行為有著極為密切的關係，大約六至七成的犯罪少年在學校中即有經常逃學或中途輟學的記錄。

　　國外許多研究亦證實，逃學或退學常是青少年違法犯行的主要前兆。如美國伊利諾州（1992）的少年受刑人75%曾有中途輟學紀錄。英國某地方教育局發現年齡在十一歲以上的被退學少年中，有58%在被退學當年的前後有違法犯行，42%被少年法庭判刑的學齡少年在犯行前已被學校退學，另23%的犯罪少年有嚴重的逃學行為（The Audit Commission , 1996）。

　　Thornberry、Moore和Christenson（1996）曾試圖檢視偏差行為到底是在輟學後減少，抑或在輟學後增加。結果發現，十六歲及十八歲輟學的青少年在輟學後因犯罪而遭逮捕的比例，遠高於他們之前尚在校求學時的被逮捕率。而Thornberry等人在控制社會地位、種族、婚姻狀況、職業等變項之後，結果仍證實：輟學對犯罪行為具有正向之影響（引自鄧煌發，2000）。

　　Jarjoura（1993）分析全美青少年縱貫性調查（National Longitudinal Survey of Youth）資料，以探討偏差行為與輟學關

係。結果發現，因為不喜歡學校，以及因為不良行為而遭學校開除的中輟學生，在輟學之後，從事竊盜、販賣違禁藥物的情形最為嚴重。被學校開除的青少年，其自陳報告亦顯示較畢業學生出現更多的偏差行為（引自鄧煌發，2000）。

　　這些國內外的研究發現，顯然證實了「從中輟到犯罪」是一個連續複合體，如未能及早施以介入處遇，行為問題的嚴重性將逐漸惡化，造成社會極大的威脅，甚至鉅大的傷害。如等到犯罪後再加以逮捕拘禁，政府即必須蓋更多如銅牆鐵壁的監獄、聘用更多人力來戒護管理，社會成本的付出將數倍於早期介入所需的教育經費支出。因此，教育當局如能及早採取中輟預防和處遇措施，從家庭、學校、社會等多元層面來防護青年免於陷入教育或學業失敗的危機，應可有效降低輟學或被退學的學生人數，並顯著降低青少年偏差或犯罪行為問題的嚴重性。

Chapter **5**

中途輟學的危機因素

◆ 中途輟學的個人層面因素
◆ 中途輟學的家庭層面因素
◆ 中途輟學的學校層面因素
◆ 中途輟學的社會或同儕因素
◆ 中途輟學危機因素之深度研究

關於青少年中途輟學的原因，國內外許多相關的研究多證實個人、家庭、學校、社會或同儕等種種危機因素，是導致這些青少年視上學為畏途的主要癥結（**附錄六**），於是呼朋引伴逃離學校以躲避在課室中如坐針氈的痛苦。因此教育部從民國八十四年度起所建立的中輟學生通報系統，在輟學原因的通報方面，即以個人、家庭、學校、同儕等四類因素為主。

根據我國教育部對通報系統的說明，在「個人因素」方面，包括個人成就低落、對學科無興趣、意外傷害或罹患重大疾病、智能不足、精神異常、身體殘障等原因。在「家庭因素」方面，包括親屬失和無法安心上學、家庭關係不正常、家庭發生重大變故、家庭漠視、家庭生計須其工作補貼、在家照顧弟妹幫忙家事、舉家躲債、居家上學交通不便等。在「學校因素」方面，包括學校管教方式、考試壓力過大、師生關係不佳等原因。

美國聯邦教育部所進行的中途輟學原因全國性調查（1990），則列舉出學校相關、工作相關、家庭相關、其他等四類因素。在「學校因素」方面，包括不喜歡學校、無法和老師相處、無法和同學相處、經常留級、在學校沒有安全感、被退學、在學校中無歸屬感、趕不上學校進度、學業失敗、轉學但不喜歡新學校等。在「工作因素」方面，包括不能同時兼顧工作和讀書、必須做工作、找到工作等。在「家庭因素」方面，包括必須賺錢養家、想要成家、未婚懷孕、成為父母、結婚、必須照顧家人等。而在「其他因素」方面則包括想去旅行、朋友也輟學等。

這些不同層面的因素，因所涵蓋的範圍廣度有所不同，且單一項目的類別歸屬有時不易，如「成就低落」、「對學科無興趣」究係個人因素或學校因素仍有所爭議，因此在瞭解當前導致學生中途輟學的危機因素上，仍不足以勾勒出一完整的圖像。

本章援引國內外針對中輟學生輟學因素的相關研究，以及筆者個人對中途輟學影響因素的研究心得，以俾對中輟學生問題層面有更周延而深入的理解。

第一節 中途輟學的個人層面因素

　　學生之所以中途離開學校，有些是個人的生理與心理因素使然。在生理因素方面，有性別、年齡、種族、健康狀況、懷孕與藥物濫用等；在心理方面，則包括人格特質、低自我肯定、缺乏學習動機等。

　　教育部從民國八十四年度起所建立的中輟學生通報系統，在輟學原因方面雖顯示以「個人因素」所佔比率居冠於家庭、學校、同儕等因素之上，約佔32%至48%（鄭崇趁，1999）。但因細究該通報系統由教師自行勾選的個人因素，涵蓋有成就低落、對所有學科均無興趣、意外傷害或重大疾病、智能不足、精神異常、身體殘障、其他等七項，其中前兩項「成就低落」、「對所有學科均無興趣」實與「學校因素」脫不了關係，並非「個人因素」之範疇，可能使學生因個人生理及心理因素而導致輟學的比率過度膨脹。

一、個人生理方面

　　在個人生理方面，國外的許多研究發現種族和性別對學生中途輟學與否具有明顯的區辨力（Ekstrom et al., 1986; Hahn & Danzberger, 1987; Jordan & Lara, 1996）；在某些州高中女生輟學的比率甚高，大約有40%是因為懷孕生子而輟學（Chow et al., 1996）。國內方面，根據鄭崇趁（1999）所提供的教育部統計資料，顯示從八十四學年度至八十七學年度，中輟學生均以男生佔大多數，男生的中輟率較女生多出10%至20%左右；這些中輟學生中，國中程度者佔有八成以上；而原住民學生輟學人數則佔總輟學人數的8%至10%之間。高琦玲（1994）的研究則顯示，身心健康情況較差的學生，有較高的輟學傾向。而身心障礙學生要比一

般學生面臨更多身體、情緒、學習上的障礙與挫折，因此其輟學率也相對高於一般學生（引自黃德祥、向天屏，1999）；此外，吸食毒品藥物者，通常因常會出現身心兩方面的重大障礙，會嚴重干擾學習的狀況（黃德祥，1996）。至於學生因意外傷害或重大疾病而輟學的比率則未有研究細究之，可能與研究樣本難覓有所關連。

二、個人心理方面

在個人心理方面，Woodley & Parlett（1983）曾以青少年學生為研究對象分析中途輟學因素，發現學生缺乏學習動機及其本身之人格特質是影響輟學的主因。黃德祥（1996）的研究顯示，具有較低自我概念或低自尊（低自我肯定）者，容易因自暴自棄而輟學；而學習動機低落事實上也是低自我肯定感的反映，極易導致中途輟學行為的發生。

個人心理層面對青少年偏差行為的影響，是青少年心理學及犯罪心理學的重要研究主題，卻較少有對中輟學生的研究加以探討，殊為可惜。

第二節　中途輟學的家庭層面因素

依據家庭系統理論的觀點，青少年中途輟學有可能是家庭體系變動的結果。因此，欲從家庭層面了解青少年學行為，須從家庭的整個系統進行探討。每個成員在家庭系統中，都有其獨特的位置，不僅對家庭功能的建立與維持，扮演著相當重要的角色，也同時承擔著家庭的壓力。因此，從家庭系統理論來看，青少年的中途輟學行為可能是在反映整個家庭系統壓力之信號，是為穩

定家庭平衡的一種適應性行為，藉著輟學行為來減輕或緩和家庭的壓力。例如，在黃德祥、向天屏（1999）最近的研究中，即發現中輟生家庭結構多半不完整、家庭社會地位低、或是親子關係不佳。而最近，鄧煌發（2000）的調查研究發現，影響少年發生輟學行為之成因中，家庭結構與家庭動力方面的影響力不容忽視，其中尤以家庭結構之健全與否的影響力最大。

一、家庭結構改變

實徵研究上，Valerie & Zimiles（1991）曾研究家庭完整、單親家庭和繼親家庭三者，與中途輟學行為間之關係，發現家庭結構的改變對輟學行為有極大的影響，其中繼親家庭學生的輟學率是雙親家庭學生的三倍左右（Zimiles & Lee, 1991）。McLanahan & Sandefur（1994）曾在其研究中證實雙親離婚或分居導致家庭結構的改變，會使得學生在學校中發生學業失敗的情況，並估計來自單親家庭學生的輟學可能性是來自雙親家庭學生的二至三倍。黃武鎮（1989）曾調查1988~1989年國中生中途輟學原因，發現父母分居與失和者佔18.46%，父母管教不當或疏於管教者佔44.6%。高淑貴（1990）研究發現父母關係影響國中少年的逃學行為，父母關係不佳者，逃學的行為愈嚴重。張鈿富（1994）與梁志成（1993）於國內的調查研究，也證實父母婚姻關係的變動，及父母婚姻狀況的融洽與否，對子女的輟學行為有顯著的影響。此外，研究12個縣市1011個國中輟學少年時，也發現單親家庭和繼親家庭的青少年，有顯著的輟學行為。上述研究均顯示家庭關係的變動，特別是夫妻體系的改變，不僅會影響家庭系統的穩定、家庭親職功能的順利執行，更與子女的輟學行為有密切關係。

最近的一項針對台灣地區國、高中學生及犯罪少年計1,091人

的調查研究（鄧煌發，2000）亦發現，家庭結構因素—如：父親之教育程度、家庭結構完整性、雙親之婚姻關係等—對少年輟學行為產生顯著的影響；換言之，家庭結構不健全、雙親婚姻關係不良等負面家庭的少年，發生輟學行為的可能性較高。

二、親子關係不良

在探討青少年偏差行為的形成因素時，發現親子關係常是影響青少年偏差行為的重要因素 （呂民璿，1990；李月櫻，1994；門菊英，1992；黃富源、鄧煌發，1999）。王慶槐（1988）研究青少年偏差行為時，發現與父母愈親近、家庭凝聚力高的少年，愈不易從事偏差行為；有偏差行為的青少年則與父母較少溝通、較少認同，在情感上較不依附父母。此外，鄧煌發（2000）的研究也發現，輟學少年之父親，平日對其在學業方面之期許程度非常低落，顯著地低於一般少年。

三、父母管教方式不當

家庭管教規則的問題，常發生於父母運用權威不當、溝通方式不良和問題解決方式的不一致等方面。父母管教子女方式不同，子女行為表現會有顯著差異（王鍾和，1994）。國內有關偏差行為少年與一般少年家庭規則的實徵比較研究都發現：在偏差行為少年家庭中，父母管教子女態度更趨於嚴格、拒絕、前後矛盾、不一致（廖德富、馬傳鎮，1993；王慶槐，1988；王鍾和，1994；門菊英，1992；李月櫻，1994；黃富源、鄧煌發，1999）。廖德富與馬傳鎮（1993）等人研究中也發現：父母管教子女規則的歧異度與偏差行為少年的逃學違規行為間有顯著關係。親子之間的管教規則在開放性家庭和封閉性家庭中，會影響子女行為之良窳，這在張鈿富（1994）和Alpert & Dunham（1986）

的研究裡獲得了支持。彼等研究發現：在採取「開明權威」之管教規則的家庭中，親子關係較佳，子女的輟學率較低。Dryfoos（1990）研究輟學少年時，也證實：權威型的親職角色和疏於支持子女等因素。是學生中途輟學的重要因素。另外，Rumberger（1990）等人之研究結果有：1.來自放任式家庭之子女，中途輟學比率較高。2.中途輟學學生的父母，對子女的行為採消極地制裁，而非積極地回應其情緒反應。3.中途輟學學生的父母，較少關心子女的課業。

四、手足關係疏離

手足關係的親密與疏離，不僅影響個別成員，也會使其他次體系，甚至整個家庭系統的平衡受到牽動。當手足關係無法滿足個別成員的種種需求時，將降低成員對手足體系的依附；反之，手足關係愈親密，則彼此間的相互影響愈大。青少年偏差行為的產生即可能會藉著手足關係之間的緊密結合，相互模仿與學習（高淑貴，1990；Brody，1992），在親子關係不良和家庭規則僵化的家庭系統中，親密的手足關係將對偏差行為有所影響。此外，偏差行為也可能反映手足關係的緊張與壓力，而導致非適應行為。

五、家庭社經地位低落

家庭系統中除家庭結構、家庭關係和家庭規則等因素外，不良家庭環境也會直接或間接影響少年偏差行為（呂民璿，1990）。事實上，家庭社會經濟地位所形成的特質條件、教育態度、教育方式、抱負水準、成就動機及學習環境因素等可能直接或間接影響子女對教育的態度。低家庭社經地位是中途輟學學生普遍的特質之一（張清濱，1992；Rumberger et al.，1990；

Rumberger, 1995；Russel，1983；Storn，1986）。而教育程度較低的父母，對子女在學業上的支持較少，也少與學校接觸，故子女輟學率偏高。

從上述說明中，我們可以獲得以下結論：家庭是一個系統，當系統的某一部分發生改變時，會影響整個系統的穩定與平衡及青少年與家庭的依附關係，而導致青少年的不適應行爲。在面對青少年輟學問題時，處置的焦點不僅需考慮個人層面，也需考慮以家庭爲服務的單位；不但要處理輟學青少年的問題，也須兼顧家庭系統中可能隱藏的其他問題。

第三節　中途輟學的學校層面因素

1990年美國聯邦教育部曾進行一份全美學生中途輟學原因的全國性調查，顯示在其所列出的各類因素中，學校因素所佔的比率最高。經統計分析發現全美中輟學生的重要中輟原因依序是：不喜歡學校、學業失敗、無法和老師相處、趕不上學校進度、未婚懷孕、在學校中無歸屬感、無法和同學相處、經常留級等。除了未婚懷孕、必須賺錢養家、朋友也輟學三者之外，其餘七大中輟原因均與「學校因素」息息相關（如表5-1）。其中，因「不喜歡學校」而輟學的比率即高達五成一，其次則是「學業失敗」（39.9%）、「無法和老師相處」（35.0%）、「趕不上學校進度」（31.3%）、「沒有歸屬感」（23.2%）和「無法和同學相處」（20.1%）。可見，學生選擇以決裂的方式離開學校，和學校本身的問題關係密切。

此外，根據Jordan & Lara（1996）的研究顯示，在對中輟學生提示二十一項與家庭、學校、工作、同儕及社會流動相關的因素之後，不分性別或種族之中輟學生，均反映出學校相關因素所

佔之比率最高。梁志成（1993）研究青少年輟學行為時發現，亦
發現學校因素對中途輟學行為的解釋力最為顯著。

表5-1　美國全國中輟學生輟學原因統計表（1990）

中途輟學原因	全體中輟學生	男生	女生
學校相關			
不喜歡學校	51.2	57.8	44.2
無法和老師相處	35.0	51.6	17.2
無法和同學相處	20.1	18.3	21.9
經常留級	16.1	19.2	12.7
在學校沒有安全感	12.1	11.5	12.8
被退學	13.4	17.6	8.9
在學校中無歸屬感	23.2	31.5	14.4
趕不上學校進度	31.3	37.6	24.7
學業失敗	39.9	46.2	33.1
轉學，但不喜歡新學校	13.2	10.8	15.8
工作相關			
不能同時兼顧工作和讀書	14.1	20.0	7.8
必須做工作	15.3	14.7	16.0
找到工作	15.3	18.6	
家庭相關			
必須賺錢養家	9.2	4.8	14.0
想要成家	6.2	4.2	8.4
未婚懷孕	31.0		31.0
成為父母	13.6	5.1	22.6
結婚	13.1	3.4	23.6
必須照顧家人	8.3	4.6	12.2
其他			
想去旅行	2.1	2.5	1.7
朋友也輟學	14.1	16.8	11.3

基於「學校因素」對青少年中途輟學的現象影響至鉅，美國教育學者Hixson & Tinzmann（1990）對學校教育體系進行觀察評估，列舉出下列數項造成學生面臨教育失敗危機的結構性障礙：

1. 缺乏彈性的學校結構與時程安排，未能符應學生及其家庭的需要。
2. 標籤與能力分班的濫用，以學生的能力、興趣、潛能等來將學生區隔，卻未能促進一般學生的教育成就。
3. 測驗的誤用，使測驗變成區分學生或給予獎賞的手段，而非規劃學生學習方案的參考依據。
4. 狹隘的課程內容與教學，導致學生的挫敗經驗，且與實際生活脫節。
5. 缺乏對青少年的支援服務，顯示教育者並不了解學生的生活情境、興趣、能力，以及學生的個人、情緒、社會需求等。
6. 缺乏兒童早期的教育方案，顯示教育者和政策制定者寧可進行補救卻不願意投資於早期預防性的措施。
7. 缺乏民主式的學校管理組織，任憑無效能的學校官僚體制造成父母和社區居民孤離於學校之外，而無從建立密切的協同合作關係和對子女教育的積極參與。

　　這些在教育體系中存在已久的結構性障礙，使得我們的教育內容或成果，實際上已與教育的目的漸行漸遠。中途輟學學校層面因素之相關研究，尤以學業成績低落、操行成績不佳、師生關係不良等研究發現較爲多見。

一、學業成績低落

　　學業成績的壓力常造成青少年學生極大的困擾。升學主義教育方式窄化了青少年的個人價值，阻礙個人興趣與情緒的正常發展，也影響青少年的生活適應能力。Malan（1982）在其研究中指出：輟學者對所就讀學校之負面態度，高於未輟學者達10.1％，也對學校作業抱持恐懼態度，視之爲毫無意義（引自高金桂，1992）。Cairns等人（1989）調查中途輟學學生成績，發現82％男生與47％女生的學業成績皆屬於低成就者，對學科抱持負向的態度。Kasen & Cohen（1998）曾進行一項長期性研究，探討學校經驗對452位國中、高中學生之中途輟學及其他偏差行爲的影響，證實低度學業成就和低度學習抱負的學生愈可能中途輟學。張勝成（1993）分析1191名國中生中途輟學原因時，顯示「功課不好」是輟學的首要因素，佔總數的17.8％。在黃武鎮（1989）於民國七十七年的調查資料中，因學業成績低落而輟學者佔27.2％。

二、操行成績不佳

　　除了學業成績外，青少年的操行成績也是反應其在學校的適應狀況因素之一。操行成績不佳除顯示青少年違反校規情形較多外，亦可能影響老師對青少年的態度，繼而減低青少年對學校的依附，形成偏差行爲（高金桂，1992；張華葆，1988）。梁志成（1993）研究青少年輟學行爲時發現，學校因素對中途輟學行爲的解釋力最爲顯著，其中尤以操行成績低落與中途輟學行爲間有密切相關。

三、師生關係不良

　　師生關係不良會使青少年不尊重和不認同師長意見，也較不

會在意師長對他的看法，師生關係疏離逐漸擴大，導致青少年的逃學和輟學行為（高金桂，1992；張華葆，1988；賴保禎，1988）。Dryfoos（1990）在一項中途輟學者的調查研究中發現：有70%的輟學者表示，若「學校老師能多關心他們一些」和「不要以異類眼光看待他們」，則他們仍願意留在學校。

　　Tinto（1975）曾發展一概念性模式，以解釋影響學生中途輟學的多元因素。在此一模式中，學校被視為一社會系統，當學生在此社會系統中無法和學校生活中的學術系統和社交系統取得統整和諧的關係，就很容易會發生中途輟學的行為。學生由於個人特質、家庭背景、及入學前經驗和成就有所差異，使得每位學生對於個人目標的投入感（goal commitment）和對於學校機構的投入感（institutional commitment）均不相同。這兩種投入感的綜合作用，進而影響學生在學校中的學術表現和社交關係，學生並依據其在學術上和社交上的綜合表現，來修正其對個人目標和學校的投入程度，導致其繼續留校或中途輟學的決定（如圖5-1所示）。

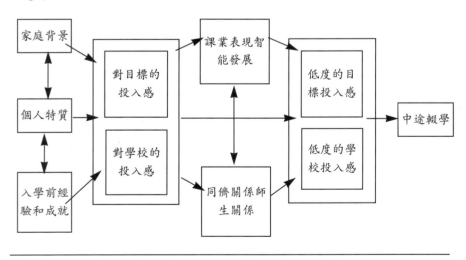

圖5-1　修改自Tinto (1975)中途輟學概念圖

第四節 中途輟學的社會或同儕因素

　　根據犯罪學者Sutherland（1939）所提出的差別接觸理論（differential association theory），假設偏差或犯罪行為的發生是透過與違犯社會規範者的社會接觸而學習得來，學習的內容不僅是犯罪的技巧，尚包括犯罪的動機、驅力、態度以及合理化反社會的行動。渠此，與一般人相較，和違法犯罪的朋友有所交往的人傾向於表現出明顯的犯罪行為（Enyon & Reckless, 1961; Johnson, 1979）。

　　差別接觸理論是社會學習理論的學說之一，也是研究偏差行為的重要理論（Hirschi，1969）。此派理論認為社會中有兩種文化，一種是犯罪文化，另一種是反犯罪文化。大多數的人都同時以不同的程度結合這兩種文化，由於不同的接觸程度，於是形成差別團體組織，若與犯罪文化有較多接觸時，就會傾向偏差行為。偏差行為是在個人與他人互動溝通過程中學習的，而親密的友伴團體是其主要的學習對象，若認為選擇偏差行為的結果是利多於弊時，則當其同儕關係愈親密時，學習與所接觸團體中的不良規範即可能愈深入，增強其偏差行為（Sutherland & Cressey，1970；張景然，1992；黃富源、鄧煌發，1999）。

　　在青少年成長過程中，父母、師長和同儕均是影響最大的「重要他人」，但在青少年渴望追求獨立自主的階段，父母和師長的影響力逐漸降低，同儕影響力激增。此時，若青少年無法建立起對學校之依附關係，則同儕團體即成為他們主要的依附團體。由於同儕團體是年齡、社會地位和經驗能力相似者的結合，極易成為青少年抗拒、茫然、無助、不滿、孤寂和缺乏自信時，獲取慰藉和追求認同的對象。

　　許多研究都發現青少年的中途輟學，和朋友的影響有密切的

關係（黃武鎮，1989；張華葆，1988；Dryfoos，1990；鄧煌發，2000）。偏差行為少年結交朋友的品性均較差，大多也有輟學的情形，甚至有犯罪的記錄 （彭駕騂，1994；張華葆，1988）。張勝成 （1993）調查我國八十一學年度國中輟學學生資料中，也發現「受朋友不良影響或引誘」因素，所佔比率達17.8%。

此外，Mann所進行的一項調查研究發現，大約有20%的中輟學生係因經濟困窘，而認為應謀職貼補家用，遂放棄學業而離開學校，其輟學原因都與工作有關。來自低社經地位的學生比較容易輟學，再加上低收入家庭所帶來的種種困境，更加深了這些年少學生的壓力。

第五節 中途輟學危機因素之深度研究

由於學生在未完成學業之前即中途輟學的原因錯綜複雜，頗值得研究者對學生發展歷程中諸多潛在危機因素，進行全面性、綜合性的探討。筆者即試圖從學生個人、家庭、學校、同儕等多元層面，同時採質的研究之深度訪談和問卷調查方式，以深入探究中輟學生自我知覺的輟學原因，並歸納統整出諸多危機因素對中輟學生的影響模式。

為了深入瞭解影響或導致中輟學生輟學的危機因素，筆者仍以二十四位曾經中輟或現仍中輟的學生為訪談對象，男生有十三位，女生有十一位；年齡分布為十三歲至十六歲，其中以十四歲者有十二位最多。

本研究分別編擬以中輟學生與中輟復學生為對象之「中輟學生訪談綱要」（附錄四）及「中輟因素調查問卷」（附錄五）各一份，以蒐集和影響中途輟學之危機因素相關的資料。

「中輟學生訪談綱要」中與影響輟學危機因素有關的內容，含

括下列數項：(1)個人（身心狀況）方面，(2)家庭方面，(3)學校方面，(4)社會及朋友，(5)其他原因（如工作、結婚、懷孕生子......）。

「中途輟學因素問卷」則參考目前國內外有關中輟學生問題與成因的實證研究結果，加以編擬。內容含括學校因素、家庭因素、同儕因素、個人因素等四項層面。該問卷在受訪者自述其輟學原因之後，提供予受訪者勾選符合其狀況的選項，可複選。並在受訪者勾選完符合選項之後，配合半結構深度訪談實施。主要目的在於完整地蒐集與中輟學生輟學因素有關的訊息，作為深度訪談資料之輔助，並可與現有研究成果進行比較分析。

本研究在受訪者「中輟因素調查問卷」上所獲得之數量化資料，以SPSS統計套裝軟體進行描述性統計分析，以瞭解各項因素分布狀況。訪談所獲得的描述性資料，則以現象學內容分析步驟（見第二章第四節）處理，依據資料顯示的共通意義和組型加以群聚，歸納出類別和主題，並描述說明其脈絡關係。

訪談，且由協同研究者分別進行資料分析後共同討論取得共識，具有「研究者三角檢定」之精神，對於本研究之可信賴性（credibility）與可依靠性（dependability）有所裨益。最後，本研究經內容分析所歸納之主題，將援引相關理論與研究結果來加以檢視、討論或詮釋，係以「理論三角檢定」來增加本研究成果之可信性。

一、個人所知覺之中原因

在受訪者未接收到任何提示的情況下，受訪者所自述的輟學原因非常多元，綜合而言以「家庭因素」與「學校因素」所佔比例較高。

個人層面因素

　　由於本研究的受訪者並未有肢體殘障的狀況，且因未曾接受心理診斷而無法辨別受訪者是否有智力或心理方面的問題，故僅能以受訪者在口語上表示其之所以中輟，是因為「愛玩」、「愛睡覺」或「不在乎」，作為其個人方面的原因。前兩者似乎是受訪者本身個性上好逸傾向的問題，後者所反映的是該受訪者沒有任何讀書的動機（表5-2）。

　　此一發現呼應了Woodley & Parlett（1983）的研究結果，即學生常因缺乏學習動機及其本身人格特質的影響，而導致其輟學。

表5-2　受訪者主觀知覺中輟原因之個人層面

主題	類別 （次數）	訪談實例
好逸傾向	愛玩 （4）	＊ 打保齡球，喜歡打保齡球，就沒去啊！就逃學了，出來玩！（#01） ＊ 太愛玩了，人家邀我就出去了。（#25） ＊ 自己愛玩不喜歡上課。（#15）（#26）
	愛睡覺 （1）	＊ 很愛睡。（#18）
缺乏動機	不在乎 （1）	＊ 因為那時候我不擔心學業，我都會想說...？我們這一屆都不用考試，不用考聯考，然後...我就都不會擔心考試。（#04）

家庭層面因素

　　本研究受訪者所自述的促使其輟學的因素中，屬家庭層面者大多認為其中途輟學是因為和爸媽吵架或受「父母責罰」等親子關係不良的結果。而父母本身的因素如「父母失和」或離婚等，無疑相當程度造成青少年心理上的傷害，使得部分受訪者以中途輟學作為向父母表達嚴重抗議的手段；至於父母對子女加諸身體

上的殘害，更嚴重傷害青少年的自我概念，讓他們失去了面對其他人的勇氣。父母因欠錢或吸食毒品而必須「跑路」，連帶子女無法正常就學；甚至「阻撓」其唸書的意願，都是令人痛心疾首、迫使青少年最終選擇輟學的禍首（**表5-3**）。

此一結果亦和黃德祥、向天屏（1999）發現中輟生家庭結構多半不完整、家庭社經地位低、或是親子關係不佳等現象相互呼應。

俗話說「天下無不是的父母」，然而擺在眼前的事實卻常是家庭結構不良或家庭功能喪失，使得年幼而仍須父母庇護教養的青少年失去親情依附的對象，成為「不是父母」的犧牲品。由於本研究受訪者多數來自單親家庭，且父母教育程度多半不高，幾乎是前一棵危機樹又在充滿危機的土壤中灑下另一棵危機種子（McWhirter, 1998），如此惡性循環的結果無法不令人感到憂慮。

學校層面因素

受訪者認為導致其輟學的原因中，有許多屬於學校層面因素，綜合而言，可歸納為：（1）課程壓力，（2）同學疏離，和（3）教師責罰三大類。這幾乎是無論中外所有研究中輟學生輟學因素的最重要發現之一，對關心青少年問題的教育或輔導工作者甚具警示作用（**表5-4**）。

課程部分主要是部分受訪者反映「課程不懂」或「考試壓力」，無論是國文、數學、理化都令受訪者感到難以招架，又被要求必須規規矩矩地坐在教室中不能講話，這對於正當精力充沛、活潑好動階段的青少年，簡直如坐針氈，逃離不過是人情之常的反應罷了。在學校中遭遇到「同學欺負」或是取笑，及因年齡思想上差距而導致的「同學疏離」，也讓青少年無法在學校中獲得其所需要的歸屬感。向外尋求能接納他們的同儕友伴，也是可以理解的因應作法。

表5-3 受訪者主觀知覺中輟原因之家庭層面

主題	類別（次數）	訪談實例
家庭結構 不全	父母跑路 （2）	* 媽媽在台北欠人家錢。...別人會來找我們。（#14） * 爸爸有那種東西，毒品。每次都有刑事組的人到家裡。（#17）
	父母失合 （3）	* 因為父、母親的關係...他們兩個不合。（#10） * 爸媽他們吵架的話，兩句話講一句髒話，我很討厭。（#17） * 我爸和我媽離婚。..多少為了抗議這件事。（#24）
家庭功能 不良	父母阻撓 （1）	* 爸爸他不要我唸，我也不想唸。他說有能力的自己出去闖，就辦法闖一片天，沒有能力讀再多書也沒有用。（#06）
	父母責罰 （7）	* 我跟家裡面的人...，就是我跟家裡面的人吵架，然後我就會想要去找我的朋友...（#04） * 和家裡的人不和。（#05） * 家裡的關係，爸爸喝酒，亂打人，我就沒有去。第二次是跟媽媽來，結果錢不夠。（#11） * 跟爸爸吵架，就有一次他叫我找東西，我找不到，他就打我，然後我就翹課..（#17） * 我爸限制我...我朋友、同學都邀我出去，我都不能出去，我就覺得很討厭。（#23） * 跟家人吵架，又蹺家。我媽打我，我不爽。（#26） * 我媽就是不讓我出去玩，我才會越想出去玩。是要氣媽媽，就要氣媽媽吧！讓他氣死。（#26）
	父母傷害 （1）	* 我爸喝醉酒，然後就...就算是強姦我啦，然後我就...所以我就都沒有去學校。（#04）

表5-4 受訪者主觀知覺中輟原因之學校層面

主題	類別（次數）	訪談實例
課程考試壓力	課程不懂（2）	* 我討厭上那些課，..數學、理化搞不懂，...國文要背一些解釋。（#17） * 學校無聊，...不喜歡上這個課...聽不懂呀，又不能講話。（#20）
	考試壓力（1）	* 因為學校考試太多了，……又不想讀書，就沒再去了，以為在家裡很好。（#13）
同學排斥疏離	同學欺負（2）	* 同學都喜歡打我、捉弄我。（#07） * 有些同學會取笑我...就是老師叫我管他們啊，他們都會笑我。...他們就會覺得我是抓粑仔。（#12）
	同學疏離（1）	* 進去班上無聊啊!自己一個人而已啊!同學他們太幼稚了，跟我的思想不合，進去坐在那很像瘋子，思想跟我差很多，就不合。（#21）
教師責罰衝突	學校阻撓（2）	* 老師說，我的戶籍不是嘉義市，所以，沒有辦法讀。（#14） * 我輟學後，要再進去，學校不讓我進去。（#22）
	老師責罰（6）	* 打架完就商量好不去學校...老師會說，去那裡老師會打、會罵，那乾脆就不要去好了（#01） * 有一天沒有去學校，第二天本來要去學校，老師可能會罵我，所以就一天拖一天的。這樣拖了一年。（#08） * 老師都會管我。每天叫我去辦公室。...罰站、罰寫字、罰錢。因為我常常所以，常常被罰。（#15） * 老師太白目了，...跟老師吵架。（#21） * 導仔太嚴了，...都會罰寫啊。（#17）（#22）

令教育工作者難堪的則是「學校阻撓」和「老師責罰」，後者尤其是直接促成多為受訪者離開學校的關鍵。每一想到被困在學校中遭受老師責打的學生，腦子裡總會浮現小白鼠在實驗室中遭受電擊的驚恐模樣，還有什麼比「逃離」更迫切的呢？

教育原係協助孩子們健康地成長發展的工作，教育工作者原應扮演著「園丁」的角色（McWhirter, 1998），為不幸生長於危機土壤中的危機種子翻土、灌溉、施肥、除蟲，袪除危機因素，始能讓幼苗健康地茁壯成大樹。在危機青少年的生活環境中，教育工作者實際上扮演著促使青少年「向上提升」或「向下沈淪」的關鍵角色，不可不謹慎為之。

社會群體因素

在中途輟學的社會群體因素方面，受訪者多係受到「朋友煽動」甚至是「代友尋仇」，亦不令人訝異（**表**5-5）。許多研究也都發現青少年的中途輟學，和朋友的影響有密切的關係（黃武鎮，1989；張華葆，1988；Dryfoos，1990）。這些在家庭中缺少親情依附、在學校中缺乏歸屬感、甚少愉快或成功經驗，甚至不斷遭受身心雙重打擊的危機青少年，一旦發現「同病相憐」或者「臭味相投」的同儕友伴，必然會在其友伴群體中尋求認同和肯定，朋友邀約蹺課逃學對他們而言無異是「愛的呼喚」。而這些不良友伴群體間經「差異接觸」或「社會學習」的結果，不僅相互觀察模仿其行為舉止，更建立了本身「反社會」的價值規範，著實令人捏一把冷汗。

其他因素

受訪者自述影響其輟學的其他因素，包括「交通不便」及「工作賺錢」等二者（表5-6）。由於兩位受訪者都是中途輟學的

「老鳥」，其再度中輟的原因就更為多樣性，心態上更不在乎讀書與否。尤其在出了社會賺了錢之後，就更不看重讀書的必要性了。

表5-5　受訪者主觀知覺中輟原因之社會群體層面

主題	類別　（次數）	訪談實例
朋友煽動引誘	朋友煽動　（3）	＊　朋友約我翹課。...叫你不要去上課...直接不到學校上課，還有上到一半翹課。（#04）（#15） ＊　朋友引誘我叫我不要讀書，去pub有時去看人飆車，...是我男朋友他叫我不要去上課。（#17）
	代友尋仇　（1）	＊　單純幫女朋友報仇，然後，順便去玩。（#01）

表5-6　受訪者主觀知覺中輟原因之其他層面

類別　（次數）	訪談實例
交通不便　（1）	＊　等公車，很麻煩。（#18）
工作賺錢　（1）	＊　不想讀書啊！...只想自己賺錢，自己讀書，到最後就想賺錢就好，不要讀書了。（#09）

二、問卷所反映之中輟原因

在訪談員提示「中途輟學因素問卷」請受訪者勾選之後，受訪者的回答內容又有了一些轉變。依據受訪者在「中途輟學因素問卷」等距量表上的反應所獲得資料，以SPSS for Windows統計軟體進行描述性統計分析後，各項中途輟學因素的分布狀況如（表5-7）所示。

表5-7　　中途輟學因素問卷次數分配表

	非常不符		有些不符		有些符合		非常符合	
一、個人層面因素	次數	百分比	次數	百分比	次數	百分比	次數	百分比
1.覺得自己不夠聰明	8	33.3	9	37.5	4	16.7	3	12.5
2.有精神疾病	22	91.7	1	4.2	1	4.2	0	0.0
3.需要藥物控制精神狀態	24	100	0	0.0	0	0.0	0	0.0
4.身體障礙	24	100	0	0.0	0	0.0	0	0.0
5.意外傷害或重大疾病	22	91.7	0	0.0	0	0.0	2	8.3
6.自尊心低落	15	62.5	2	8.3	6	25.0	1	4.2
7.學習能力低	13	54.2	5	20.8	3	12.5	3	12.5
二、家庭層面因素	次數	百分比	次數	百分比	次數	百分比	次數	百分比
1.家庭經濟因素須工作以補貼家用	18	75.0	3	12.5	2	8.3	1	4.2
2.在家照顧家人，幫忙家庭	13	54.2	5	20.8	4	16.7	2	8.3
3.親屬間不和，無法安心上學	14	58.3	2	8.3	3	12.5	5	20.8
4.家庭關係不正常	8	33.3	0	0.0	5	20.8	11	45.8
5.家庭發生重大變故	14	58.3	1	4.2	3	12.5	6	25.0
6.家人不關心、管教太鬆	15	62.5	0	0.0	6	25.0	3	12.5
7.家人覺得你上不上學、讀不讀書不重要	18	75.0	3	12.5	1	4.2	2	8.3
8.家人對於你的期望過高	9	37.5	3	12.5	6	25.0	6	25.0
9.上學交通不便	18	75.0	0	0.0	4	16.7	2	8.3
10.舉家躲債	21	87.5	1	4.2	1	4.2	1	4.2
11.家人不讓你上學	22	91.7	0	0.0	0	0.0	2	8.3
12.懷孕	24	100	0	0.0	0	0.0	0	0.0
13.結婚	23	95.8	0	0.0	0	0.0	1	4.2
14.生子	24	100	0	0.0	0	0.0	0	0.0
15.家人管教太嚴	15	58.4	2	8.3	5	20.8	3	12.5

	非常不符		有些不符		有些符合		非常符合	
三、學校層面因素	次數	百分比	次數	百分比	次數	百分比	次數	百分比
1.不喜歡學校	6	25.0	5	20.8	11	45.8	2	8.3
2.與教師關係不佳	6	25.0	1	4.2	10	41.7	7	29.2
3.與同學關係不佳	15	62.5	5	20.8	0	0.0	4	16.7
4.曠課太多	3	12.5	1	4.2	9	37.5	11	45.8
5.覺得校園不夠安全，沒有安全感	18	75.0	4	16.7	1	4.2	1	4.2
6.被退學	22	91.7	1	4.2	0	0.0	1	4.2
7.覺得在班上沒有歸屬感	13	54.2	6	25.0	3	12.5	2	8.3
8.覺得在學校沒有歸屬感	17	70.8	5	20.8	0	0.0	2	8.3
9.跟不上學校進度或課程太難	6	25.0	5	20.8	8	33.3	5	20.8
10.覺得在學校沒有一科可以學好	13	54.2	3	12.5	6	25.0	2	8.3
11.轉學，但不喜歡新的學校	16	66.7	1	4.2	3	12.5	4	16.7
12.認爲學校所教的的內容對將來工作沒有幫助	11	45.8	6	25.0	2	8.3	5	20.8
13.考試壓力過大	11	45.8	5	25.0	4	16.7	3	5
四、 同儕層面因素								
1.受同學影響	8	33.3	0	0.0	6	25.0	10	41.7
2.受已經輟學的同學的影響	15	62.5	2	8.3	1	4.2	6	25.0
3.受外面的朋友影響	9	37.5	1	4.2	5	20.8	9	37.5
4.受欺壓不敢上學	23	95.8	0	0.0	0	0.0	1	4.2
5.男女朋友不讓你上學	20	83.3	1	4.2	1	4.2	2	8.3

分析影響中途輟學因素，表示符合或非常符合，超過一半以上的因素中，「家庭因素」依序是：家庭關係不正常（66.6%）、家人期望過高（50.0%）；「學校因素」依序有：曠課太多（83.3%）、與教師關係不佳（70.9%）、跟不上學校進度或課程太難（54.1%）、不喜歡學校（54.1%）；「同儕因素」依序有：受同學影響（66.6%）、受外面朋友影響（58.3%）等。綜合而言，以「學校因素」所佔比例最高；而所有因素中，又以曠課太多、與教師關係不佳、家庭關係不正常、受同學影響等四項最為凸顯。

四、訪談所歸納之中輟原因

　　在初步瞭解各個因素間比例狀況之後，本研究續針對上述較為凸顯的項目，進一步以深度訪談方式探究何以這些因素會成為導致受訪者中途輟學的原因。受訪者勾選這些中輟因素時的想法，即是研究者進一步探問的重點。以下即說明此一深度訪談所得的描述性資料，以資佐證問卷之結果。

個人層面因素

　　本研究發現受訪者在多項因素的綜合比較之下，較少把中途輟學的因素歸於個人層面因素。但在勾選此項因素的受訪者中，除少部分因為「意外傷害或重大疾病」之外，仍有將近三成的受訪者認為「自己不夠聰明」、「自尊心低落」、「學習能力低」，以致不想到學校唸書。三者與中輟學生的「低度自我肯定感」（low self-esteem）有著莫大的關係。此一研究發現，與國外的許多研究結果相符，也呼應了黃德祥（1996）的研究結果，即具有較低自我概念或低自尊（低自我肯定）者，容易因自暴自棄而輟學。這些屬於個人心理層面的因素，亟需更多相關研究加以深入探討，瞭解其和其他層面因素之因果關係。

家庭層面因素

　　受訪者所勾選造成其輟學的家庭層面因素中，佔最大比率者為「家庭不正常」和「家人期望過高」二者，分別援引受訪者的訪談內容加以說明。

1.家庭關係不正常

　　家庭中和父母的互動模式是一個人最初形塑其行為的基礎。如無法在家庭中學習適切地人際互動，則在進入學校後也容易產生人際互動的困境。另一方面，家庭關係的惡劣品質，使得許多的孩子選擇逃家，而逃家後和朋友整日廝混也經常伴隨著逃學的連鎖反應。

　　在受訪者的回答中，「父母關係不良」之家庭結構問題及「親子關係不良」之家庭功能問題是最大的肇因。在父母本身關係不良方面，以「父母失和」或「父母離婚」者居多；而在親子關係不良方面，則以「父母不關心」、「父母責罰」及「缺乏管教」者佔多數。尤其是父母的漠不關心和打罵交加，讓受訪者心理上遭受到莫大的打擊，不得不離家尋求友伴群體的庇護和情感慰藉（表5-8）。

　　從家庭系統理論的觀點來看，輟學行為可能是青少年用來因應「家庭結構不全」或「家庭功能不良」的非常手段，以減輕家庭所施加於身心兩方面的壓力。因此家庭結構改變、親子關係不佳或父母管教方式不當等，幾乎是許多中輟學生家庭層面相關研究的一致性發現（高淑貴，1990；張鈿富，1994；梁志成，1993；彭駕騂，1994；Dryfoos，1990；Valerie & Zimiles，1991）。不得不令人憂心危機樹的生生不息和惡性循環，將使整個社會付出沈痛的代價。如何有效阻斷危機家庭所製造的惡性循環，亟需教育、輔導、社會各界共同的努力，以謀求解決之道。

表5-8　受訪者對「家庭關係不正常」之反應

主題	類別（次數）	訪談實例
家庭結構不全	父母失和（3）	* 爸爸會打媽媽，我想保護媽媽。（#15） * 爸媽不和，我家裡又常常吵架，家裡人吵架，沒事有事把我捲進去。就是我阿媽跟阿公吵架，家裡人吵架，沒事有事把我捲進去。（#05） * 父母親常吵架，我會想我媽，但我爸都不准我找我媽（#23）
	父母離婚（3）	* 因為媽媽賭博，還有爸媽離婚（#24） * 他們先分居十三年，今年六月份離婚的，分居的時候，去找媽媽，媽媽也不太管我，常說，我沒有你這種兒子。（#01） * 媽媽從小（三歲）就離開我們。（#12）
家庭功能不良	父母不關心（3）	* 覺得家裡不是很關心，像上次騎機車摔倒，回來都沒有人問，你傷得怎麼樣，痛不痛那些的，那時候就想說反正又不是沒有人關心我（#01） * 爸媽就是不管我們，隨便我們出去，然後從來沒有一起吃飯、出去玩...爸媽常吵架，爸爸很壞，不關心我們，常常罵我們。（#17） * 爸爸酗酒、脾氣爆躁，...不關心我們。（#06）
	父母責罰（4）	* 每一次只要看到我都會說你怎麼那麼沒用，他們都會說你哥哥、姐姐這麼好、為什麼你會這樣子，有時候會跟他們頂嘴。而且他們講話都很難聽，都罵一些三字經（#37） * 像我很喜歡打扮啊！我媽就說，打扮的很妖嬌，像我戴戒指、她都會說那麼三八幹嘛，然後都罵的很難聽，那個連妓女都不如（#26） * 我跟家裡面的人吵架，然後我就會想要去找我的朋友，然後就因為這樣子...，所以就不去學校。（#04） * 爸爸酗酒，常打我們，無法安心下來...我就變成出氣筒。（#11）
	缺乏管教（1）	* 媽媽也沒有辦法管我，我爸爸去世後，他就沒有管我了，我爸在的時候，他都會管我，我也會讀書，不敢怎樣，我是需要別人管才會讀書...我爸在時都管的很嚴，但去世之後，就變得很鬆。（#13）

2.家人期望過高

家人的期望往往也是青少年生活中的一個壓力源。當學生實際上的學習表現和家人的高度期望發生過大落差時，父母的嚴詞厲色都會使得已高度缺乏自我肯定的青少年逐漸產生無力感。此時，如父母更採取施壓督促的方式，以打、罵來要求或限制青少年，更迫使青少年受困於一個無法有效調適的壓力情境。逃離壓力，只是青少年自然的反應罷了。因此，如要解決學生中輟問題，一方面須協助學生發展適當的因應技巧，另一方面則要協助學生減少其壓力的來源（**表5-9**）。

表5-9　受訪者對「家人期望過高」之反應

類別 （次數）	訪談實例
期望過高 （2）	＊ 我爸都叫我做醫生，要不然做秘書...最好是坐在辦公室裡面吹冷氣那種的....沒辦法。（＃20） ＊ 爸爸一直希望我能讀書。（＃12）
責罰嚴格 （2）	＊ 規定我要考多少....沒有達到成績就會被罵。（＃16） ＊ 要我讀書好一點，乖一點，不要翹課....太嚴了，沒有自由，我怎麼讀都讀不高呀...我根本不是讀書的料！（＃19）

學校層面因素

從問卷結果中可以發現，中輟學生不想到學校唸書的原因，有一半以上是因為「曠課太多」、「與教師的關係不佳」、「跟不上學校的進度或課程太難」，以及「不喜歡學校」。

1.曠課太多

在受訪者所勾選的學校層面因素中，「曠課太多」幾乎是所有學生共同的情況（佔全部受訪者的83.3%），許多中輟生是因為累積了多次的曠課紀錄後，逐漸地和學校脫節，「跟不上」課業

學習的進度，和同學關係更為疏遠，對學校更沒有歸屬感，以致於乾脆不再到學校了（**表5-10**）。顯然，「羅馬不是一天造成的」，中輟學生在最後完全離開學校之前，其實是經過多次掙扎的。其反覆不斷的曉課過程，不啻在釋放其亟待協助救援的訊息，如果教育工作者能更為敏銳地覺察此一呼救訊號，應可即時化解其中輟的危機。

表5-10　受訪者對「曠課太多」之反應

主題	類別　（次數）	訪談實例
課程考試壓力	曠課太多　（3）	＊ 曠課太多，所以乾脆就不去（＃06）
	跟不上　（2）	＊ 不喜歡讀也根本聽不懂...曠課太多了，跟不上。（＃18）

2.師生關係不佳

受訪者談起「師生關係不佳」導致他們輟學的情況，個個都有滿腹的牢騷和怨氣，著實令人心疼他們的遭遇。綜合而言，可以發現「老師歧視偏見」、「老師管理嚴格」或「師生關係惡劣」都是學生憤而離開學校的導火線。老師在管教態度上的歧視偏見，使得學生無法充分感受到老師的關懷；而學生多半抱怨學校管得太嚴格，致使其感到不自由且不被尊重；老師輕蔑的眼神（「白目」），不當的體罰、惡意的排斥或辱罵等，更使得學生因感到自尊受到強烈威脅而激起憤怒情緒，卻因沒有機會學到適當的情緒因應技巧，而以肢體或口語攻擊方式表達其憤怒，引發和教師間更為激烈的衝突（**表5-11**）。

這些來自功能不良家庭的青少年，最缺乏的是「關心」和「肯定」，因此他們最迫切需要、渴望的也是「關心」和「肯定」，老師的輕視與不尊重，無異對青少年的自我肯定感造成更大的打擊。對一個心靈上已屢屢受到創傷的孩子，我們是無法期待他自動去容忍挫折壓力的。「反擊」常是其身處這高壓環境之下可以理解的本能反應。

表5-11　受訪者對「師生關係不佳」之反應

主題	類別	訪談實例
教師歧視偏見	教師歧視偏見(5)	*學校分等級分的很過份.... 那個老師也有在歧視，反正就是覺得好學生一定很好。（＃05） *我們導師都說我是公車，對我就是很有偏見，啊每次發生事情，都說我要把你記過，怎樣，怎樣。（＃26）（註　公車是指性關係頻繁與複雜） *像說有些人很龜毛，喜歡管閒事，有些人臭屁，驕傲，…我是人不是狗.... 是有一些老師有一種眼光受不了。（＃21） *像校長對我很好啊！有些老師就會說對我那麼好做什麼，也不知我表現怎樣就亂下定論。（＃11） *因為老師就是看壞學生比較不順眼就會故意刁難你，然後就是翹學的學生.... 老師就會在那邊罵，說怎樣………然後三兩次就會告到訓導處那邊。（＃37）
教師責罰衝突	老師管理嚴格(7)	*老師叫我寫功課，我沒有交。（＃14） *他太會管，太會念，太白目了。（＃21）（＃01） *老師太嚴了，跟他有代溝。（＃17） *有的老師眼神很兇，讓你不敢接近他。（＃07） *學校的老師都喜歡用打的....老師要求做工作時，做不好不是打就是罵。（＃11） *我覺得說他們管的很嚴.... 就是你坐的姿勢一定要坐的很好，如果挺胸會很酸，如果想要彎腰，他就會在那邊念，要不然就怎樣怎樣的....不喜歡上他的課就翹課。（＃22）
	師生衝突(6)	*有時候我們導師很白目…因為他都會讓我當眾難看.... 然後在全班面前罵我啊.... 有些老師太愛打人了。（＃26） *有些科任老師呀，國文、英文這兩科的老師和我不太好，...看起來很白目呀....就是他會找你的麻煩啦，...他就是罵我，我就回他呀。（＃20） *與老師的關係不好，很會找我的麻煩，動不動就問我事情。（＃19） *跟老師的關係不太好，他們都以為抽菸是壞孩子，...就是有事沒事在那邊罵，就是一直唸經，就是念一些有的沒的。（＃17） *和老師比較不合，相處比較不好，看起來很像瞪來瞪去的，....不如都不要來了，不見為妙就對了（＃24） *他如果講我講的太過火的話，我跟他翻臉，....老師罵我呀，椅子拿起來就摔過去。（＃01）

3.跟不上進度或課程太難

　　畢竟學校是一個以「學習」為根本的場合。學生也瞭解到自己身為學生的學習責任。然而,這樣一個以「成績」來決定學習成效的場所,在比較機制之下,也區別出高下。一旦青少年的學習進度與其他同學們拉開距離之後,追趕進度的辛苦,伴隨著家長、老師嚴詞斥責的態度,許多學生往往選擇放棄課業。即便他其實腦筋靈活、頭腦不壞,都可能深陷在「功課爛=壞孩子」的泥淖之中無法自拔,全面地否定自己在任何一門學科的表現,進而有著更多對自我的負向評價,認為自己笨、能力差。深入探討學生不想上課的緣由時發現,對課程不感興趣、課程太難、老師教法不佳、考試有壓力、學業挫敗等等,都是導致學生在課程學習過程中感到挫折、進而選擇曠課不願上學的主要理由(表5-12)。

3.不喜歡學校

　　累積了學習的挫折、師生關係的衝突等等經驗之後,再加上不喜歡學校的課程、分班制度,同時也缺乏談得來的朋友,學生逐漸地形成了「不喜歡」學校的意像,進而全面性否定了所有學校生活經驗,強化了他們離開學校的動機(表5-13)。

同儕層面因素

1.受同學影響

　　取得認同是青少年時期的重要發展任務。透過同儕間的互動與認同,青少年由此而得以自我認定。在訪談資料中,發現到同學的影響也區分成拉力與推力兩部分。同學的邀約、帶領之下,青少年開始嘗試翹課、逃家,開始感受到完全不受拘束,自由自在的生活經驗。強烈地對照出在家庭、學校裡所經驗到的管束、

責怪、限制。另一方面，當青少年在學校經驗到來自於同學的欺負、取笑、排斥，如無法妥善解決，將演變成嚴重的衝突，逃學也就成為理所當然的反應與決定（**表5-14**）。

表5-12　受訪者對「跟不上進度或課程太難」之反應

主題	類別(次數)	訪談實例
課程考試壓力	課程不感興趣（2）	＊想說應該要學到技藝，我幾乎只有技藝課才會乖乖去學，其它課程都沒有興趣。（＃01） ＊不是不想讀書，不然就是要去又覺得已經前面沒去了，那乾脆後面也就不要去了（＃13）
	課程太難不懂（4）	＊上的課就是很難....沒有什麼意思。（＃01）（＃19） ＊只在教室坐呀，當然無聊，都聽不懂呀！（＃20） ＊我討厭那些課...搞不懂，所以不喜歡上。（＃17） ＊課程比較難，學校考試的壓力太大。（＃06）
	老師教法不佳（2）	＊在學校都是在混日子，根本學校在教什麼都沒在聽，...老師教的方式太不理想。（＃37） ＊只在教室坐呀，當然無聊，都聽不懂呀！（＃20）
	考試壓力（3）	＊課程比較難，學校考試的壓力太大。（＃06） ＊考試考很多...跟不上進度，太難了。（＃05） ＊跟不上進度，考試有壓力。（＃11）
	學業挫敗（2）	＊覺得沒有一科可以學好。（＃07） ＊功課都很爛，多努力也沒有用...還是背不起來，乾脆就不要讀了。（＃17）

表5-13　受訪者對「不喜歡學校」之反應

主題	類別(次數)	訪談實例
課程考試 壓力	讀書無趣　(3)	*不喜歡讀書···喜歡出去玩呀、看電視呀！學校教的課都不要緊。(#19) *我在學校的成績也不是很好，所以也不大喜歡學校。(#09) *到學校老師都會管，去那邊是在玩呀，幾乎都沒在上課 (#01)
教師歧視 偏見	學校分級　(1)	*學校分等級，而且覺得學校分等級分得很過份，就是分好班和壞班，好班的老師過來教次等班的學生，就會拿好班的學生跟我們比較，....我們心裡就會不高興 (#05)
同學排斥 疏離	沒有朋友　(2)	*在學校沒什麼朋友，別人都排斥我。(#13) *好朋友都沒有到學校，在學校很無聊。(#17)

表5-14　　受訪者對「受同學影響」之反應

主題	類別(次數)	訪談實例
同學排斥疏離	同學欺負　(1)	*同學會拿別人的不幸開玩笑。(#04)
同學煽動引誘	同學煽動　(4)	*就是有一些學長、學姐會帶我們，然後就這樣出去了。(#05) *如果同學邀我出去玩就會去了。(#18)(#15) *同學影響，他們都會說看要去撞球還是去打電動。(#37)

2.受外面朋友影響

除了學校的同學以外，校外的朋友也是他們生活經驗當中的重要同儕團體。來自於朋友間的關係，對照出學校生活與校外生活的差異時，嘗試的心態以及有人作伴的吸引，加上自我對於生活目標的不明確，容易在旁人的鼓動與邀約之下，成為中輟學生團體的一部分。在訪談過程中發現，每一個學校甚至跨校的中輟學生之間，可能彼此相當熟識，也保持著聯繫。中輟生活初期的自由快樂，使得已經中輟的學生會主動的邀約學校的同學、學弟妹們逃學、翹家，形成朋黨，在一起唱歌、跳舞、喝酒、飆車、跳八家將等，令人憂心青少年偏差行為更加惡質化、集體化之後，可能衍生犯罪問題。這類以遊手好閒中輟學生為主體串連出來的玩樂、飆車或跳八家將團體，說明青少年幫派問題形成、擴散與惡化的主要歷程（**表**5-15）。

表5-15　受訪者對「受外面朋友影響」之反應

主題	類別(次數)	訪談實例
朋友煽動引誘	朋友煽動(8)	＊ 因為在外面好像比較好玩，有一堆朋友在外面比較好玩就出來了。（＃20）（＃09） ＊ 那時候三五個朋友過來找我，找我出來，有時候我都說不要，他們說沒關係啦，走啦，今天去哪，我請客，我就想說，好呀，就跟他們去了。（＃01） ＊ 輟學的朋友很多，他們都帶我去飆車去玩啊！就叫我說讀書不好啦。（＃11） ＊ 第一次是因為朋友的影響，所以去跳八家將，那第二次是輟學的朋友，叫我不要去（學校）。（＃55） ＊ 就是被朋友煽動了，說去學校沒有用啊。全部的人都叫我不要去學校上課，…早上睡覺，晚上就是唱歌、跳舞、喝酒。（＃24） ＊ 會受朋友影響，剛開始進去，然後就是有一些很壞的….有些已經在外面獨立生活了呀，所以就跟你說，走我們去玩啦，唱歌呀，晚上去飆車，去pub裡面跳舞。（＃05） ＊ 我很會被人家牽著鼻子走。純脆是被朋友拉著走。（＃04）

五、中途輟學危機因素之綜合分析

　　綜合本研究不同來源資料的分析結果，證實受訪青少年的中途輟學歷程，可能係受到數類危機因素的交互影響，而逐漸形成的結果。本研究更進一步依據研究資料之內容分析結果，建立一個「中途輟學危機因素交互影響歷程的概念性模式」，如（圖5-2）所示。在個人部分，好逸傾向、缺乏動機、低自我肯定是三項核心的個人特質表現；在家庭部分，家庭結構不全及家庭功能不良，形成個人對家庭親情依附的重大阻礙；在學校部分，則由於課程考試壓力、教師歧視偏見、教師責罰衝突、同學排斥疏離等諸多問題和挫折，使學生對個人的自我肯定感造成更大的打擊；因此，社會群體中同儕友伴的煽動並提供情感上的慰藉和相互支持，促使個人對同儕友伴發展出強烈的依附和認同心理。最後，在家庭、學校的推波助瀾，及同儕友伴的強力拉扯狀況下，青少年學生就不可抗拒地「向下沈淪」了，以致中途輟學，成為終日呼朋引伴廝混玩樂、一不小心就可能涉入違法犯罪行動的「危機青少年」。

　　依據McWhirter（1998）危機樹的理論，在危機青少年的成長歷程中，家庭和學校無疑是兩個主要根源，個人特質是支持危機青少年成長的主幹，而社會群體則是提供危機青少年成長的養分。 另一方面，依據社會控制理論（Hirschi,1969）的觀點，個人與社會鏈連結的強弱是決定一個人是否會遵守社會規範的主要原因，當個人與社會的連結過於薄弱或斷裂時，就容易產生偏差行為。如青少年與其所依附對象之連結程度愈強時，愈會重視他人的反應與期待，則愈能模仿和接受其間價值、信念和規範。當傳統的社會控制團體（家庭、學校）已無法與青少年產生緊密連結，青少年即傾向於依附其他可以接納他們的友伴群體，認同其行為模式和價值規範，以致產生偏差或犯罪行為。因此，青少年

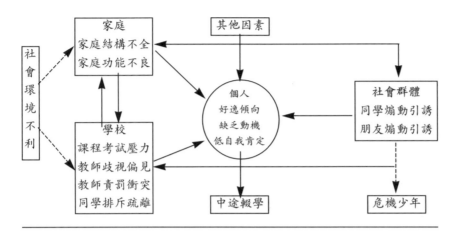

圖5-2 中途輟學危機因素交互影響歷程的概念性模式

如和多數已經從學校中輟、在外遊蕩的友伴群體，發展出較強的連結依附關係，則中途輟學就會是一條不歸路了。

本研究則進一步以**圖5-2**之概念性模式爲基礎，假想家庭和學校像是生產危機青少年的模具製造工廠；而社會同儕群體則爲危機青少年上色和配裝，使危機青少年的操作行爲符合其社會群體所認可的一定規格。當然危機青少年個人特質中的好逸傾向、缺乏學習動機和低度的自我肯定感等，則是模具內部的精密零組件，啓動危機青少年以符合其配裝規格的操作行爲來表現。「中途輟學」即是這些危機青少年最直接、也最常出現的危機行爲產物。

綜合來說，生長在結構不全和功能不良家庭中的危機青少年，常因爲父母對教育的不關心或無能力關心，以致對學校課程的興趣和投入程度都相對較低。而學校中僵化的課程頻繁密集的考試，更容易造成危機青少年巨大的心理壓力，有些選擇逃避壓力、有些則選擇抗拒或叛逆，只是學業失敗的挫折仍如影隨形。由於危機學生在學業表現上大多不佳、成績低落，極易被校園中

其他師生貼上「壞學生」的標籤，很難不感受到來自教師的歧視偏見，以及同學的排斥疏離。另一方面，學業失敗、對課程不感興趣的危機學生亦常因無法達成教師在學業成績或上課態度上的要求，屢屢遭受教師的責罰，這些口語或肢體上的責罰對心理上已倍受創傷的危機學生，無疑更挑起其內心澎湃激昂的負面或憤怒情緒，難以心平氣和地承受容忍，導致師生衝突一觸即發。

當然，並不是每一個來自結構不全或功能不良家庭的危機學生都會中輟，也不是每一個在學校中遭受課程壓力、教師歧視或責罰、同學排斥疏離的危機學生都會中輟。選擇中途輟學與否，仍取決於學生個人的特質傾向，尤其是好玩、不愛讀書、低自我肯定等，以及社會同儕群體的煽動、引誘 即相互模仿學習。不過值得深入思考的是：個人特質的形成，顯然仍非與生俱來，而是個人在自身學習經驗中和環境因素互動所逐漸形塑而成，社會、家庭、學校中不斷加諸危機學生身上的挫折經驗，逐漸消耗了學生對學習或求知的興趣，也磨損了他們對自我的肯定感及價值感。好玩、不愛讀書、低自我肯定的危機學生，自然不會情願留在充滿壓力、挫折的學校環境中，向和自己同病相憐的同儕有伴認同靠攏，一起「作伙」離開校園到街頭遊蕩，不過是彌補他們成長過程中所失去的愛與歸屬尊重接納和自我肯定。

此一綜合觀點即是第四章「偏差行為循環偏差模式」（圖4-1）所討論的重點。

Chapter **6**

中輟防治方案—預防與介入

◆ 早期的中輟防治策略

◆ 中輟防治方案之現況

◆ 綜合性中輟防治方案之架構

◆ 綜合性中輟防治方案之內涵

由於「從中輟到犯罪」被多數學者認為是一個階段性的發展歷程，為了避免中輟問題惡化為犯罪行為，阻斷偏差行為的惡性循環，亟需教育、輔導、社會、犯罪等各領域學者，共同從多元層面架構中輟聯防的網絡。因此，一個面面俱到的「中輟防治方案」（dropout prevention program）即被賦予有效解決中途輟學乃至犯罪問題的高度期待。

國內迄今有關青少年中途輟學的研究，多仍侷限於各類危機因素的探討，尚未針對各類防護因素來加以討論，故對建構完整的中輟學生輔導與服務網絡仍嫌力有未逮。基於歐美先進國家經驗中，整合家庭、學校與社會輔導資源共同協助有中輟危機的學生或中輟復學生，乃是多元面向「中輟防治方案」成功的關鍵，故本章即致力於為中輟防治方案之建構，尋思社會各界可資努力的方向。

第一節　早期的中輟防治策略

1980年代之前，美國教育學者對中輟防治策略所提出的建議，最常見的有：強迫就學條例，以及違規學生退學處分等（引自鄧煌發譯，2000）。二者分別從不同觀點，提出解決的策略，但也受到來自對方陣營的質疑。

一、強迫就學

「強迫就學條例」（compulsory school attendance laws）規定凡學齡學生均須進入學校就讀，學校一旦發現有學生輟學，即必須努力將學生找回到學校之中。

然而，把在學校中經歷種種挫折的青少年學生留置在學校的

效益，也不斷受到一些學者的質疑（Elliot & Voss, 1974），認為學校將違規學生留置在學校後，反而會對其他學生的學習環境造成干擾；甚至會助長其偏差行為：「強迫就學方案以強迫留置學校方式，再逼使他們回到已被貼上失敗烙印的挫折環境中，反而更激化偏差行為的發生，於是這些陷於泥沼的青少年會選擇叛離，是不足為奇的。」（Elliot & Voss, 1974）。他們主張比較好的策略是能夠改變學校結構，創新學習環境：一個競爭最少而失敗也較少的環境。

二、違規學生退學處分

對於在校園中製造動盪不安的學生，學校現行最嚴厲的處分措施，應屬「退學」（expulsion）處分。對於經常出現暴力行為，或經常從事擾亂校園安寧與偏差行為行為的學生，在經過學校行政人員施以留校察看或較輕微的處分之後，仍舊無法管教時，退學處分常是最後的殺手鐧。有些學者甚至認為，對少數行為可能危害其他學生安全或安寧、無法管教或暴行學生施予退學處分，是一種合乎正義的處理方式，可以有效減少學校的問題 （引自鄧煌發譯，2000）。

然而，Elliott與Voss（1974）發現，全美大約有五分之一的學生之所以離開學校，是被學校僵化的校規所「逼離」的，包括禁止未婚懷孕、禁止結婚、禁止違反校規等。逼使行為不當的學生離開學校，雖減輕了學校內的負擔，卻把燙手山芋丟給社會，為社會製造一連串的問題，如失業、遊蕩、犯罪等。故退學處分的措施不僅無助於解決中輟學生的行為問題，反而為社會帶來更大的威脅和危機，遭受到一般民眾的普遍質疑。

要求政府提出更好的中輟防治策略的呼聲，促成了1980年代中期以後乃至1990年代許多學校革新方案的提出。

第二節 中輟防治方案之現況

美國的「全國中輟防治中心/網絡」（National Dropout Prevention Center/Network）於1986年在Clemson University 成立以來，已成為美國各地有關教育改革和中輟防治方案的資源和研究中心。其成立宗旨是：藉由學校和社會環境的重整，確保所有學生均能獲得良好的教育和所需要的服務，滿足危機青少年的需求，以減低學生的中途輟學率。

1980年代中期之後，由於「中輟防治」成為全美各州教育上的最重要議題，各州陸續立法明訂為危機學生提供各類選替方案、育兒青少年方案（teenage parents programs）、物質濫用方案（substance abuse programs）、或訓育方案（disciplinary programs）等（Varner, 1998）。茲將各州情況略述如下：

1. 加州（California）：加州於1985年通過立法，要求各學校行政區（school districts）須致力於將學生留在學校中，降低學生缺席、逃學或中輟率，並協助中輟的學生復學。

2. 佛羅里達州（Florida）：於1986年立法鼓勵地區學校委員會設立綜合性的「中輟防治方案」，包括選替教育方案、育兒青少年方案、物質濫用方案、青年服務方案等，服務四至十二年級的所有學生。

3. 伊利諾州（Illinois）：於1985年立法，藉由診斷、處遇及補救服務，以預防學生變成慣性逃學者或中途輟學，並為有教育失敗危機的學生提供多元化的教育選擇。

4. 馬里蘭州（Maryland）：1988年立法提供地方教育經費，以發展和運作綜合統整性的中輟防治方案，結合學校體系、就業訓練機構及其他地方資源，共同服務面臨教育失敗危機的學生。

5.紐約州（New York）：為因應紐約的高度中輟率，「自由
　夥伴方案」（Liberty Partnerships Program）設立於1988年，
　其目的有二：（1）辨認出有中輟危機的學生，（2）為這
　些學生提供服務，以協助其完成高中學業、或進入工作市
　場。

6.德州（Texas）：1987年首度通過立法，要求各學校區為有
　中輟危機的學生提供補救性和支持性的教育方案，並由德
　州教育局（Texas Education Agency）負責推動中輟防治方
　案、中輟資料蒐集系統、中輟資訊庫的建立等，並授權各
　學校行政區實施選替教育方案及直接處遇方案等。

　　美國聯邦教育部則於1991年起至1996年止，以為期五年的時
間，提供大量經費補助學校行政區、非營利的社區機構和教育機
構，設立兩類型的中輟防治方案：一是在學校和社區機構實施的
「目標群體方案」（targeted programs），協助青少年留在學校中，
並改善其學校中的表現；二是「重建方案」（restructuring
programs），協助有嚴重之中輟問題的學校進行組織和教學上的
革新。此外，教育部並要求每一所接受補助的學校應發展綜合性
的策略，以服務危機學生，包括諮商（counseling）和支持性的服
務（support service）、出席率監控（attendance monitoring）、挑
戰性的課程（challenging curricula）、加速學習的策略
（accelerated learning strategies）、外展策略（parental
outreach）、以及生涯覺察活動（career-awareness activities）等。
1991至1996年之間，教育部並支持了三個對中輟防治方案之成效
進行評鑑的計畫，評鑑的項目包括經費的運用、服務的對象、及
對中輟率降低的貢獻等。
　　根據Dynarski & Gleason（1999）所進行的評鑑報告顯示，
「學校重建方案」鼓勵學校體系為因應學生中輟的問題，而採取較

有趣的、革新的策略。方案模式包括：選替學校（alternative schools）、學校中學校（schools within schools）和其他學校結構等。主要特徵有二：一是協助學生克服阻礙其在學校中良好表現之個人、家庭和社會障礙，且以「諮商」作為主要的協助策略；二是建立較小型的、更個別化的情境，使學生感到安全且能更有效的學習。該研究報告發現，選替學校的教師能否和學生建立良好的關係，是方案能否成功的最重要關鍵，故建議學校應甚選優良的教師。Dynarski & Gleason （1999）評鑑報告也對1991-1996年實施的兩類方案提出若干質疑，並建議未來的方案應能克服這些問題：

1. 社區機構和學校行政區的夥伴關係並不平衡。由於經費預算和領導權的轉變，使得社區機構的合作模式往往流於形式，實質助益有限。
2. 選替學校致力於提供新型態的教育，但因無法取得學生和家長的認同，而有招生困難的情況。
3. 選替學校的教育革新，在組織結構的調整上較為明顯，並提供較多樣的中輟防治服務，但在教學策略和學習方法上並未見太多的改變。

1997年美國通過「全國中輟防治法案」（National Dropout Prevention Act），共包含六章（參見附錄七）。第一章即明定「建立中輟防治方案以服務危機兒童，是聯邦政府的優先施政重點」，聯邦教育部預定以為期五年時間來推動各州發展學校中輟防治方案。規定各州應設立一個新的「中輟防治和教育達成局」（Office of Dropout Prevention and Degree Completion），置主任一名，負責向教育部報告中輟防治方案的發展和執行、資料的蒐集，並發展新的中輟防治策略和模式。對實施中輟防治法案成效卓著的學校，並應給予特別的獎勵。

基於這項法案的頒佈，美國聯邦教育部於1999年開始，預定每年投資一億美元金額，協助學校進行重建，將大型學校劃分為較小的學校區，實施創新的教育策略以滿足瀕臨中輟危機學生的教育需求，並以能否降低中輟率作為方案成效評估的指標。

很顯然地，此一中輟防治方案的頒佈，促成美國各州紛紛推動實施以服務危機學生為對象的中輟防治方案，一時如雨後春筍，各有其特色、信念、宗旨和行動策略，但皆以降低中輟學生率為最高指導原則。由於此一法案係由聯邦教育部所主導，故大多數的中輟防治方案均以學校為核心，進行學校環境、組織結構、教學方法、課程設計等之教育革新，並爭取家庭、社區各類資源的協同合作，共同為危機學生建構最完善的教育、輔導和支持網絡。

表6-1整理了美國1980年代以降推動中輟防治的重要里程碑。

表 6-1　美國教育部推動「中輟防治方案」大事記

- 1986年，教育部支持「全國中輟防治中心/網絡」(National Dropout Prevention Center / Network) 於 Clemson University 設立。
- 1985-1990年，各州立法通過「中輟防治方案」(Dropout Prevention Programs)。
- 1991-1996年，美國聯邦教育部補助設立兩類型的中輟防治方案：「目標群體方案」(Targeted Programs)、「學校重建方案」(Restructuring Programs)。
- 1997年美國聯邦政府通過「全國中輟防治法案」(National Dropout Prevention Act)，1999年起每年補助一億美元，各州設立「中輟防治和教育達成局」(Office of Dropout Prevention and Degree Completion)。

第三節　綜合性中輟防治方案之架構

預防危機學生中途輟學的有效策略，乃係針對個人、家庭、

學校、社會等各類危機因素，一一採取因應的作法，防護青少年免於陷入危機的威脅和阻礙。識此之故，個人、家庭、學校和社會均可建立起堅實穩定的「防護因素」（protective factors）。依據Catalano等人（1998）的觀點，作爲危機學生的防護因素可涵蓋個人與社會環境兩個層面。在個人方面包括品格氣質的陶冶、提升自我肯定感、加強社會人際相處能力等；在社會層面，則建立青少年與成人的溫暖與支持關係、積極參與正向課外活動、在同儕團體、學校與社群中鼓勵利社會行爲，並促進學業上的學習成就等。這些社會環境層面的防護因素，亦可再加以區分爲家庭、學校、同儕等，以資對抗各層面的危機因素，爲危機學生搭架起嚴密的防護網。

此類著眼於個人、家庭、學校、社會等各類防護因素之協同合作，以滿足青少年之需求，奠基於預防、早期介入和處遇等三級預防架構，且涵蓋青少年認知、情意、行爲等層面的方案，即稱爲「綜合性中輟防治方案」（comprehensive dropout prevention program）。

一、切合青少年需求

要成功推行任何中輟防治方案，必須清楚地界定危機青少年究竟需要什麼。滿足這些危機學生的需求，是中輟防治方案所要達成的目標（McWhirter, 1998）。依筆者之見，危機青少年在各個層面的需求，有下列數端：

對家庭之需求

青少年所期待於家庭的是——
1. 一個完整、安全穩定、可遮風避雨的家。
2. 每天可以穿乾淨的衣服上學。

3. 早晚可以吃得飽。

4. 擁有父母的關愛和照顧。

對學校之需求

青少年對學校的期待不外是—

1.教師的鼓勵和支持。

2.同學的尊重和肯定。

3.愉快的、具挑戰性的學習環境。

4.課程和生活經驗有關。

5.基本學習能力的培養。

6.人際社會技巧的學習。

7.生涯和職業能力的養成等。

對社會之需求

青少年所期待於社會的是—

1.能和成人或同儕發展正向互動關係。

2. 能參與正當休閒娛樂活動。

3.有參與社區社團活動的機會。

4.兩性平等互動的機會。

5.大哥哥、大姊姊的楷模和提攜等。

6.適合其生涯技能的工作機會。

對個人自身的需求

1.增強自我肯定。

2.提昇學業成就。

3.培養基本能力和生涯技能。

4.感到自己有能力且有成就感。

5.保有對未來的願景和期待。

6.去除或減少偏差行為。

二、建構三級預防體系

「三級預防體系」是精神醫學界所慣用的精神疾病預防體系。由於在醫療體系中，當治療者對某一特定問題做了成功的處遇介入，即能有效預防下一階段更嚴重問題的發生。故現代化的醫療體系建構了由初級預防到早期發現/早期治療的次級預防，進而到處遇或復健的三級預防，是一整體性、連續性、系統性、完整性的醫療服務網絡。此一三級預防體系同樣適用於危機青少年的預防、早期介入和處遇工作中，以防護青少年免於遭受各類危機因素之侵害（McWhirter, 1998），如圖6-1所示。

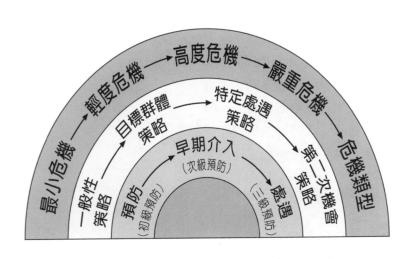

圖6-1　危機、策略和預防之連續體系

初級預防（**primary prevention**）

McWhirter（1998）稱爲「一般性策略」（generic approaches），以所有兒童及青少年爲對象，建立家庭、學校、社會的密切聯繫，學校應設計健康導向（health-oriented）的課程，關照學生的認知（cognitive）、情意（affective）、行爲（behavioral）等各層面的發展，促進所有學生的教育成就、基本生活技能（包括問題解決、做決定、溝通和其他社會技巧）和心理健康等。此類方案聚焦於學生生活經驗中所面臨的各類問題，如學習、人際、情緒、生涯等，對培養學生因應未來生活的能力將有莫大助益，故應統整於小學、中學的學校課程中。

次級預防（**secondary prevention**）

McWhirter（1998）稱爲「目標群體策略」（target approaches），是以已瀕臨危機邊緣、已顯現偏差行爲徵候的特定青少年群體爲對象，如學業成就低落、來自單親或藥物濫用家庭、有情緒上困擾或經常逃學的學生。由學校諮商師擔任個案工作者，結合學校、家庭、社區和同儕團體的資源，共同處理問題行爲。經常需透過個別或小團體諮商、家庭諮商方式實施。相信預防勝於治療的「早期介入」（early intervention）效果，將能預防問題行爲的惡化。

三級預防（**tertiary prevention**）

McWhirter （1998）稱爲「特定處遇策略」（specific treatment approaches），對已明顯出現且較嚴重的偏差行爲，應由專業的心理治療師或行爲治療師進行直接的治療或「處遇」（treatment），協助其「復健」（rehabilitation）。因嚴重偏差行爲的形成多是長

期累積、逐漸惡化的結果，處遇措施較難有短期成效，通常需採取個別、密集、連續及綜合、長期的處遇介入。

當青少年已成為中輟學生、藥物濫用者、暴力攻擊者、或未婚懷孕者時，在青少年陷入更嚴重犯罪行為之前，應讓他們有「第二次（改過自新）機會」（second chance）。一方面透過環境上的改善、一方面提供個別化的處遇，讓他們能重新展開新的生活，期待新的未來。獨立式選替教育方案、以社區為基礎的處遇策略等，均被視為有助於嚴重偏差行為學生改過自新的「第二次機會」。

第四節　綜合性中輟防治方案之內涵

Dryfoos（1990）曾提出一個綜合性、多元向度、以社區為基礎的架構，包含教育服務、健康服務、因應家庭和文化需求的社會支援體系等，以提供中輟或危機學生所需的全面服務和照顧。而作為協同這些服務機制的核心是地區學校，由學校來協同和整合地區性的社會支援和服務，應是最經濟和有效的作法。

美國「全國中輟防治中心」（National Dropout Prevention Center）列舉出數項有效的中輟防治策略。在家庭方面，包括早期兒童教育和家庭參與。在學校方面，包括選替教育、教學科技、服務學習、衝突調解、放學後經驗、讀寫方案、個別化教學、合作學習和多元智能評量、生涯教育等。在社區方面則為社區合作和認輔。本文僅擇要加以說明。

一、家庭方面

早期兒童教育（early childhood education）

　　從中輟生的研究中發現，發展兒童早期的正向認同是有效的預防策略。中輟問題延至國中或高中階段才探討經常為時已晚。初生至三個月、學前、幼稚園照顧方案，可讓兒童獲得良好的語言發展、認知技巧和良好的自我概念。因此父母的參與及早期的幼稚園經驗，對兒童的學業成就及社會適應有舉足輕重之影響。

　　從裴利學前計畫（Perry Preschool Project）（Berrueta-Clement, Schweinhard, Barnett, Epstein & Weikert, 1984）之研究與耶魯早期介入計畫（Yale Early Intervention Project）（Seitz,Apfel & Rosenbaum, 1991）以及「照護」計畫（Project CARE）（Wasik, Ramey, Bryant & Sparling, 1990）等，皆顯示兒童早期介入可以降低貧困因素的負面影響，避免兒童在學校和社會的競爭中「輸在起跑點上」。

家庭參與（family involvement）

　　家庭/父母如能以更多時間、心力參與兒童的成長過程，關心兒童的發展，對兒童的學業成就、行為表現等均有正向的助益。美國聯邦政府近十年來推動的許多方案，如Head Start, Follow Through, Chapter One/Title One等，均大聲疾呼父母/家庭要更密切的參與。此外，學校和家庭的密切聯繫，亦被視為促成家長積極參與的有效作法。

　　部份家庭因處在社經環境不利的地區，阻礙了父母的教育程度，也阻礙了父母對學校教育的正向態度。此時，教育體系宜更積極地協助父母克服其教育上的障礙，協助父母發展聽、說、讀、寫的基本技能，學習有效的親職技能和溝通技能等。

明尼蘇達教育部的「兒童早期家庭教育方案」（Early Childhood Family Education, ECFE），旨在於提供父母各種參與機會。將地區性的「家庭教育中心」設立在低收入公寓、商店、小學附近，隨時提供父母有關子女教育與輔導之諮詢。舉辦父母自助團體，引導參與團體的父母討論有關子女教養、忽視和虐待、與配偶溝通、藥物成癮、兒童發展與訓練等廣泛的主題。同時也鼓勵教育程度較低的父母完成必備的高中教育與補習教育，以取得普通教育文憑（GED）。

二、在社區方面

協同合作（coordinating）

　　由學校體系主動和學生家長、社區機構、工商企業等建立「夥伴關係」（partnership），設立「委員會」，共同協商、發展、推動最有利於學生的中輟防治方案，以照顧危機學生的需求，降低中途輟學的情形，此即為「學校-家庭-社區協同合作」。結合家長團體、社區機構、工商團體，可在經費、人力、工作機會等三方面提供學校體系所需的支援，如擔任個別危機學生的認輔者，帶領學生進行社區服務學習等。

認輔（mentoring）

　　許多從學校中輟的學生，常感覺到在家庭或學校中沒有人關心的孤單，父母、老師並未能提供他強而有力的支持系統，學生對家庭、學校的依附力顯得相當薄弱。這些學生通常也是社區中輟者。因此，如能藉由社區中志願服務者擔任「認輔者」（mentors），提供危機青少年一個良好的角色楷模，成為其有利的支持系統，當能力挽危機學生於狂瀾之中。

認輔者多以一對一或一對多的方式關懷危機學生，和受輔者建立關懷、支持、信任的關係，在危機學生的關鍵發展階段扮演良師益友的提攜角色，協助其充分發展個人潛能、學習生活技能，並建立對未來的願景和目標，促進受輔者的學業成就、職前準備、社會或行爲調適、家庭與親職技能、及社會參與等。例如，已在許多地區實施均證實成效卓著的「大哥哥、大姊姊方案」（Big Brothers / Big Sisters），其成果有：降低藥物使用、降低酒精使用、減少攻擊次數、減少輟學頻率、減少對父母說謊等。國際上對「認輔方案」的研究報告，亦獲得相當正向結果（McLearn, Colasanto, and Schoen, 1998）：

- 62％學生增強其自我肯定
- 52％學生較少蹺課
- 49％學生較少惹麻煩
- 48％學生學業進步
- 45％學生降低藥物使用量
- 35％學生改善其家庭關係

三、在學校方面

多數關心少年中輟和偏差行爲輔導的學者相信，在學校中爲危機學生提供替代性的解決方案，遠比僅強迫學生就學或開除違規學生來得重要且有效。而改革學校組織結構、教學方法和課程內涵，被認爲是最能預防危機學生輟學的有效作法。

選替教育（alternative education）

選替教育工作者大多對教育抱持一個堅定的信念，就是：每個學生都可以學習！每個學生都可以在最適合其學習的環境中，

擁有最佳的學習表現。所以，教育應提供機會，讓每個學生能以自己的方式、自己的速度去學習，並追求自己理想的生活方式和品質。由於選替教育以滿足每位學生與家庭的需要為目標，有必要為不同學生的需求發展個別化、多元化的教育策略，不同於傳統的正規教育體系，所以美國許多州此刻正大力鼓吹立法，讓選替教育成為不適於正規教育體系學生的另類選擇。如德州（Texas）已成功地將選替教育納入其教育法案中。

對於選替教育的內涵、發展與現況，本書第七章將有較為詳細的說明和討論。

服務學習（service learning）

「服務學習」是一種創新性的教導與學習方法，是選替學校正式課程的一環，其目的在將有意義的社區服務經驗，連結於學業學習、個人成長、社會互動、民主責任等。是目前以危機學生為對象的學校革新行動中，被認為最具普遍成效的方案或策略（Meyers, 1999）。

服務學習方案奠基於John Dewey「由做中學」的經驗性學習理論。課程設計重心，在於引導學生思考和討論如何為社區中他人提供協助和服務，並省思服務學習經驗對自身的影響。在服務學習課堂中，學生需透過小組「合作學習」（cooperative learning）的方式，規劃並安排服務學習的機構，討論提供服務的對象、方式、內容、時間和地點等，演練提供服務的方法和態度，實際至機構進行服務學習，記錄服務學習的經驗和行動，分享與討論服務學習的心得、收穫和省思，以及撰寫服務學習的成果報告等（Chalker, 1996; Duckenfield & Swanson, 1992）。學生藉由主動參與有系統的服務性學習經驗，將學習領域擴充至校園教室情境之外的社區，促使學生在社區真實生活情境之中學習應用學校中所

學的知能，學習參與社區事務、貢獻己力、關懷他人，並學習和同儕及其他社區成員共同思考問題、合作解決問題、並作出明智決定等。

因此，服務學習可促進青少年人格、社會、智能的成長，提供體驗公民責任及生涯準備的機會，對青少年成長為具有建設性的社會成員有莫大的益處。

一般而言，綜合性中輟防治方案，是一個以學校教育和輔導為核心，且向家庭參與和社區合作延伸觸角的放射性支援網絡。能面面俱到地從青少年的個人、家庭、學校、社區等層面來滿足青少年的需求，防護青少年免於危機因素的侵害，協助青少年建立和家庭的密切聯繫，並培養對社區的公民責任，獲得個人情緒、心靈、社會、體能、智能等「全人」（whole person）發展。

由於綜合性中輟防治方案「面面俱到」且須賴各單位通力合作的特質，如能有效推展，不啻為一個強而有力的青少年防護體系，也是一個社會人民高度成熟且能充分發揮其建設性功能的表現。期待不久將來的台灣社會，也能積極推動綜合性中輟防治方案，保護我們的孩子不受危機侵害，建設台灣成一片清靜的樂土！

Chapter 7

選替教育之發展與現況

◆ 選替教育之目標與內涵

◆ 選替教育之發展

◆ 選替教育之服務對象

◆ 選替教育之法令依據

◆ 選替教育之類型與模式

◆ 選替教育方案之課程內涵

美國聯邦教育部於1997年通過「全國中輟防治法案」
（National Dropout Prevention Act），明定「建立中輟防治方案以
服務危機兒童，是聯邦政府的優先施政重點」，並推動各州發展
學校中輟防治方案。基於這項法案的頒佈，聯邦教育部於1999年
開始協助各州對中輟情形嚴重的學校進行重建，將較大型學校劃
分為較小型學校區，進行學校環境、組織結構、教學方法、課程
設計等之革新，並爭取家庭、社區各類資源的協同合作，共同為
危機學生建構最完善的教育、輔導和支持網絡。此一以學校教育
革新為核心的中輟防治方案，又稱為「選替教育方案」
（alternative education programs）。本文主旨在說明選替教育在美
國之發展和現況，以對選替教育之內涵與實施方式獲致更充分的
理解。

第一節　選替教育之目標與內涵

　　「選替教育」顧名思義即是一種可選擇性、可替代性的教育內
容和教育方式。在傳統的教育體系之外，提供學生和家長對教育
內容和方式的另類選擇。由於學校存在的目的是為了提供「教
育」，如能呼應John Dewey所強調的「教育即生活」，則教育的
目的，即是為了讓學生擁有更好的「生活」。由此推論，每一位
進入學校中接受教育的學生，都應能發展出較佳的生活因應技
巧，達成良好的生活適應。

　　美國教育學者Morley（1991）主張:

　　「選替教育是一類觀點（perspective），而不僅只是一項程序或方案。
其所依恃的信念是有許多方法可以使人受教育，也有許多類型的環境和結
構，可以使教育在其間發生。此外，它更體認所有的人都可受教，而社會亦

關心如何使所有的人能接受至少高中程度的教育。爲達成此一要求，我們即提供各式各樣的環境和結構，以促使每個人都能找到充分舒適的環境，以促使其進步發展。」

基於此一多元化學習機會的教育理念，學校即有責任創造多元的、可選替的學習環境，以滿足學生的不同需求，而非要求學生順服於特定單一的教育環境中（Morley, 1991;Raywid, 1994）。

選替教育的信念，簡單的說，即是我國至聖先師孔子所謂的「有教無類、因材施教」─教育的對象不論上智或下愚，只要有心向學都應有機會能受教；但教育的方式和內容應依據每位學生的個別差異而加以調整。在我們一直接受制式正規教育薰陶的氛圍之下，對於孔子「有教無類、因材施教」的理念雖可朗朗上口，卻有不知如何執行的窘境。以致將許多在正規教育體系中無法有良好表現的學生歸類爲「不受教」的一群，也導致了許多「拒絕學習」的學生。這些學生不僅拒絕學校，同時也拒絕了來自主流社會的價值規範，更容易產生「反社會」的行爲。

識此之故，選替教育無疑爲目前正規教育之晦暗困境，開啓了一道門，讓我們有機會重新思考「有教無類、因材施教」之眞諦，重建更多元、開放的學校體系，讓不適於正規教育的學習者有機會能選擇最適合他們學習的環境，透過學習過程中的成功經驗而體會愉悅滿足和成就感，促使其對自己能力表現更爲滿意和肯定，從而感謝且願意回饋曾給予其關愛、尊重和肯定的學校和社會。

Morley（1991）進一步說明選替教育之涵義，如下所述：

1.選替教育是確保每位學生都能找到達成其教育目標之路徑的手段。
2.選替教育是用以調適文化多元性、容許多樣化選項的手段。

3.選替教育是提供選擇讓每一個人都有機會成功且有建設性發展的手段。

4.選替教育是體認到每一個人皆有其長處和價值，故尋求為所有學生提供最佳的選項。

5.選替教育在公立學校系統和社區中是卓越的象徵（a sign of excellence）。

6.選替教育是促進學校轉型的一項手段。

　　在美國，大多數的選替教育方案是為六至十二年級（相當於我國國中、高中學生）而設計的，學校規模通常較為小型，運用非傳統、創新性的教材教法與經驗性的活動，促進師生之間的密切合作關係，強調教師的支持和學生的參與；此外，尚提供綜合性和多元向度的服務，涵蓋工作經驗和其他各類學習經驗，以促進基本技能的學習和自我肯定為主要目標（Orr, 1987）。Hefner-Packer（1991）指出選替教育即是「一種特別設計的教育方案或學校，在正向環境中提供多元學習經驗以符合學生的學習需求。」Beck（1991）亦說明選替性的學術或職業方案，所服務的對象是那些有偏差行為、從學校休學或退學、缺乏基本學習技巧、或是對一般課程感到無趣的學生，選替學校需致力於滿足這些學生的學習需求。

　　基本學習技巧、職業教育或課業以外的各類操作性學習經驗，在這些為危機學生所規劃的選替教育方案中，扮演著增進學生成功經驗與自我肯定之機會的重要角色。使處在教育失敗危機中的學生，不致因課業上的挫折，而全盤否定了教育的價值，拒絕了繼續接受教育的機會。另一方面，如果所有危機青少年都能獲得真正適合其需要的多元化教育機會，在校園之內愉快而輕鬆的學習，激發更多的潛能，獲得自我肯定，如此將能化解許多由無所事事、結夥聚眾的中輟或偏差行為學生所導致的犯罪問題。

綜而言之，選替教育的基本目標，即在於爲在傳統或一般正規教育體系中無法獲得成功經驗或面臨教育失敗危機的學生，設計不同於傳統教育模式且最有益其學習的環境，提供創新性的教材教法與其他經驗性學習方案，使學生在學校中愉快的學習和成長，多方獲得學習成功的機會，提升自我肯定，促進其在社會（social）、情緒（emotional）、體能（physical）、心靈（spiritual）、智能（intelligent）等方面的全人發展，協助青少年學生成爲社會中具建設性的成員（吳芝儀，1999c）。

第二節 選替教育之發展

相當關心選替教育之發展的美國學者Raywid（1998）對選替學校的歷史曾有一番探討，認爲美國第一所以「選替」（alternative）爲名的學校，始自1960年代的私立學校體系，再逐漸擴展至各州的公立學校體系，但仍以設立於郊區爲主，提供在傳統學校中無法獲得成功機會的學生另類教育機會。Young在其1990年出版的＜公立選替教育＞（Public Alternative Education）一書中，對美國選替教育之發展與沿革有相當豐富而詳盡的記述。他認爲美國輓近公立學校體系的革新，始自二次世界大戰之後，爲求有效抗衡蘇聯的科技優勢，故要求公立學校提供以學術爲導向的標準課程，來培育優秀的人才以因應國家的人力需求。

一、孕育時期（1960年代早期）

1960年代有學者開始質疑公立學校教育體系是塑造學生去符合國家的需求，而非藉由道德與知識教育來提昇個人的成長，於是在學校中較不成功的學生，逐漸與學校和社會疏離，甚至發展

出負向的自我感（negative sense of self）（Friedenberg, 1959; Goodman, 1964）。Holt（1964; 1967）則批判學校的標準課程，使得學生依賴老師給予標準答案，而喪失了省察性和好奇心。另外，如學者Riessman（1962）、Weinstein 和 Fantini （1970）等人亦強烈主張奠基於中產階級價值的學術與認知導向課程，並無法符合許多其他社會階級或經濟不利之學生的需求，故學校教師應致力於發展選替學校方案或教學策略，來協助不同族群的學生。

於是，最初由非公立教育體系發展出來的「自由學校」（free schools），開始為1960年代的教育尋找新的方向，主張兒童具有與生俱來的智慧，只要學校能提供學生多樣化的選擇，學生即可以獲得最佳的成長發展。教師是協助學生自由學習的引導者，但不以權威的方式強迫學生的學習進度（Neill, 1960）。而此一教育理念亦為1960年代晚期「公立選替學校」（public alternative schools）的萌芽播撒下一粒最重要的種子。

二、萌芽時期（1960中期至1970年代早期）

1960年代晚期和1970年代早期之間，許多倡導教育革新者更積極設立「開放學校」（open schools），推展「開放教育」（open education）。如Featherstone （1967）主張兒童應以自己的速度來獨立學習，並依據個人的進步情況來評量，避免和別人的表現競爭。學生可以選擇所要學習的科目，教師的功能是協助學生的學習，而非扮演知識權威的角色來控制學生的學習。開放教育普遍倡導「兒童中心」（child-centered）的學習導向，強調以具體的學習經驗和實際操作的活動來激發學生的學習興趣。雖然，1960至1970年代的開放教育大多數是以小學教育作為實驗所，但也有數所開放學校在各州的中等學校設立。

1970年代早期，美國印第安那大學（Indiana University）的學

者 Smith, Burke 和Barr等人著手在全美尋找可以讓學生在師生和睦相處的氣氛下愉快且有效學習的「好學校」，結果發現上百個擁有極高評價的好學校，有些共通的特點：如學生和老師均自行選擇在該學校教導或學習；其組織形態截然不同於傳統學校，且彼此有極大個別差異；這些學校多半奠基於某一特定的教育哲學理念；為符合其所服務的學生需求而特別設計與規劃課程方案等。稍後，印第安那大學組織了一個名為「公立教育的選擇」（Options in Public Education）之機構，出版「改變中的學校」（Changing Schools）通訊刊物，並著手為選替公立學校培育所需師資，且舉辦無數次有關選替學校之研討會，並進行有系統的評估研究（Young, 1990）。

與傳統公立學校所不同的是，這些選替學校並不企圖為所有學生服務，而係為符合特定族群學生的教育需求所設計，這些特定族群包括中輟學生、有中輟危機的學生、職業導向的學生、以及資優學生等。由於選替學校所服務的學生多為不適於主流教育體系的「小眾」或「分眾」，因此選替學校的形態亦是五花八門，各有其依循的教育哲學理念或特別設計的教育方法，其中較為吾人熟知的有下列數項：

無圍牆學校（schools without walls）

1969年賓州（Philadelphia）成立了第一所「無圍牆學校」Parkway School，提供學生「以社區為基礎的學習經驗」（community-based learning experiences），教育場所廣及於當地的許多工、商、或社區機構，並由社區人士來擔任教育人員。學生以修學分為主，打破了年級的限制。學校中每位導師則負責十六位學生的英、數等基本技巧的教導和個別諮商工作。此一無圍牆學校具體實現了許多教育改革者的夢想，被視為公立選替學校的象徵。

學校中學校（schools within a school）

「學校中學校」係將大型綜合高中區分為較為可管理且人性化的單元，如1969年麻薩諸塞州（Massachusetts）的Pilot School即是在一所傳統綜合高中內設立，為200名有適應困難的學生在非正式學習氣氛下，提供跨文化的教育。而1972年設於伊利諾州（Illinois）的Quincy II High School則為全校1500名學生分別設立了七所學校中學校，並為符合不同學生群的學習風格和興趣設計了不同的教育方案，如傳統教育、生涯導向、特殊教育、藝術課程、工讀課程，及彈性時制。

多元文化學校（multicultural schools）

「多元文化學校」顧名思義即是服務具有不同宗教或種族背景的學生，其課程強調「文化多元主義」（cultural pluralism），涵蓋各種族的語言、文化、飲食或藝術等課程，並重視人群關係的學習。

延續學校（continuation schools）

「延續學校」係為有行為問題的學生--如中輟學生（dropouts）、潛在中輟學生（potential dropouts）、懷孕學生（pregnant students）或育兒青少年（teen parents）等危機學生一所特別設計，提供較不具競爭性且更個別化的學習經驗，以個人持續進步情形來評量，並多涵蓋行為改變方案。

學習中心（learning centers）

「學習中心」係結合當地的資源，在社區中設立，為不適應的

學業不利學生,提供職業和技術導向的學習經驗,強調生涯覺察和準備等。

根據Barr（1975）對公立選替學校的調查研究,發現全美各州在1970至1975年間共設立了超過1,000所的公立選替學校,其中以「延續學校」、「學習中心」、「學校中學校」、「開放學校」等佔較大多數。

三、成長時期（1970年代中期至1980年代早期）

1970年代中期之後,公立選替學校有更多元的選擇,如以回歸「教師導向基本學科課程」為號召的「基礎學校」（fundamental schools）,及以促進種族融合為目的、且作為教育體系反種族隔離前鋒的「磁石學校」（magnet schools）,均以其特定的課程主題,吸引了許多志同道合的教育工作者,而關心子女教育的父母也紛紛將子女送到符合其價值體系的學校。因此,到了1980年代,選替教育在美國公立教育體系中,已佔有重要的一席之地。Raywid（1981）曾估計當時全美各州已有超過10,000所公立選替學校為學生提供多樣化的選擇,其中以「學校中學校」型態經營者佔多數,而有相當多學校是以收容中輟或潛在中輟學生為主的「延續學校」。Young（1988）對華盛頓州選替學校的調查,發現有53%的受訪者認為選替學校主要係收容「低成就者」或「違規犯過者」。可見,選替學校已逐漸被視為是為不適應於傳統教育體系之低成就學生或違規犯過學生所設計的教育形態。

四、普遍重視時期（1980年代至1990年代）

1980年代之後迄今,教育界對校園暴力與危機學生的關注,則更將選替學校運動推向嶄新的境界（Young, 1990）。

無論學生對學校教育失去興趣因為過度激烈的競爭、機會不

均等、不滿教師或行政人員的對待或對課程不感興趣,傳統公立教育無法滿足許多學生的教育需求已是不爭的事實。1980年代中期之後,中輟防治已成為全美各州教育上的最重要議題,各州陸續立法明訂為危機學生提供各類選替方案(參見第六章)。

另一方面,許多民間機構對於推動中輟防治運動亦不遺餘力。例如1986年於南卡羅萊納州(South Carolina)成立的「全國中輟防治中心」(National Dropout Prevention Center),是由一群商業、教育、政策相關民間機構組織而成,並與Clemson University維持合作關係。其創立宗旨係藉由促進學校、社區中公-私立機構的合作夥伴關係,而有效降低美國中輟學生率。該中心創始於1989年的一項「生活選擇方案」(Lifelong Options Program),試圖在中學層級教育中,以不同於正規教育體制的方式,整合學術、職業教育與選替方案,為危機學生提供多樣化的學習經驗,使其能順利進入就業市場或為中學畢業作準備。

五、迅速擴展時期(1990年代迄今)

1990年代以後,選替學校更已演變成許多革新性教育理念或教學方法的最佳試驗場。美國聯邦教育部並於1994年支持設立「危機學生教育研究所」(National Institute on the Education of At-Risk Students),宗旨即是致力於改善處在教育失敗危機中學生的教育,在「人人成功」(Success for All)的大前提下致力於推動教育改革。

而選替學校成功地留住許多不適應於正規教育體系的學生,也使得選替教育所服務的學生擴及於「少年刑事司法」(juvenile criminal justice)體系,並作為中輟預防及校園暴力預防的重要手段。例如路易斯安那州(Louisiana)於1994年教育法中規定被學校退學和休學超過十天以上的小學及中學學生均須參加選替教育

方案，在高度結構或控制性環境中如「野外訓練營」（boot camps）或「法庭學校」（court schools），提供不同於傳統的教材教法，以促使在正規教育環境中缺乏動機、缺乏成功機會的學生有獲得高中文憑的機會。德州（Texas）則在1995年立法要求公立學校體系須為退學、休學及刑事司法體系中的犯罪少年（young offenders）設立選替教育方案，課程內容須切合這些學生的教育和行為需求，並提供督導和諮商服務（Aronson, 1995）。

另一方面，美國各州更由於方興未艾的「委辦學校運動」（charter school movement）之推波助瀾，促使許多傳統學校在政府教育資源的強力挹注下，紛紛改制成為危機學生提供選替方案之「委辦學校」（charter schools）。於是這些選替學校的形式，在九〇年代的美國如火如荼地推動教育改革之後，又出現更多采多姿的變革。

明尼蘇達州（Minnesota）和加州（California）率先於1991/2年通過立法，開放教育體系，容許對教育充滿熱忱的有識之士，與地方教育局訂定合作契約，接受政府委託開辦委辦學校。委辦學校可不拘形式，通常只要一地區能募集三十位以上學生、覓得適當教育場所，即可爭取教育局的簽約支持，且可不受嚴格教育法令的約束。教師、家長、學生或社區成員均可因志同道合而設立一所委辦學校，自行安排課程、規劃教學策略和內容，以適合當地學子的特殊教育需求。於是，許多委辦學校如雨後春筍般蓬勃發展，以迷你型、公辦民營的公立學校姿態，成為各項革新性教學方法的最佳試驗場，為選替教育擴展了更大的空間（Little Hoover Commission, 1996）。

由於委辦學校多元、彈性、兼顧特殊教育需求與教育機會均等的特性，甚受各階層人士所喜愛，許多州紛起效尤，截至2000年，全美各地已有上千所委辦學校開張運作，另數百所則正在改制以加入行列之中。其中，有多所委辦學校特別為危機學生設計

具創新性、挑戰性與達成可能性的教育方案，在學業上、社交上、文化上協助他們，激發學生的領導能力與學術卓越表現，使期能負責任地參與於社會之中。

第三節　選替教育之服務對象

現今美國各州所規定的義務教育年齡從十四至十八歲不等，以十六歲佔最大多數，故根據美國「國家教育統計中心」（National Center for Education Statistics）所顯示的中輟學生問題，亦以中學階段的九至十二年級最為嚴重。

以1997年而言（Kaufman, et. al.,1999），美國高中階段的中輟學生即佔全部就學人數的11%。若將依中輟學生的種族加以區分，則發現以西班牙裔（Hispanic）的中輟學生所佔比率最高，為西裔就學人數的25.3%，而黑人的中輟學生比為13.4%次之，白人的中輟學生比為7.6%最低。男女性別中輟的比例差別不大，但年齡愈高的學生中輟的情形愈為嚴重，而家庭經濟狀況屬最低層級者中輟情形竟為最高層級者的五倍。同時，該報告中亦發現有愈來愈多的美國青少年在從一般學校輟學之後，仍透過「選替方案」來完成其中學學業。顯而易見，近年來在美國教育界受到高度重視的選替教育，實為許多因諸多因素而無法繼續在學校中就學者，提供了第二次完成學業的機會，使青少年能不致因放棄學業進而放棄自己，淪落成為街頭的遊民。

一般而言，選替教育所服務的對象，主要是為初中及高中階段12-20歲的青少年，多因在傳統學校情境中遭遇困難，已從學校中輟學或有輟學的可能性。例如，根據美國佛羅里達州（Florida）1986年所實施的「中輟防治法案」（Dropout Prevention Act）規定，這些學生須符合下列的條件：

1. 在傳統學校中缺乏學習動機或無法獲得成功的學生，包括留級、高缺席率、低學習成就等。方案須提供個別化教學情境。

2. 懷孕或已生子的學生。除學科學習外，尚須提供健康照顧、親職課程、兒童照顧、及社會服務等。

3. 個人或家庭有藥物或酒精濫用問題的學生。方案須包括藥物戒治處遇或諮商等。

4. 在正規學校環境中違規犯過的學生。方案須提供行為改變、社會技巧或情緒管理等。

　　Heger（1992）及Koethe（1999）分別在其報告中指出，目前美國提供選替教育的選替學校，主要服務的對象實包含了具有獨特學習興趣或能力障礙的學生、潛在中輟學生、育兒青少年、暴力行為少年、藥物濫用少年、已經法院裁決的受保護管束少年，以及在矯正機構中受刑的犯行青少年等。

第四節　選替教育之法令依據

　　以美國西南部四州的選替教育法規與實務為例，學者Aronson（1995）歸納其選替教育相關法令、對學校行政區的規定、對方案的要求及績效責任等項如下：

一、阿肯色州（Arkansas）

　　1991年的830號法案要求學校行政區須為在一般正規學校中遭遇學習困難的學生設立選替教育方案。1993年1288號法案更允許社會團體提出能符合學生教育需求的選替教育計畫。法案對學

校行政區的規定主要重點為：

1. 學校行政區須獨立或合作建立另類學習環境，並須在學生進入前、後，對學生進行評量。
2. 每一個學校行政區必須採行學生訓育管理策略。一方面符合教育部的要求；另一方面須使有訓育上、社會功能失調或行為問題的學生能有一另類學習環境，並提供非懲罰性的就學服務，以符合個別學生的特定教育和行為需求。
3. 學校行政區每一年度均需向教育部報告參與選替教育方案的學生種族、性別和其他屬性特徵。

二、路易斯安那州（Louisiana）

1994 年的 671號法案規定被學校退學和休學的小學及中學學生須在1995學年度參加選替教育方案。1995 年102號法案，補充該規定僅適用於被退學或休學超過十天以上的學生。法案規定的主要重點為：

1. 被退學或休學的學生仍須參加選替教育方案，接受學校體系行政部門的監督。
2. 選替方案須提供不同於傳統的教材教法，以促使在傳統教育環境中缺乏動機、缺乏成功機會或阻礙的學生有獲得高中文憑的機會。
3. 方案須對學生行為訂定嚴格的標準，並獲得州中小學教育局的審定通過。

三、奧克拉荷馬州（Oklahoma）

1992年立法通過選替教育之實施，並補助地方教育機構或非

營利組織為危機學生發展選替教育方案。1994年進行全州學生的選替教育需求評估，並成立「選替教育學術獎助基金會」（Alternative Education Academy Grants）以鼓勵發展中學階段選替教育方案。法案對學校行政區的規定主要重點為：

1. 每一個學校行政區須評估其選替教育需求，並提出一和社區的合作發展計畫。州教育部則發展五年的教育成本評估與實施計畫。
2. 規定對選替教育具高度需求的學校行政區（依據其觀護少年和輟學人數）須向「選替教育學術獎助基金會」提出申請。
3. 所有審定通過的方案須提供：接案篩選、合格教師、補救課程、個別教學、明確與可評量目標、諮商和社會服務、個別化的畢業計畫、生活技巧教學、與地方青少年機構合作、年度預算和評鑑。
4. 所有接受選替教育基金補助的方案均需向教育部提出年度報告。

四、德州（Texas）

1995年立法要求公立學校體系須取消休學與退學規定，並為退學、休學及刑事司法體系中的犯罪少年設立選替教育方案。法案對學校行政區的規定主要重點為：

1. 每一個學校行政區須獨立或合作為輟學學生提供選替性的學習情境。1996學年度並須為少年刑事司法體系中的犯罪少年實施選替教育方案。
2. 每一個學校行政區須依據教育法令要求，規定學生行為標準，訂定學生從一般班級轉移至選替教育方案之條件。

3.選替教育方案須符合學生的教育和行為需求，聚焦於英文、藝術、數學、科學、歷史和自我訓育，並包括督導和諮商。

4.學校行政區需向教育部報告選替教育方案的學生人數及學習活動。

　　德州堪稱是目前實施選替教育最具成效的地區，該州立法通過之教育法案第三十七章，即明確規定凡該州各學校行政區均應為正規教育體系之外的學生提供選替教育。茲將相關規定逐條列舉如下：

1.每一個學校行政區應提供選替教育方案。
　（1）在學生的正規課堂外提供。
　（2）在正規學校校園內或外提供。
　（3）須將被分派接受選替教育方案的學生，和志願接受選替教育方案學生加以區隔。
　（4）課程重點為：英語、數學、科學、歷史、藝術、自我訓育等。
　（5）課程方案須適合學生的教育和行為需求。
　（6）提供督導和諮商。

2.選替教育方案的提供應協助學生轉介至--
　（1）不同的校園
　（2）學校—社區輔導中心
　（3）社區選替學校（a community-based alternative school）
　（4）校園外的選替教育方案

3.學校行政區可與一個或多個學校行政區合作，提供選替教育方案。

4.學校行政區應與政府機構或社區組織合作，為被安置於該學校行政區內選替教育方案的學生，提供必要的服務。

5.被安置於選替方案的學生，係以其實際出席方案的時間來計算其出席情形。

6.學校行政區應為每一位出席選替教育方案的學生分配相同的教育經費。其經費係以學生固定出席該選替教育方案作為計算基礎，撥給學校。

7.學校行政區應將從正規學校休學或退學的學生安置於選替教育方案。

8.在學校行政區的要求之下，地區教育服務中心應提供學校行政區發展選替教育方案的資訊，考量學校行政區的規模、財務狀態、現有設備等，以決定對學校行政區最佳的方案。

9.如果已被安置於選替教育方案的學生在其安置期間又於其他學校行政區註冊，前一個學校行政區為學生新註冊的學校行政區提供學生的所有記錄及安置命令。學生新註冊的學校行政區應持續為學生提供安置命令所要求的選替教育方案，或是允許該學生參與正規教育課程。

10.如學生犯違行為涉及藥物或酒精，學校行政區應為學生和其父母提供教育和支援服務方案。

11.學校行政區並無義務在其選替教育方案中提供完成高中教育所必要的課程。

12.在學科教育方面，選替教育方案的實施應能促使學生有適合其年級程度的表現。並為安置於選替教育方案的學生界定可接受的表現水準，及評量其學業進步情形的方法。

　　根據此一教育法案的規定，地方政府學校行政區有義務為每一位正規教育體系之外的學生—包括休學、退學、或已涉入刑事司法體系（含法院和矯正機構）—提供選替教育的服務，以適合每一位學生的教育和學習需求。選替教育可實施於一般校園之

內、社區輔導中心、選替學校、或其他提供選替教育的機構（如矯正機構）；且並未要求開設完成高中教育所規定的正規學校課程。學校行政區則須和其他政府機構及民間社區組織協同合作，為被安置於選替教育方案的學生及其父母提供必要的支援服務。

德州教育法案一方面要求各學校行政區應對所有學生實施符合其需求的教育，另方面又給予選替教育極大的空間和彈性。該法案的宏觀視野，讓選替教育能突破時間、空間的藩籬，進入社區、法院、矯正體系和其他機構，使教育能「因時因地制宜」；同時超越教學方法和課程內容的限制，使教育能真正「有教無類、因材施教」，不啻為實施選替教育的最佳典範。

第五節 選替教育之類型與模式

觀諸美國多元開放的教育體系中，為已輟學或瀕臨輟學邊緣的中學階段青少年提供選替教育的模式與學校類型，相當多元且甚具包容性。茲分選替教育實施的類型、及選替教育模式等加以討論。

一、選替教育方案的類型

Raywid（1994）將提供選替教育的方案，依其主動選擇或被動轉介的程度，分成選擇方案、派定方案、轉介方案三種類型。「選擇方案」（choice programs）係指教育工作者主動以不同於傳統學校的教育理念，積極主導革新的多元選替學校，設計多樣化的教學策略和課程，以滿足不同學生的學習需求。「派定方案」（assignment programs）係指將瀕臨被退學邊緣的違規犯過學生指派到選替教育方案中，作為其最後的留校察看機會，學生沒有主

動選擇的權利。「轉介方案」（referral programs）則是爲有學習及社會或情緒適應困難的學生所設計的治療性方案，以促進其個人、社會或情緒的健康發展，協助其回歸正規學校情境之中。三者中，以「選擇方案」最受到普遍的好評。

一般而言，實施多元選替教育的情境，可區分爲四種類型：獨立式選替學校、學校中的學校、延續學校、及選替教室等（Chalker, 1996; Hefner-Packer, 1991）。吳芝儀（1998）亦曾試圖將選替教育之學校依其不同的特性，區分爲全校模式之選替學校、學校中的學校、橋樑方案、暑期加強學校、加速學習學校等五大類型。其中，橋樑方案及暑期加強學校可被視爲「延續學校」，加速學習學校則屬於「獨立式選替學校」類型。

獨立式選替學校

近年來，「獨立式選替學校」（separate alternative school）的發展如雨後春筍，相當蓬勃迅速。多數獨立學校是從傳統的學校轉型而成，或是利用已有但廢棄不用的舊學校建築、社區建築等加以改造成一自給自足的結構，並運用非傳統的創新教學策略，促進學生的學習和社會適應。因此，有愈來愈多的獨立式選替學校專門收容有長期或「慣性違規犯過青少年」（chronically disruptive youth）（Chalker, 1996）。美國許多州政府管轄的學校區，也發現透過選薦委員會將有行爲問題的違規犯過學生安置於獨立式選替學校，是最爲便利且有效的做法，既減少社會成本的付出，又可集中心力於輔導此類學生，以改善其行爲常規。

一般而言，獨立選替學校所秉持的原則是「讓系統服從兒童」（Oregon State Department of Education, 1990）。因此，課程上的設計多採用個別化的方案，以適合每位學生的目標和需求。爲達成此項目標，學校比傳統學校更爲袖珍，師生比約爲1比10。教師

的功能係作為「學習管理者」（learning managers），而非呈現者或測驗者，增強規律性的學習進步；並依據學生的能力和需求，調整適當的學習程度和速度。此外，選替學校為青少年提供的支持服務甚為廣泛，包括心理諮商、酒精及藥物戒治服務、支援團體，以及為已育兒之青少年提供幼兒看護等。

例如，美國南卡羅萊納州Richland地區的Cities in Schools，旨在為高中階段的中輟學生及被學校退學學生提供一項小班教學的選替教育，強調個別諮商與彈性時間課程，以及創新的訓育管教方法，協助學生完成高中教育；並教導工作技巧、就業技巧、藥物濫用防治教育、及法治教育等。Greenwood地區的Central School主要收容中輟學生、有藥物濫用習性者、休學學生、低自我肯定者，以及有肢體、性、心理虐待傾向者；重視學生在認知、情意和心理行為等各方面的發展；除一般學習課程外，並廣泛運用獨立學習、電腦輔助教學、視聽教材、戶外教學、角色扮演、班級討論、職業訓練、探險經驗等，以及社會技巧發展活動、個別和小團體諮商方案。位於美國紐約的City-As-School亦是一所收容9-12年級中輟學生、違規犯過學生和其他危機青少年的選替學校，課程目標則在於聯結學生在社區中各式各樣的學習經驗。由於學生平均在一週之內須參與20-32小時的社區學習經驗，因此學生無須在一固定校舍中上課，而是善用社區的商業、文化、市政或政治資源，以他們所選擇的各類方案為基礎，穿梭於各類學習經驗中心。

「加速學習學校」（accelerated schools）係由Henry Levin博士於1986年所倡導，涵蓋學校組織（organization）、課程（curriculum）與教學方式（instruction）的重新建構，以確保危機學生都能從教育中獲益，發揮其最大潛能，在個人、社會、體能及學業等層面上對自己感到自信滿意。主張危機學生需藉助「加強策略」（enrichment strategy）以促其加速學習，而非僅使用「補

救策略」（remedial strategy）減緩其學習的速率。故加速學習學校的教育宗旨是：教學須奠基於學生的長處優點和其文化背景，並藉由具激發性的課程、強而有效的教學、及創造性的學校組織，以「加速」危機學生的學習進度；強調科際整合的策略，使學生從事於真實世界的任務與問題解決。學校教職員和父母共同分享教育決策，並分擔協助學生達成自我肯定的責任（Levin, 1987）。

此外，「社區及法庭學校」（community & court schools）則係針對已涉入司法體系之學生所設計的獨立式選替學校，其師生比通常較之一般選替學校更小，協助遭監禁處遇之學生繼續進修。社區及法庭學校主要由州政府所主導，連結法院、觀護人、律師、社工人員等機構。其課程目標係協助——學生獲取中學文憑或通過「普通教育發展測驗」（GED），並具備基本的閱讀、寫作、數理能力，或養成職場所需之技能；亦為遭受社會之錯誤導向的學生提供個別及團體諮商服務，協助其對自我和社會發展出更正向積極之態度。

獨立式選替學校的教育目標，主要在於減少學生在學業上失敗的挫折，創造一愉快的氣氛促進學生在社會、生涯和學業等方面的技巧，提升學生的自我肯定感，促進學生的自我發現和自我覺察等（Hefner-Packer, 1991）。終極目標則是協助學生完成學校教育，並達成自我潛能的實現。

綜觀這類獨立式選替學校，可歸納出下列數項特點：

1. 以獨立的全校全年級模式進行選替教育之小班教學，師生比約為1比10，重視學生在認知、情意和心理行為各方面發展。

2. 設計革新性與綜合性的課程，除強調基本學習技能的學習之外，並包括生涯教育、就業技巧、藥物濫用防治教育、

法治教育，以及社會技巧訓練等，結合小團體輔導活動來實施。課程的時間安排則具有相當的彈性。

3. 廣泛運用獨立學習、合作學習、電腦輔助教學、視聽教材、戶外教學、角色扮演、班級討論、職業訓練、探險經驗等創新性與經驗性的教學策略，並提供個別、家庭、及同儕團體諮商服務等。

4. 與社區服務機構建立協同合作的友伴關係，善用社區的各類資源及志工服務團體，一方面提供學生特別的協助和支援，二方面促使學生在社區的真實生活情境中學習。

學校中學校

「學校中學校」（schools-within-a-school）係指在較大型的傳統學校中設立特定的班級或不同校區，為所收容的危機青少年提供不同於傳統教育內容的選替教育方案。此類學校既可享有較大型母校的設備和資源，部分課程並可回到母校中利用其設施進行，更可在獨立校區所採用的創新性課程和教學中獲益（Chalker, 1996）。因此，學校中學校所服務的對象大多是在傳統教育體系中缺乏學習動機、低學習成就、以及無法適應傳統學校結構和教學方式的學生。

例如美國堪薩斯州的Socorro High School為該區中有嚴重危機的學生舉辦一項多元選替方案「達成」（Project Reach），乃為一設立於學校中的選替學校，採取「以諮商為基礎的策略」（counseling-based strategy），因此學校中的教職員除數位教師之外，還包括一位諮商師及一位社工師，分別負責教學及諮商輔導工作。方案劃分成數個階段，如學生能循序漸進地通過所有的階段，將回歸到主流學校中就讀。目標在於促使危機青少年能成功地轉移至一般高中就讀，促進學業水準及學校出席率、發展合作

和建設性行為、為就業作準備，及降低中輟率。傳統學校課程在該方案中係以電腦網路方式傳送，日常學習活動含括健康教育、戲劇、書寫等，以增進學生自我概念的發展為重點（Heger, 1992）。

　　在美國南卡羅萊納州Horry County所成立的「畢業加強方案」（Graduation Enhancement Program）亦採學校中學校的模式，為當地16歲以上有潛在中輟危機或實際中輟學生設立加強班級，活動內容包含學業/職業活動、密集性諮商服務、親職教育、工作經驗、暑期加強課程，以及彈性的課程時間表，使所有參與者均能完成高中教育。加州Operation SSTAR （Students Striving Towards Achievement and Responsibility）方案，則為處於危機中的中學生設立兩個自給自足的班級，除提供許多戶外課程外，並於暑期舉辦森林野戰活動，鼓勵父母能積極參與學校教學與管理，以促進學生個人及社會責任、提高學業成就，及增強自我肯定等。

　　我國目前在各縣市設立的「慈輝分校」，即是附設於一較大型傳統學校的「學校中學校」，專門收容家庭變故青少年，以技藝性課程為學習核心，部分體育課程則回到母校進行。這些學校中學校的主要特點，有下列數項：

1.在學校中設立特定班級或校區，提供多元選替教育。
2.方案劃分成數個階段，學生須循序漸進地通過所有的階段，以回歸到主流學校中就讀。
3.課程內容包含學業課程、職業活動、個別和團體諮商、及經驗性活動等。教學策略包括個別化以能力為基礎的教學、課程統整、團隊和同儕指導、學校和社區協同合作等。
4.學校中學校的目標，在於改善學生的自我形象、促進基本技能、增加出席率、加強學生德行、促進人際關係等（Hefner-Packer, 1991）。

延續學校

「延續學校」（continuation school）是在正規學校上學時間之外，於下午或暑期所開設的方案，主要目的是為已離開傳統學校體系的學生提供接受繼續教育的機會，包含中輟預防方案、中輟介入方案、育兒青少年方案、補救學習方案、以及暑期學校方案等。延續學校通常設計較不具競爭性、更個別化的學習策略，以及其他支援性的服務，協助學生完成中學畢業或「普通教育發展測驗」（GED）所要求的課程學分，著重基本技能學習、職業訓練及工作相關活動等，並提供個別督導服務、諮商服務、及彈性的時間表等（Hefner-Packer, 1991; Young, 1990）。「橋樑方案」（bridge program）或「橋樑課程」（bridge curriculum）即是延續學校所提供的方案之一。

例如，美國紐約州Livingston BOCES的選替教育方案係一以8-10年級的危機學生為對象的橋樑方案，半天在學校上課、半天以探索性職業課程為主，使學生在11年級時皆能回歸常規班級，並由正規學校授與高中文憑，以避免學生在學習過程中即背負了不當的特殊標籤。一般而言，橋樑課程主要提供數學與閱讀能力的補救教學，並教導生活技巧及職業技巧。因此，橋樑課程的教師主要致力於為學生做工讀的準備，以及和高中課程的銜接。

「暑期加強學校」（summer enrichment schools）主要是為低學業成就學生在暑期開設的橋樑課程，提供兼職工作、基本學習技巧、自我肯定訓練，及社交和諮商等支援服務等，藉此與危機青少年保持密切的聯繫。例如，美國肯達基州Jefferson High School為升高中前的學生在暑期開設一週五天、為期七星期的橋樑課程，安排半天在學校中接受各基礎學科補救教育、半天則從事兼職工作以獲取經驗，並為學生提供生涯諮商與電腦輔助教材等協助。在密西西比州的Hattiesburg公立學校組織則為16-21歲的低學

業成就學生開辦「暑期補救班級」（summer remediation classes），作爲該區中輟學生防治方案的一環，提供閱讀、算術、語文等基本學習技巧的補救教學，以及十六小時的工作經驗，爲期八週。

選替教室

選替教室（alternative classroom）是設置於傳統學校之內的「資源教室」或「資源班」，以提供更爲彈性的教學策略、課程結構和學習方式（Hefner-Packer, 1991）。選替資源教室所服務的對象，包括缺乏學習動機和低成就的學生，或者是學習進度嚴重落後的學生。教師須爲學生設計個別化的且以能力爲基礎的教學計畫，強調基本學習技能的學習，以及生涯和職業活動。學生有部分時間回歸於一般班級中就讀，僅部分時間接受選替資源教室的個別化教學服務。促進父母參與，亦是選替資源教室的重點工作之一。

我國目前在教育部支持之下於部分學校成立的「中途班」或「高關懷班」，即採取選替資源教室的形式，由專責的資源教師爲中輟復學生或有中輟之虞的危機學生，安排多元化的學習活動或技藝教育，使不適應於傳統教育的學生仍有機會獲得有趣和有用的學習經驗。

二、選替教育方案的傳遞模式

選替教育方案的傳遞模式，可依據方案的內涵歸納爲七種不同的模式（Chalker, 1996; Hefner-Packer, 1991），茲列舉並簡要說明如下：

1. 學校轉換模式（school transition model）：根據Hahn（1987）的說法，美國大多數選替學校的設立目的，在於為中輟學生和有中輟之虞的學生提供最後的機會，以延續其教育歷程。Hefner-Packer（1991）亦認為獨立式選替學校的目標在於減少學生在學業上失敗的可能性，增進學生的社會、生涯、及學業技巧，幫助學生回歸到正規教育體系之中。因此，學校之間的轉換銜接是相當重要的關鍵。

2. 行為介入模式（behavioral intervention model）：在此模式中，教育者應用基本學習原則、建立有效與系統的程序、確立明確的目標、蒐集資料，以確定學生的學習進度。行為介入可幫助中輟學生獲得基本學習技巧，以增進其在學校課業成功的可能性，並對其長期違規犯過行為進行輔導，效果顯著。Short（1988）曾指出以行為介入為焦點的三類選替教育方案，分別是學業模式、治療模式和懲罰模式。「學業模式」（academic model）認為行為問題衍生自學習困難與學業上所遭受的挫折打擊，所以致力於促進學生的學業成就。「治療模式」（therapeutic model）主張學生的不良行為問題乃源自於學生的個人經驗，所以相信藉由教導學生問題解決技巧（problem-solving skills），可協助其發展出適宜的行為。「懲罰模式」（punitive model）則認為學生的不良行為是由於他們想製造麻煩，所以要藉懲罰來消除一切不良行為。

3. 學業介入模式（academic intervention model）：Bucci & Reitzammer（1992）認為學生中途輟學的最大因素在於遭遇學習上的失敗，而不是他們不願學習。因此預防學生中途輟學最有效的方法，是創造正向的教學環境。學校老師應運用有效的教學策略，促進學生在學業上的發展，培養學生的求學興趣。這些有效的教學策略，包括，持續性的

計畫進度、合作學習、同儕相互教導、監督、酬賞及正向的學習環境。

4. 職業介入模式（vocational intervention model）：Orr（1987）所描述的職業介入方案，係為邊緣學生提供完整的職業準備和職業諮商，目標是透過教育訓練，協助學生為進入工作世界做好必要的準備，將教育連結到未來的經濟活動，讓學校中的學習活動更具有意義。因此，McLaughlin & Vacha（1992）亦主張「生涯教育」（career education）是將學生留在學校中的一個有效方法。

5. 學校延續模式（school continuation model）：學校延續模式是為了協助學生完成其高中教育，主要針對因經濟、家庭、個人等方面的因素而被迫無法完成學業者所設計（Orr, 1987）。例如，為已育兒的青少女所規劃的日間養護中心，讓青少女可在有專人協助看護其子女的情形下完成學業，即屬此一模式。

6. 中輟預防模式（dropout prevention model）：中輟預防模式認為有嚴重的學業和缺席問題的學生，較有可能發生中輟的現象，所以需要以多元且綜合性的另類方法，鼓勵學生留在學校中（Orr, 1987）。此類預防方案的目標在於促進學生的自我肯定感，並為學生及其父母提供社會和健康服務。

7. 中輟介入模式（dropout intervention model）：中輟介入模式係針對已經從學校中輟的學生而設計的，結合多樣化的服務，以協助中輟學生因應其所面對的問題（Orr, 1987）。此類方案主要提供輔導活動、選替性課程、諮商、建議、以及工作相關活動等，協助學生獲得基本技能及普通教育文憑，為就業作準備（Bearden, Spencer & Moracco, 1989）。此外，為了有效執行方案，該模式亦強調父母的

參與、轉介和外展系統、人員投入、環境支持與系統評估等。

8. 學校一社區夥伴合作模式（school-community partnership model）：此一夥伴合作模式相信部分影響學生中途輟學的因素來自社區不良的環境，也會影響社區中的其他成員群體。故學校需和社區中的工商業機構、大學或社會福利團體等建立夥伴合作關係，加強學校和社區的組織聯繫，並提供有效的社區服務（Chalker, 1996）。

　　綜合而言，許多為危機中青少年或中輟學生所開設的選替學校，除教導學生聽、說、讀、寫等基本學習技巧之外，更強調多元化的各類學習經驗，包括生活技巧、人際社交技巧、問題解決、社區參與、職業或技藝訓練、就業技巧及工作經驗等，使學生能多方獲取成功的機會；並廣泛提供個人、生涯或家庭等諮商服務，以協助學生從這些有價值的學習經驗中自我成長，進而達成自我肯定與自我實現。而父母、教師、諮商師、社工師、職業及技藝督導、社區工作者、觀護人等各類人員，以及政府-民間機構的協同合作，共同擔負了力挽中輟學生於狂瀾之中的重責大任，以減少社會為青少年犯罪問題所付出的鉅額社會成本（吳芝儀，1999c；蔡德輝、吳芝儀，1998；1999）。

　　此外，學者Raywid（1990）的報告中亦曾歸納了三類選替方案：

1. 真正的選替教育（true educational alternatives）：基於所有學生在適當的教育環境下均可學習的假定，此類方案致力於使教育或學習環境符合學生的需求，以協助其獲得成功的學習經驗。學生停留在此類方案中的時間較長，甚至直到畢業。

2.選替訓育方案（alternative discipline programs）：此類方案
　係爲違規犯過學生所設計的「最後機會」（last chance）方
　案，重點在於行爲的改變，以協助學生回歸其傳統學校或
　班級。
3.治療性方案（therapeutic programs）：此類方案亦假定有嚴
　重偏差行爲的學生必須加以改變，始能在傳統學校中獲得
　成功經驗，故須藉由諮商或治療性方案來促進學生行爲的
　改變。

　　根據Raywid（1990）的文獻探討發現，第一類方案—眞正的
選替教育—最具成效，而以行爲改變策略爲主的選替訓育方案最
難維持學生的學習成效。治療性方案中的學生則在方案中有很大
進步，一旦回歸傳統學校卻又會退步。

　　然而，長期性的方案是否較具成效，基本上是見仁見智的問
題。如果選替學校能爲學生提供充分的支持，並協助其發展有益
的溝通和表達技巧，將有助於學生順利轉換至一般正規學校就
讀，部份學生甚至可因此而在一般學校中建立自信和成就感。故
學生在選替教育方案中停留時間之久暫，須取決學生的需求及其
個別差異，並保留轉換上的彈性，並以學生的選擇意願作爲考量
評估其是否回歸傳統學校之依據。一個提供眞正選替教育方案的
學校，實應在教育環境、組織結構、課程內涵、教材教法、訓育
措施、輔導策略、師生關係等各方面加以調整改變，以爲學生締
造愉快的學習經驗，切合學生的學習需求，並爲學生創造成功的
學習機會，協助學生達成自我潛能的實現。

第六節 選替教育方案之課程內涵

選替教育工作者強調基本學科技能對於學生的理解力、多方面發展與成長是必須的。而情感、認知、行為技巧對青少年個人與社會成就上扮演著相當重要的角色。所謂的社會能力是應用個人現有資源去影響環境並獲得成功，發展出正向結果的能力，也就是處理生活危機的技巧。

選替教育的課程取向，旨在藉由多元及創新的課程，符合學生的需要，期能應用於現實生活之中。筆者試圖將選替教育的課程內涵，歸納為基本技能或學科課程、技藝導向課程、生活技巧課程、情感教育課程、諮商導向課程等五項。茲分別說明如下：

一、 基本技能或學科課程

「基本技能或學科課程」（basic skill or academic curriculum）主要是為了擴展傳統聽、說、讀、寫與算的基本學習技能，使學生能具備基本的「學力」，迎接新世紀社會之挑戰，促進學生在學校及未來社會上的成功機會。通常涵蓋語文、外語、數學、自然、社會、藝術或體能等一般學科，以補救或是加速學生的學習，並特別重視批判性思考與創造性思考能力的培養。

基本技能教育必須是密集的、循序漸進的、能隨時因應學生的進度調整、能滿足個別學生的學習需求、以能力為基礎、提供正向回饋，並且包羅多元化的學習層面。透過能力目標的陳述，許多基本技能被分解成較小的、可管理的單元，並盡可能運用多媒體視聽教具促進學生的技能學習。協助危機學生通過相當於高中學歷的「普通教育發展測驗」（GED），是基本技能學習的目標（Chalker, 1996）。當課程的編排循序漸進，課程目標是以能力為

基礎，教學的傳遞可藉助多元視聽媒體工具，且所有課程均強調讀、寫和算時，基本能力教學就可以產生相當大的效能。其目的在於讓學生在學校中的每一步發展都有獲得成功的機會，預防並補救學生在學校中因遭遇挫折和失敗的創傷經驗而導致低自我肯定的問題。

此外，Boyer（1987）亦建議可利用「放學後工作坊」（after-school workshop）和「暑期加強課程」（summer enrichment sessions），以滿足危機學生及其家庭的需求。學業加強課程或活動旨在促進學生的學習，以擴展學生的能力。

二、 技藝導向課程

「技藝導向課程」（career paths training curriculum）提供職業或技藝訓練、生涯探索、就業技巧及實習工作經驗等，使學生能多方獲取成功的機會。涵蓋生涯教育與職業輔導課程、資訊應用與管理課程，以及各類技藝訓練與實習課程。

「生涯教育」（career education）的主要目的，是將生涯發展的概念融入於教導及學習活動中，藉由生涯探索和規劃的活動，協助學生將學習經驗延伸至工作生活，為投入未來工作世界做好準備；並提供其在某一感興趣的職業領域中實習的機會，以使其在實務經驗中習得未來就業所需的職業技能，並作出有效的生涯決定。生涯諮商師通常藉助於生涯興趣量表、性向測驗、人格特質量表等測量結果，引導學生及早在適合其興趣、性向、人格特質的職業領域中確立其生涯目標，並激發其學習動機，有助於增進學生完成高中學業的機會。一般而言，生涯探索和規劃的活動，應在將學生安置於工作實習之前進行，使其有較佳的準備度來進入工作世界。生涯探索和規劃活動，通常包括對自我特質的探索、對工作世界的探索、自我和生涯的適配、生涯選擇與決定、以及生涯規劃和行動等重要內容。

三、 生活技能課程

「生活技能課程」（life skill curriculum） 著眼於學生如未能發展良好的生活技能，經常會導致其未來社會參與的無能。在學校中提供生活技能課程是幫助學生經由公開發表意見來訓練有效的溝通，能負責任地預防或解決人際衝突，管理憤怒情緒，學習有關一般法律與少年司法的知識，並採取正向因應策略以解決問題。因此，生活技能教育的目標在於促進學生習得社會技能、人際溝通、衝突調解、情緒管理、法治教育、問題解決等重要的生活能力（Chalker, 1996）。

生活技能課程之主要內容涵蓋個人生活、人際關係、兩性關係、家庭生活、社會技能、生涯規劃等生活應用課程；以及心理健康、情緒管理、公民法治、娛樂休閒、戲劇藝術、服務學習等生活導向課程。旨在落實「教育即生活」之內涵，使學生在學校中的學習活動能扣緊日常生活的脈動，發展日常生活所需的因應技巧，而且為未來的良好生活適應預作準備。

「社會技能訓練」（social skills training）方案則多奠基於Goldstein及其同事（Goldstein et al., 1986; Goldstein & Glick, 1994）所發展的「技能流動訓練」（skill streaming），以教導廣泛的「利社會行為」（prosocial behaviors）為主。以示範、角色扮演、回饋與轉移訓練、家庭作業等有系統的方式，教導有反社會傾向的青少年六類共50項利社會技能，包括：（1）初級社會技能（開始一段會話、自我介紹、給予讚美）；（2）進階社會技能（尋求協助、道歉、給予指導）；（3）處理感受的技能（處理某人的憤怒、表達感情、處理害怕）；（4）攻擊的替代方式（對譏笑的回應、談判、協助他人）；（5）處理壓力的技能（處理被孤立、處理指控、為一段有壓力的會話做準備）；（6）做計劃的技能（設定目標、作決定、為解決問題設定優先順序）。

選替教育工作者認為知識是用來幫助人們解決問題，故學生可以從「衝突調解」（conflict-resolution）的「迷你課程」（mini-course）中習得問題解決的技能，就好像從數學課的學習數學知識一般（Chalker, 1996）。迷你課程的帶領者，可以是一般教師、督導或其他資源教師等，以不同於傳統教學的小團體方式實施，促進學生之間的團體動力與合作學習。

此外，娛樂和休閒是人類生活中的重要活動，我們投注於休閒娛樂活動的時間、金錢和心力，成為一項重要的生活方式，使我們的生活充滿意義。同時，休閒活動為個人帶來挑戰、放鬆、遊戲、消遣、和社會互動等，對個人在家庭、工作上的投入有互補的效果，有助於達成平衡的生活，促進身心健康（Gibson & Mitchell, 1986）。因此，「休閒教育」（leisure education）亦是生活導向課程的重要一環。

「服務學習」(service learning)在選替教育方案中亦常被安排為一正式的課程，課程的設計重心在於引導學生思考和討論如何為社區中他人提供協助和服務，並省思服務學習經驗對自身的影響。在服務學習課堂中，學生需透過合作學習的方式，規劃並安排服務學習的機構，討論提供服務的對象、方式、內容、時間和地點等，演練提供服務的方法和態度，實際至機構進行服務學習，記錄服務學習的經驗和行動，分享與討論服務學習的心得、收穫和省思，以及撰寫服務學習的成果報告等(Chalker, 1996; Duckenfield & Swanson, 1992)。

在進行「服務學習」的整個過程中，學生不僅可以學習到思考、表達、溝通、協商、協同合作、作決定、解決問題的關鍵性社會技巧；還能將課堂中所習得的新技能和知識應用於社區實際生活中；培養對社區人群的關懷和責任感；同時在服務活動中發揮自己的潛能、進而肯定自己的能力、貢獻和價值。因此，「服務學習」是全人教育理念最具體的實踐，能同時促成學生在社

會、情緒、心靈、智能、體能各方面的全人發展。目前,「服務學習」已被證實是對危機學生最有效的學習方式,受到廣泛的好評(Meyers, 1999)。

一般而言,服務學習活動的類型包括三類:

1. 直接服務(direct service):直接到特定機構或處所,提供服務對象面對面的服務。例如,帶領兒童讀書會、擔任較年幼者的個別督導、定期到孤兒院或療養院服務等。
2. 間接服務(indirect service):此類服務活動並無直接的服務對象,但可節省學校或機構在人力經費上的支出。例如,擔任活動接待、整理校園環境、協助午餐分菜、整理文件檔案、清掃特定區域等。
3. 公民行動(civic action):協助社區活動的籌備和推動。例如,協助整理環境、維護秩序、分發廣告傳單或照顧老弱婦孺等。

四、情感教育課程

發展對自我和他人的瞭解,應是許多選替教育方案的核心目標,因此Dinkmeyer 等人(1979)相當強調學校課程應容納「情意教育」(affective education)的內涵,透過公民教育、品格教育、價值澄清,以促進個人與社會適應等,並協助學生發展對自我和他人的瞭解。「情感教育課程」主要是澄清價值,瞭解社會與個人的評價方式,並施予倫理、道德與人格的教育課程。發展了解自我與他人是選替教育課程的中心目標,對於自我與他人的了解通常伴隨著國民義務的發展及公民意識的自覺。「公民教育」(citizenship and civics education)的實施,是促使學生積極參與社區或學校活動,應用其在課堂中所學的生活技能。

「公民教育」的實施可安排學生參與社區的活動方案，包括機構志願服務工作或社區掃除工作等，以實際應用課堂中所習得的知識和技能。並且，這些實際參與社區活動的經驗應帶入課堂中分析和討論。「服務學習」方案即是結合公民教育和生活技能教育的實踐，透過課堂中有關服務學習經驗的討論，學生有機會學習公開發表、作決定、解決問題，增進社區的參與和認同感，肯定自己對社區的貢獻，成為社區的建設性成員。

「品格教育」（character education）的目標是為了傳承社會的正向道德價值，培養學生具備良好的品格。「價值澄清」（values clarification）課程經常透過價值澄清的活動和道德兩難困境的討論，促使學生有機會去檢驗和分析其行為和所依據的價值，並比較其價值觀和其他團體成員的異同。其目標在協助學生對自己的價值觀有更深的瞭解，建立正向的自我概念，作成適切的選擇和決定，以促進有意義的改變。

五、諮商導向課程

「諮商導向課程」（counseling oriented curriculum）亦是選替教育課程的重要一環，部分選替方案甚至將個別和團體諮商作為正式課程的一部份。由受過專業諮商練的學校諮商師（school counselors）廣泛提供個人、團體或家庭等諮商服務，以協助學生一方面能從這些有價值的學習經驗中自我成長，進而達成自我肯定與自我實現；二方面也透過密集諮商的協助以有效改變危機學生的偏差行為、情緒困擾或人格困擾。

1.個別或團體諮商：由學校諮商師以一對一個別晤談、或六至十二人的小團體諮商方式，協助瀕臨危機行為或情緒困擾的學生處理其所面臨的難題，例如，自我肯定、情緒管

理、憤怒控制、社會技巧、衝突解決、壓力調適、道德推理、生涯規劃等均是常見的諮商焦點。而較嚴重的行為問題如煙癮、酗酒、藥物濫用、暴力、未婚懷孕、憂鬱自殺等，亦可藉由個別或團體治療的方式，促成行為的改變。

2. 家庭或親職諮商：選替教育方案經常開設有特別為學生家長設計的成長團體或親職諮商課程，由專業諮商輔導人員主持，邀請家長積極參與，協助家長習得有效的親職教育方法，改善親子關係。此外，由於危機學生經常來自功能不良的家庭，親子之間缺乏良好的互動溝通技巧，故諮商人員亦須為互動功能不良的學生和家長進行必要的家庭諮商或家族治療，以期更有效解決學生的行為問題。

綜合而言，選替教育課程之主要原則在於多元彈性、適才適性、因材施教。在內容上以生涯技藝、生活技能、情感教育、人群關係，以及具有生活實用性的聽、說、讀、寫、算等基本技能為主。設計選替課程的目標是促使危機學生能再一次且自動自發地留在學校之中學習，為危機學生創造愉快且成功的學習經驗，改變學生對傳統學校的認知，減少學生在學習上的挫折感，使他們能瞭解自己、接納自己、肯定自己，同時能尊重他人、和他人建立良好的互動關係。選替教育尚提供統整性的學習環境，以整合一般學科、生涯技藝、生活技能與情感教育課程等，促進學生在智能、體能、社會、情緒、心靈等方面的全人發展與成長。

期待藉由選替課程的設計和實施，能協助已逐漸對自己、學校和生活失去信心的學生，再度燃起希望，裝備充分的信心與能力來面對將來生活之挑戰。

Chapter 8

選替教育方案之特點與規劃

◆ 綜合性中輟預防方案

◆ 獨立式選替學校

◆ 以中輟預防為目的之橋樑方案

◆ 有效選替教育方案之特點

◆ 選替教育方案之規劃

◆ 選替教育方案之評鑑

本章所列舉的選替教育方案實例，包括綜合性中輟預防方案、獨立式選替學校、及以中輟預防為目的之橋樑方案三大類，作為代表性方案。最後，本章並歸納各類有效選替教育方案之特點，作為我國未來規劃選替教育之參考。

第一節　綜合性中輟預防方案

一、學生協助方案

簡介

　　「學生協助方案」 (Student Assistance Program，SAP)在美國已被證實為教育課程的重要元素之一，此方案在1982-1983學年始推行於賓州（Pennsylvania)的明尼蘇達（Minnesota)校區，至今已成功幫助過許多尚未注意其特殊情感需求的學生成為健康快樂的個體（Swisher, 1990）。SAP藉由提供鑑定、轉介、介入處理和監控的系統性方法，使學生學到重要生活技巧，並成為終生學習者。

　　本方案的目標有下列數項：

1. 告知SAP的父母。解釋此特殊方案，並回答父母的任何問題。
2. 擴展社會資源使得SAP更容易接觸到。
3. 減少轉介至出席檢討小組的學生之曠課率。希望達到百分之百轉介此小組的學生都能減少曠課。
4. 給予轉介至SAP的學生所需的因應技巧和達到學業成功的生

活技巧。使得加入支持團體和個諮的百分之九十的學生都
能了解、證明和表情他們的感覺，目的是要以健康的態度
來處理他們的問題。

5. 證明和協助因社會或情緒問題而學業成功的學生。學生的
學校成績和出席率均在核心小組成員的監控中。

6. 提供核心小組成員和其他SAP的正式角色訓練及在職進修的
機會，以能提供更具理想的服務給SAP的學生。

組織型態

SAP的核心小組（the core team），整合SAP審查小組
（screening team）和學生出席檢查小組（SARB）兩部門。核心小
組的成員主要任務在裝備此方案，經營每日運作、提供所需資
料、修正改善現存方案，設計更有效鑑定危機中學生需求之新方
案，執行支持團體和監控符合轉介學生的歷程。

SAP審查小組主要是評估學生問題是出於自然或已有嚴重
性，評估依據來自老師、父母、同儕、訪問、出席記錄等，廣泛
蒐集資料並交換意見，以就需要轉介的學生做進一步處理。

學生出席檢查小組主要是檢視學生出缺席記錄，並與學生家
長接觸或進行家訪，以提高學生出席率，若有嚴重個案則需與核
心小組共同開會作進一步處理。

以上三個小組成員主要由學校心理學家、教師、護士及家
長、學生共同組成。核心小組中的三組特殊成員包括：

1. 協調者（Coordinator）—主要是學校心理學家，他是核心
小組的主席，主要監控方案中個別學生的進展，協調方案
中須優先執行之任務，並擔任學校、社區和轄區內SAP的聯
絡人，和評定方案的成效。

2.協助者（Facilitators）－方案負責人、各年級老師、級任教師、護士等，他們的工作是當有需要時提供審查和評估學生，並提供介入服務，教育學校工作成員、教師、學生有關SAP的內涵，帶領團體之進行。

3.連絡人（Contact Person）－各年級老師，他們是學生自我轉介和同儕轉介的促進者，可以回答有關方案的問題，擔任工作人員和核心成員的連絡人，並持續收集從老師和家長的轉介。

SAP核心小組成員每星期至少有二次共同開會的時間，一次約四十分鐘，會議時間在學期初已列入學校行事曆中。此外小組成員需參與為期一週之完整訓練，受訓後的成員須持續接受訓練，以有足夠能力在每週之會議上提出評估、轉介、介入處理以符合學生所需之服務。若學生需求超出SAP的服務範圍外，SAP亦會視學生狀況轉介給社區機構，因此SAP並非孤立存在，它是在平日便和家庭、學校、社區機構保持密切聯繫的強而有力之資源網絡。

輔導措施

SAP的教育措施可由轉介、審查和介入支持三方面來敘述。

1.轉介方面

轉介學生主要依據是學生可觀察的行為會對課業有所妨礙，行為並非孤立而是不斷的發生，一再重覆或已成為模式的行為都必需轉介給核心小組；轉介可由很多人來參與，如父母、老師、班長、各領域的工作人員或是學校，轉介需寫資料在轉介單上或口述給核心小組成員，再一併記錄在轉介單上；現在，SAP主要聚焦在下面主題：低自我肯定、社交技巧薄弱、酗酒或吸毒、父

母離異或失去、衝突的解決、攻擊性行為、曠課、同儕關係低落、學生自身的變遷等。

先由老師、工作人員、同儕、父母、社區機構鑑定關於該生在自我肯定、社交技巧、是否吸毒酗酒、父母離婚或喪親、是否有攻擊性行為、曠課問題、同儕關係欠佳等問題，若有符合以上條件之項目而且情節重大者，則由SAP的連絡人轉介給協調者。

2.審查方面

所有的轉介將被連絡人或核心小組成員所接受，連絡人會將個案安排到預定行程的核心小組會議中。協調者將查訪該生的曠課紀錄和學業成績紀錄，呈現有目的的資料來反映學生相關行為；並由學生的家庭、老師、其他重要他人來獲得更多資料。接著，協調者須與該生及其父母訪談以決定是否繼續轉介，若需轉介，則提供核心小組會議，推薦該生受SAP成員的幫助及參與適當支持團體，直至表現（包括成績和行為）改善至可接受水準。愈是被歸為危機中者，愈會被及早處理，以免事端擴大。

3.介入和支持方面

在危機學生被核心小組轉介、審查，並得到父母的許可及學生同意後，學校可能參與下列介入方案，如：一對一個別諮商，同儕支持團體，處理學生吸毒酗酒、父母離婚或喪親、攻擊性行為，教導他們社交技巧、衝突解決、自信提升、個人適應、處理悲傷及轉換環境等團體；並在行政基礎上接觸學生和家庭，以處理曠課問題等。

父母被鼓勵和SAP小組密切聯繫，並積極介入以使孩子在學校和家裡擁有更強支持系統，父母能以很多方式參與SAP，如：提供資料，轉介孩子到SAP，在孩子參加同儕團體後採取進一步行動，參加父母團體，在家中創造一個強而有力的支持系統。此外，當孩子被轉介到SAP，父母將很快被告知，若父母同意，孩

子才能參與SAP的支持團體，因此SAP成員需與父母保持良好，以達成雙贏局面。

　　與SAP相關的配套措施是支持團體和地方資源的協助，SAP所提供的團體視學生的需求和轉介和情形而定，例如：

1. 女生團體（Girls Only）：訓練學生的社交技巧、溝通技巧和青少年相關議題。
2. 朋友社團（Friends' Club）：聚焦社交技巧、合作精神、同儕關係及責任感的培養。
3. 策略團體（Strategy Group）：此課程重點是在幫助兒童了解和積極處理生命中的變遷之策略，加強作決定、溝通技巧、自信心與責任感之培養。
4. 新來者社團（Newcomer Club）：此支持團體在幫助轉學生適應學校生活，了解學校的政策、功能及如何處理新環境中的同儕關係，開始新學校生活。
5. 相信自己（I Believe in Me）：幫助學生從低自我肯定狀態開始重建自信、自尊，此團體廣泛運用於其他課程。

　　此外若學生有吸毒問題，可運用二類的團體來加以協助，一是介入團體（intervention group），一是轉導復健團體（aftercare group）。介入團體的成員是自由參與或經轉介而來，此團體提供一個環境來思索毒品的使用和影響，並協助轉介學生給專門機構處理。輔導復健團體的對象主要是重返學校之學生，幫助學生討論學校相關議題等。

　　另一方面，在社區網絡的資源中，經由學校的聯繫和轉介，能提供必要的協助給家長和青少年，而且社區心理健康機構或煙毒防制組織等亦可以加入SAP，提供需幫助者進一步的晤談和處理。

成功要素

在賓州的報告資料指出1990年11所接受SAP方案的學校,在方案前接受教育品質評鑑(EQA)的前測,在方案後,兩年又接受後測。此評鑑控制三變項:學校大小(以年級數決定)、社區大小和父母親教育程度(此是社會地位的指標),在評鑑資料可看出參與SAP的學生更有可能去和朋友說抽煙的危險,更有可能去要求老師幫助其他學生,更不可能去喝啤酒和烈酒,更不能可能吸毒,更有可能培養更高的自我肯定感及更能為師生接受。成功的SAP方案所應具備的要素則被歸納為下列數項:

1. 穩固的核心小組與成員,在適當的訓練期加入SAP並熟知青少年相關議題,如身體發展與疾病徵兆、自殺的預防介入、吸毒酗酒處理、團體進展(歷程)、活動計劃等。
2. 固定的共同開會時間:以共同處理轉介、鑑定、介入、支持等事宜,以交換意見,達成共識,確定計劃之執行與檢討。
3. 全體教職員工的訓練:對關心SAP的其他教職員工來說,訓練是很重要的,因為他們可協助初期鑑定,並幫忙轉介至核心小組。所有教職員工至少要接受7小時有關SAP和青少年議題的訓練,才能具備轉介能力。
4. 協調者的積極參與:協調者不見得是核心小組的工作人員,他們工作是與學校接觸,因此要參與整個工作進行,並且熟知方案的概念和管理。

二、學校中的城市

美國的「學校中的城市」(Cities in Schools,CIS)方案創立於1977年,是一項年全國性、非營利的、以中輟預防為主旨的組

織，鼓勵青少年參與社區和學校的服務，並為有中途輟學危機的青少年提供以學校為基礎的服務。CIS模式強調運用現有社區資源和服務，並整合於學校教學環境中，以減少中途輟學情形，消除相關的問題如青少年懷孕、幫派參與、暴力和其他危險行為。

　　CIS倡始者相信社區中已具有許多可用於協助青少年的資源，但缺乏資源整合的架構。危機中青少年則存在著多樣性且相互關連的問題行為，故CIS模式即試圖結合不同機構的社會服務於學校中，為青少年及其家庭提供整合性且全面性的服務，以切合有中輟危機之青少年的多元化需求。CIS會提供適合學生需求的服務，包括個別和/或團體諮商、健康照顧、就業技巧、憤怒管理、及各類預防性教育。許多CIS方案會特別強調「生活技能」（life skills）教育，涵蓋就業相關的主題、各類預防導向的主題、學習技巧和補救教育等。

　　此外，CIS模式尚包括許多應用於對抗犯罪和暴力的預防及介入策略，例如：

1. 將學校環境重組為較小的、可管理的單元，例如學校中的學校、將學校區分為數個家庭、降低生員比等，使學校氣氛和教室更為個人化。
2. 締造人性化且創造性的環境，運用合作式或團隊學習技術。
3. 延長學校時間，或提供放學後輔導課程、暑期課程、休閒活動等，以減少青少年犯罪的危險。
4. 透過組織和教學上的改變，以改善學生學習表現，且降低疏離感，減少其暴力行為傾向。
5. 透過修訂現有課程和引進新課程，包括人際技巧、法治教育、暴力預防、衝突解決和反毒反幫派等方案，促進校園安全。

6. 實施全面性介入策略，以促進學生（1）與同儕、家人和督導之聯繫，（2）在學校、運動場上、工作職場具有建設性，（3）精熟不同的法令規定及社會可接受之常規，以改善其生活機會。

7. 其他的活動包括促進與家長之溝通、提供成人教育以促進親職技巧、與刑事司法及青少年犯罪矯正體系協同合作、早期界定危機青少年且提供所需的諮商等服務，與商業機構合作以發展青少年就業技巧，為學生提供放學後或暑期工作，藉由與成人的個別互動示範利社會行為，且鼓勵學生參與學生和社區服務計畫。這些活動均有助於促進學生的利社會技巧和自我肯定，增進其在學校中成功的動機，並減少其暴力和藥物濫用等反社會行為。

第二節　獨立式選替學校

一、藍山野訓方案

簡介

「藍山野訓方案」（Blue Mountain Wilderness Program）結合了「非營利性青少年寄宿方案」（non-profit residential youth program）和「委辦學校」（charter school）兩項方案，前者由社會福利部門所界定，後者由1992年訂定、並於1996年及1998年修訂之「委辦學校法」（Charter Schools Act 1992）所規範。藍山野訓方案的所在地，位於北加州（Northern California）加拉美拉斯

（Calavaras）郡郊區高3400呎、面積40畝的一片荒野，設計了科學夏令營風格的學習環境，以提供選替教育和經驗性學習機會，協助經法院判決或有中途輟學危機的十三至十七歲青少年，接受基本教育和應用性學習/生涯技藝訓練。參與藍山野訓方案的學生多係由家長、觀護人、法官、社會服務機構、學校輔導教師和其他單位轉介而來。

藍山旨在發展一個綜合性且自給自足的生活模式。方案所提供的服務，包括：個別指導（tutoring）、特殊教育（special education）、應用性學習/生涯技藝訓練（applied learning/ career paths training）、獨立生活技能（independent living skills）、家庭服務（services to families）、特殊宗族/文化服務（special ethnic/cultural services）、解放（emancipation）、追蹤教育/生涯技藝訓練服務等。藍山的主要目標顯現於下列各項中：

1. 學生的學習表現將類似或優於加州公立學校的學生。
2. 藉由與學生生活直接相關的經驗性學習機會，促使學生發展個人內在的動機。
3. 學生將發展基本學科技之能，包括語文、數學、社會科學、環境研究、藝術、健康和體育。
4. 學生將接受應用性學習和生涯技藝訓練，包括烹飪藝術、建築和髮型設計等課程，且在學成之後通過技能檢定，獲得職業證照。
5. 學生將學會運用電腦作文書資料處理，包括研究方法、透過網路選修互動式學術課程，以及網站操作等。
6. 學生將接受急救方法和救生訓練等，包括游泳、浮潛和野外求生訓練。
7. 藍山飼養雞、羊、牛、馬等許多牲畜，故餵養、照顧、整理、及了解牲畜，均是課程的一部份。

8. 環境教育包括生態學、環境保育，及培植植物和繁衍動物。

9. 學生亦須接受藍山和哥倫比亞初級學院合作的學院課程。

10. 學生有機會探索其在表現性或生活藝術、應用性學習、及科技應用上的潛能。

11. 學生須學習表現其特長，並培養其較缺乏的技能。

組織型態

藍山的教職人員均係學科和生涯技藝教師，須服務兩天各十六個小時，及一天八個小時。故教職人員輪值期間須住宿在學校中，以完全投入學生的教育工作。藍山以民主式和參與式的行政模式，為教職人員創造健康的工作環境，並為學生締造真正的治療性環境。由於方案的運作採「參與式的行政模式」（participatory model of governance），藍山的學生和教職人員均被賦予權力主動參與委辦學校的運作和經營，使學生亦能參與設計適合其需要之教育方案，且藉此發展未來在社會上成功所需的生活技能，並培養責任感。

藍山的行政組織包括三類行政人員：指導委員會（Board of Directors）、教育團隊（Education Team）、委辦學校發展委員會（Charter School Steering Committee）。「指導委員會」成員包括一位執行長、一位校長、一位副校長、一位秘書兼總務、兩位校務發展行政人員、一位督導顧問、及一位職業治療師兼法律顧問，對學校整體事務有最後裁定權。「教育團隊」的成員涵蓋學生、家長、各學科及技藝類科教師（共十一位）、社會工作師、心理學家、觀護人等。教育團隊的任務是確保學生能達成教育及應用性學習/生涯技藝目標。委辦學校由「委辦學校發展委員會」負責學校之行政運作，如績效責任、教職員遴聘、預算發展及學

校行事曆等。該發展委員會成員包括兩位學生代表、兩位家長代表、兩位教師代表、兩位贊助機構（公、商或教育機構）代表，及一位指導委員會代表。

教育措施

藍山提供科際整合、主題式的學習方案。低度生員比，跨年齡且以技能爲基礎的班級分組教學，和當地學校、學院、和工商企業維持協同合作關係。課程結構包含：教育方案、可評量的學習成果、評量方法等三項元素。

1.教育方案（Educational Program）

包括：學科課程、應用性學習和生涯技藝訓練、價值教育、經驗性教育和其他方案。

藍山將二十一世紀的「受過教育者」（educated person），界定爲能讀能寫的「批判性思考者」（critical thinker）—了解周遭的世界，且能有效地發揮自身功能。一位受過教育者能了解政治歷程、有能力解決數學問題且從事科學思考，發展改善世界所必要的價值，且在特定領域實現其特殊潛能。藍山教育的目標即在於協助學生成爲一位受過教育者，擁有自我激勵的學習能力、多元化的興趣、有充分意願精通學術和應用性學習/生涯技藝訓練。

藍山委辦學校的「核心課程」（core curriculum）係依據加州課程標準和結構，並結合應用性學習/生涯技藝訓練，及價值教育，創造一個經驗性導向之課程。例如，建築、永續農業、烹飪藝術、電腦和野訓等課程，均爲「統整性教育課程」（integrated educational curriculum）的一環。所有課程均以多元學習型態的方式呈現，強調「由做中學」，以直接的實地體驗增強課堂中的學習經驗。

A.學科課程（The Academic Curriculum）

　a.語言技能（Language Skills）：運用統整性方法，包含語言技能於課程之中，使學生學習詮釋書面材料，包括文學、非小說文體、及地圖和圖表等文件。學生須學習以不同書寫風格來表達自己，包括新聞報導、論文、圖表製作等。口語溝通技巧則包括積極傾聽、演說和討論能力，及有效從事研究、分析資料的能力。

　b.數學（Mathematics）：學生須學習數學運算、及實務應用。強調批判性思考和質的推理等問題解決的技巧。

　c.社會科學（Social Sciences）：學生將獲得歷史的知識，連結相關文獻，強調多元文化覺察、歷史事件的關連性、當前事件的意識形態等。學生將了解不同的政府和經濟體系如何運作、互動、且影響全世界，了解民主歷程，並有機會扮演特定角色。

　d.環境教育（Environmental Education）：學生將學習以自然材料進行建築設計和髮型設計，並在有機農場中工作，以對環境和生活議題有所覺察。

　e.藝術（Arts）：學生將透過多元化的藝術媒體，學習欣賞藝術和表達其創意。包括攝影、設計、繪畫、和素描等。

　f.健康和體能教育（Health and Physical Education）：學生將學習發揮身體的功能，欣賞其身體。主題包括營養、性、藥物和酒精濫用、體適能、身體意象等議題。並透過運動、野訓活動等，學習協同合作、團隊工作、自我成長。

　g.電腦科技（Computer Sciences）：學生將學習如何操作電腦、計算機，並在日常生活中實際應用。電腦訓練和教育，包括網路的運用、網頁設計，和其他電腦語言。

h.物理科學（Physical Sciences）：化學、生物、解剖學、物理等教育，均融合在學校的荒野環境中實施。學生並將藉由學校所餵養的牲畜和野生動物，獲得直接的體驗。

i.個人理財（Personal Finance）：學生將學習基本的個人理財，包括預算、銀行儲蓄、信用卡的運用，並在商業管理的職業教育課程上展現其對財務責任的理解。

B.應用性學習和生涯技藝訓練（Applied Learning and Career Paths Training）

a.有機園藝（Organic Garden）：所有學生均需參與有機花園的栽植，以瞭解有機作物的栽植過程、翻土、植物選擇、生物控制和耕耘。生產作物將在烹飪藝術課中利用、在市場中販賣、捐給慈善機構、或給予當地需要食物的人。因此，有機園藝可同時作為經驗性農業和小型商業管理課程，以發展學生的個人責任感和成就感。

b.烹飪藝術（Culinary Arts）：藍山由一位專業廚師指導學生點心烘焙、精緻晚宴等各項烹飪技巧，強調營養、食物製作、宴席安排、食物準備，及餐館管理等，以利學生就業。

c.駕駛訓練（Driver Training）：藍山提供駕駛教育和訓練課程，以使學生習得考照所需的道路駕駛技巧。

d.環境設計（Environmental Design）：藍山由一位建築師及其設計團隊帶領學生進行校園各類建築物的設計與營建。

e.永續農業（Permaculture）：永續農業設計著重農產系統的設計和維持自然生態系統的穩定平衡，運用自然的材料和策略裨益所有自然界的生物。藍山的永續農業設計包括建築物、有機園藝、牲畜飼養、牧場、森林和原始荒野等。

f.商業管理和文書技能（Business Management and Clerical Skills）：學生將有機農場所生產的過剩作物，配銷於市場中販賣，藉此習得作記錄、廣告、標價、金錢交易、及顧客服務技能。學生並可從此亦商業管理過程中獲得薪水，以利學生在個人理財課程中學習記帳、儲蓄、財務規畫等。

C.價值教育（Value-based Education）

a.責任、尊嚴和可信賴性（Responsibility, Integrity, and Trustworthiness）：使學生更能負擔責任且更值得信賴。

b.批判性思考和決策（Critical Thinking and Decision Making）：對如何生活和如何解決不同問題和情境，做出明確的決定。

c.對多元化的容忍和欣賞（Tolerance and Appreciation for Diversity）：尊重不同文化或宗族背景、性別、性向的人們，且能一同工作。

d.人際技巧（Interpersonal Skills）：在團體情境中和他人互助合作，參與民主和以達成共識為基礎的決定歷程。

e.創造性思考（Creative Thinking）：應用創造性思考歷程，解決無特定答案的問題。

f.社會和環境議題（Social and Global Environmental Issues）：主動參與社區服務計畫，產生對社區的歸屬感。

2.學習成果（Student Outcome）

　　藍山的學生在畢業時須展現其學習成果，包括核心學科技能、終生學習技能、生活技巧等。

A.核心學科技巧（Core Academic Skills）

其年齡和年級的核心學科技能，如：學生須具備適合

a.歷史/社會服務（History/ Social Services）：學生須瞭解且應用公民、歷史和地理知識，以成爲今日多元文化社會中的良好公民。

b.數學（Mathematics）：學生須習得邏輯推理、瞭解及應用數學過程和概念的能力。

c.語言藝術（Language Arts）：學生須以多元形式（如書面、口語和多媒體）展現其聽、說、讀、寫及報告技巧，並能理解及批判性地詮釋不同時代和文化的多元表現形式。

d.科學（Science）：學生將能應用科學研究方法，以瞭解不同科學領域的主要概念，包括物理、化學、生物、生態、天文和地球科學。

e.世界語言（World Language）：學生將學會至少一種外國語的聽、說、讀、寫等技巧，並瞭解該外國文化的重要層面。

f.各學科領域的核心技能包括：批判性思考技能（問題解決、分析、和應用性之知識），有效應用科技的能力，透過不同藝術形式（如音樂、視覺藝術、戲劇、舞蹈）作創造性的表現，及對健康議題的知識和體適能的發展。

B.終生學習技能（Life-Long Learning Skills）學生將發展能有助於其在成人生活中追求自身學習徑路的技能，包括

1.學習技巧和習慣（作筆記、資料蒐尋技能、學習策略等）。

2.發展和完成研究計畫的能力。

3.反省和評鑑自身及他人學習的能力。

4.規劃和執行學校或社區服務計畫，以展現良好公民和領導技能。

5.參與衝突解決訓練，並服務於同儕衝突調解委員會，以發展負責任且熱忱的同儕關係。

6.在團體工作中培養與他人協同合作的能力。

C. 生活技能（Life Skills）

學生將發展健康成人生活所需的技能：

1.個人財務管理技能（擬定預算、收支平衡）。

2.工作準備和生涯發展技能（包括撰寫履歷和工作實習）。

3.高等教育繼續學習技能及學院課程研習。

3.評量方法（Methods to Assess Progress）

藍山委辦學校的學生在每一核心學科領域上的學習成果，將以標準測驗或公開演出或展覽的方式進行評量。而非學科領域的學習成果，如社會和人際技能，則藉由設計和執行至少一項社區服務計畫和至少兩項合作式團體計畫的方式，將成果記載成冊，並在社區中做公開展覽，接受大眾評量。此外，每位學生均需在衝突解決和調停課堂中展示成功調解同儕衝突之技能。

學校中的教育團隊須和學生共同討論訂定出每位學生的學習目標，符合每位學生在學科和經驗性學習上的需求和能力表現，教育團隊並每月定期評量學生的進步情形，將各項評量結果記載於學生資料冊中，包括學習成就記錄、生涯技藝證書取得日期、出席記錄、和行為常規表現等。教育團隊尚須提供學生有關其學習表現之回饋，據之調整學習目標及學科學習計畫。

學生行為管理政策

藍山委辦學校建立一套學生行為管理政策，在學生手冊詳細記載學校對學生出席、相互尊重、藥物濫用、暴力、安全和工作習慣等的期待。如果學生違反這些政策，學校指導委員會可要

求學生留校察看，經常性違規者或對其他學生的健康或安全有立即性威脅者，學校在詳細調查無誤之後，亦可要求其留校察看或退學。

二、希登湖學苑

簡介

維吉尼亞州（Georgia）的希登湖學苑（Hidden Lake Academy）為一所招收七至十二年級學生的完全中學，成立於1994年，旨在為在學校和家中遭遇到困難，或對個人未來感到茫然的學生提供所需的教育服務。強調「全人兒童」（the whole child）在心智、情緒、社會、體能和心靈等各層面的發展。由於其教育理念相信每位學生均具有本然的善性，學校教育人員須致力於挑戰並協助學生朝向自我實現的終極目標成長與發展。提供學生完整的學習經驗，以促使其發揮潛能、發展個人價值和正向的自我形象。學生人數約120位。

學術課程

希登湖學苑的課程設計，係為學生升學作準備，並使學生能透過經驗性的學習活動，應用所學知識於日常生活中。包括：

1. 核心學術課程：包括語言、數學、科學、社會科學。
2. 藝術：含美術、音樂和戲劇。
3. 生活科學：含家庭動力、人際關係、健康和體育、和社會動力等。
4. 個別學習技能：電腦、考試準備、讀書技能、指導性學習等。

輔導措施

一項以「土」、「水」、「火」、「風」、「銀河」命名自我實現導向方案，亦整合進日間學習活動中，以團體諮商方案行，以協助學生發展自我覺察（self-awareness）、自我更新（self-renewal）、自我信賴（self-reliance）、自我評價（self-evaluation）、及自我實現（self-actualization）為各階段之目標（如表8-1）。

名稱	土	水	火	風	銀河
時間	四個月	四個月	四個月	四個月	二個月
目標	自我覺察	自我更新	自我信賴	自我評價	自我實現
主要議題	1.信賴 2.希望 3.懷疑 4.羞恥	1.信賴 2.希望 3.懷疑 4.羞恥	1.核心定位 2.個人性 3.自我憐憫 4.自卑	1.自由 2.責任 3.害怕 4.疏離	挑戰
單元焦點	掌握/釋放 獨立/引導 意志/界限 行動/後果	犯錯/精熟 自發/權威 需求/願望 自我/同儕	角色/價值 認可/混淆 有人/無人 統整/分離	儀式/退化 踐諾/妥協 行動/語言 個人/家庭	擁有/否認 信任/欺瞞 完成/拒絕 自由/依賴
基本任務	發展獨立 責任感	體適能和 營養	擔負領導 角色	發展畢業 後計畫	持續和終 結
野外活動	定向探險 野外安全 環境倫理	探險活動 健行攀登 山岳	探險活動 個人領導 馬拉松	個別獨立 學習	個別獨立 學習

三、紐海芬女子中學

簡介

猶他州（Utah）的紐海芬（New Haven）女子中學於1996年始由猶他州教育委員會審定通過為一所具特定教育目的的選替學校。主要目標是協助學生達成正向的行為改變和自我成長。主要

收容具特定偏差行為、情緒問題、學習障礙、家庭適應困難或有其他難題的七至十二年級女生。

1. 致力於五項能改變學生生活的重要概念：愛（love）、內在控制（internal locus of control）、自我肯定（self-esteem）、正向價值（positive change）、及家庭（the family）。
2. 強調藉由科際整合的處遇方案，在家庭式的環境中提供學術性、休閒性、和家庭治療等活動，發展每一位學生的體能、情緒、心靈、社會和智能健康（well-being）。並透過經常性的表現評量，改善方案之品質。

學術課程

　　紐海芬女子中學為七至十二年級的學生提供初中和高中程度的學術性課程。以個別化的教學策略，協助學生以自己的進度來學習，滿足學生的學習需求。教師並須締造正向的學習氣氛，定期評量學生的進步情況，並依據學生的需求修訂課程內容。

輔導措施

　　每一個學生每一星期須接受至少24小時的治療性方案，包括個別諮商、家庭諮商、團體諮商、藥物戒治團體及心理教育治療方案（psychoeducational program）等。所有治療性方案均由碩士層級以上的合格諮商師或治療師進行。

第三節 以中輟預防為目的之橋樑方案

一、因柏尼斯中心

因柏尼斯中心（Inverness Center）位於馬里蘭州（Maryland），收容因違反校規輟學或無法在正規學校中獲得成功機會的初中學生。該中心所提供的選替教育課程包含英文、社會學科、數學、科學、體育、健康、藝術和科技教育，重視閱讀和寫作，以個別化學習為主，提供學生必要的學習和因應技巧，使其能回歸原來學校就讀。

每位學生皆安排一位個案輔導員（case manager）或認輔者（mentor），協助學生進行憤怒管理、建立自我肯定與衝突之化解等，並在學生、學校與家庭間扮演溝通聯繫的角色。此外，並提供團體諮商及生活技巧課程，協助學生能創造性且有效地解決問題，擴展其優點長處，欣賞自己的潛能等，以促進學生的自我成長，提升其自我肯定感，成為社會的建設性公民。

二、重新導向一、二、三

此一「重新導向方案」（Redirections program）係特別為違規犯過行為的初中學生所設計的介入策略。由於違規行為學生會影響其他學生的學習狀況，且干擾日常學校功能，故此類學生會由其原來學校轉介至本方案中，接受為期至少九十天的處遇。在「重新導向一」中，主要係藉由以精熟為基礎（mastery-based）的個別化教學來補救其學習，並提供諮商服務，和鼓勵學習及實踐良性社會行為與衝突管理技能等。方案目標係提供一穩定與安全的環境，使遭遇困難的學生得以成功，處理其個人難題，練習正

向習慣，並克服其成長中的阻礙。在學生返回其母校之後，重新導向方案的教職人員仍會持續電訪及親自拜訪，以支持鼓勵學生。

「重新導向二」和「重新導向三」係為被學校退學的初中學生所設計的方案，結合班級常規管理的「層級系統」（level system），建立規則和指導原則，促進正向行為。並由個別認輔者來引導協助學生改善學科表現，促進社會行為。

第四節　選替教育方案之特點

歐美各國為有中途輟學或教育危機的學生所開創或設計的選替教育方案，雖然五花八門各有不同的面貌，且多提供有各類因地制宜的教育或輔導措施，並無一定的標準或規範。但綜合以上數項成功或有效的選替教育方案，仍可大致歸納出一些共通的有效因素或特點。

筆者根據其他許多學者的研究（Butchart, 1986; Finn, 1989; Jacobs, 1995; Kershaw & Blank, 1993; Morley, 1991; Raywid, 1994），及上述所列舉實施選替教育的學校或方案實例，歸納出成功的選替教育方案實係具有下列許多共通的特點：

組織結構（organization structure）方面

1. 低度生員比：選替學校和班級均為小型，理想的生員比為10:1或更小，但不超過15:1。
2. 相對自主性：大多數成功的選替教育方案在行政程序上具有一定的自由度，教師或學生可參與學校的管理和決策。
3. 彈性的時制：以中輟預防並銜接中學教育為目的的選替方

案，可開設於日間、夜間或暑期，提供已有工作的中輟學生另類學習機會。學生在選替學校中的學習時間，約有一半接受各基本學科的教學，另一半時間則接受職業訓練課程、生活技能課程、及個別或團體諮商等。

4.良好的學習環境：選替教育方案或者實施於傳統學校的僻靜地區，或者座落於幽靜且交通單純的地點，以提供學生良好的學習環境。

5.合理的訓育措施：選替學校多有一套公平合理的訓育措施，具體提出對學生出勤與行為表現之要求，並考量學生特殊狀況而做彈性調整。教師以公平且一致的態度執行訓育管理。

6.明確的方案目標：選替方案多包括特定且可加以評量的目標，如出席率、學生違規犯過行為、學生和少年司法體系之聯繫、學習進步情況等。

7.教師的在職訓練：選替學校之教師多被要求參與在職訓練課程，學習和危機中學生有效溝通的方法。學校則提供教職人員多樣性的專業訓練，並促進其專業成長。

8.父母與社區參與：選替方案多強調父母參與、社區參與，並為其提供基本的健康和社會服務。

9.與社區機構聯繫：選替學校多和社區相關機構保持協同合作之關係，包括工商業機構、社會福利機構、少年司法體系和心理健康中心等。

學校文化（school culture）方面

1.主動參與的選擇：參與替性方案的學生、教師、和工作人員多係主動選擇進入 該學校就讀或教學，對學校具有高度的參與感。教職人員須有敏銳和積極關懷的特質，有意願協助危機中學生，並對其具有正向的態度。

2.溫暖關懷的關係：選替學校多致力於締造支持性的環境氣氛，建立師生間與同儕間溫暖、關懷的關係，以協助學生能在安全信賴的氣氛中，獲得充分發展與成長。

3.教師角色的擴展：教師並不僅是教師，更且是學生的顧問、督導、和諮商師。學生和教職人員間有許多非正式互動的機會。

4.教師的高度期待：教師對學生的行為改變和學習表現具有高度的期待和信心，但順應學生的需求和實際狀況而保持彈性。

5.建立社群認同感：選替教育方案致力於在教師、工作人員、和學生間建立社群感（sense of community），以促進同盟關係，促進學生對學校的認同。

課程和教學（curriculum and instruction）方面

1.課程目標與內涵：選替方案聚焦於學生的智能、體能、社會、情緒、和心靈等各層面，發展學生的自我肯定及對學習的正向態度。課程主要包含學術（academic）、職業（vocational）、生活技能（life skills）與諮商（counseling）等四大核心內涵。強調基本學習、工作技能、生活技能、個人發展和行為改變。

2.革新的教材教法：選替方案賦予教師為學生設計教材與教法的彈性。教學策略含括個別學習、合作學習、小組教學、同儕指導、教導多元智能、電腦輔助教學等。

3.適切的學習評量：選替方案多涵蓋習得技能與學習表現的評估，為個別學生擬定短期或長期發展目標，以確保教育方案的有效性，並依據學生的需求和目標而彈性調整方案內容。

4.經驗性學習活動：選替方案提供職業技能訓練及強調生涯
　發展和職業探索等多元化的經驗性學習活動，使學生在校
　所學能與未來生活和工作連結，以作爲未來就業選擇的基
　礎。
5.適應個別差異：許多選替方案會爲不同類型、不同發展程
　度及不同行爲問題的中輟學生設計不同的學習諮商方案，
　以切合其個別之學習或輔導需求。

諮商與服務（counseling and services）方面

1.個別或團體諮商：諮商方案是多數選替教育的核心，協助
　學生處理其成長發展中所面臨的難題，舉凡自我肯定、情
　緒管理、憤怒控制、社會技巧、衝突解決、價值澄清、道
　德推理、藥物戒治、生涯規劃等均是常見的諮商焦點。
2.家庭諮商或親職教育：成功的選替方案多特別爲學生家長
　設計父母成長團體或親職教育課程等，或爲互動功能不良
　的學生和家長進行必要的家庭諮商。
3.社會與健康服務：成功的選替方案多安排有社區和志工督
　導、同儕指導，在學校內外給予學生關懷性的輔導等。許
　多方案亦提供學生所需的特定服務，如親職技巧、日間看
　護、和健康服務等。
4.統整性的全人輔導：選替方案提供另類學習情境，整合一
　般學科、職業技藝課程、生活技巧課程與心理教育課程
　等，促進學生在智能、體能、社會、情緒、心靈等方面的
　全人發展與成長。

第五節 選替教育方案之規劃

　　由於選替教育方案是因應新世紀教育革新的一項嶄新作法，在許多方面均不同於傳統的學校教育體系，無論在組織結構、學校文化、課程與教材、諮商與服務各方面，均強調多元、開放和彈性，學生、家長、老師、社區人士均能主動積極參與於選替教育方案的規劃和實施，使方案的內涵和形式均能更切合其所服務的對象—危機學生或中輟學生—的學習需求。因此，選替教育方案的規劃，毋寧是一般熱心教育人士均應學習並擔負起責任的。

　　美國教育行政學者Christopher Chalker（1996）在「有效選替教育方案」（Effective Alternative Education Programs）一書中所討論的有關選替教育方案或選替學校之行政規劃、發展、實施和評鑑，可作為吾人在為中輟或危機學生規劃選替教育方案之重要參考。「規劃範疇」（planning domain）包括七個部分：成立規劃委員會、評估需求、發展任務聲明、設定目標、規劃設備、規劃經費預算和撰寫計畫提案等；「發展範疇」（development domain）包括建立合作團隊、發展人力資源、發展教材資源等；「實施範疇」（implementation domain）包括課程內容、教學方法、和學生服務等；「評鑑範疇」（evaluation domain）包括方案評鑑、學生評鑑以及人員評鑑等。統合各類範疇的規劃，是能否成功辦理選替教育方案的關鍵。

　　在擬定選替學校或教育方案之設置規劃時，即需要考慮該選替學校或教育方案如何適應當地學校及社區之需求。從需求評估、設立目標、規劃設備、規劃暫時性的經費預算等任務，皆為規劃之範疇（Chalker, 1996）。

一、成立規劃委員會

「規劃委員會」（planning committee）的組成成員應包含各年級教師、家長、學生及社區代表等。規劃委員會的主要工作，在於進行學生需求的評估、發展任務聲明、建立目標、規劃設備，以及規劃暫時性的經費預算等。在選替學校正式設立之後，此一規劃委員會即可轉型為持續性的合作團隊，繼續監管整個選替教育方案的發展、實施及評鑑。

Hefner-Packer（1991）認為如欲將規劃委員會的功能發展至最佳的程度，適當的組成人數應不少於六人、不多於十五人。而委員會成員必須能充分代表學校、社區及家庭。合作團隊的組織通常包括社會服務代表、公共安全代表、社區代表、學校體系代表等（如圖8-1）。

社會服務代表（social service representatives）

社會服務機構如少年法庭、家庭扶助中心、心理衛生中心等，通常都會有受輔者被安置在選替教育方案中，因此社會服務代表可說是合作團隊的最重要資產，可為學生提供多元化的社會服務。

公共安全代表（public safety representation）

公共安全部門如警察和法官等，對地區的少年犯罪防治體系擔負著重責大任，對社區安全維護有著相當大的貢獻，因此選替教育方案的合作團隊中，必須包含公共安全部門的代表。

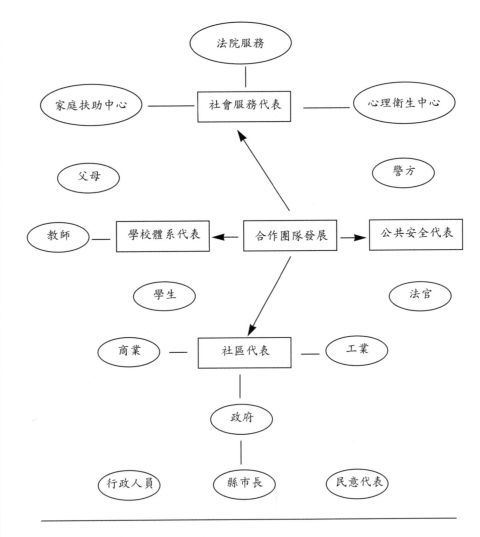

圖8-1 選替學校規劃委援會暨合作團隊的組織

資料來源：Chalker（1996：42）

社區代表（community representation）

　　社區代表通常和當地政府、政治組織、工商業機構等具有密切的聯繫關係，尤其是地方政府的首長（縣市長）、公共行政人員、地方議會的民意代表等，如能積極投入於選替教育方案的合作團隊，將會對教育方案的經費募款、學生畢業後工作機會的提供等有相當大的助益。

學校體系代表（school system representation）

　　學校體系的代表包括學校教師、行政人員、學生和家長等，是選替教育方案的直接參與者，也會是方案的忠實支持者。他們在參與選替教育方案的親身體驗和感受，可為方案經營之良窳提供最具體的回饋意見。

二、評估需求

　　「需求評估」（need assessment）的目的，在於為選替教育方案確立其工作重點和目標。大多數的選替教育方案係著眼於解決當地危機青少年的就學問題，因此方案所提供的教育服務必須要能滿足當地社區、家庭、及青少年本身的需求。Kaufman（1972）認為需求評估是一相當正式的過程，可據以檢測目前的產出或結果，與預期成果或輸入間的差異。可以說，需求評估是為實施選替教育之後的成效良窳，設定了可供評鑑判斷的「基準線」。規劃委員會應在研擬計畫提案之前，有系統地進行全方位的需求評估，涵蓋社區人口統計、家庭事務、學校系統、商業及社區區段、社會服務需求的評估等。

三、發展宗旨聲明和設定目標

一個機構組織的「宗旨聲明」（mission statement）係為說明其存在的基本目的或理由，是引導各項行動與發展方向的指標。一個良好的規劃方案，需確定方案或機構的任務宗旨、所需設備、所提供之服務、行政人員、經費預算及來源，以及其他材料資源等（Barry, 1986）。例如，促進學生在社會、情緒、心靈、體能、智能等各方面的全人發展，經常是設立選替學校的重要宗旨之一。

「目標」（goals）基本上是實施選替教育方案所預期要達成的結果。理想的目標必須是具體可行、可達成、且可測量的，作為評鑑方案執行成果的依據。規劃委員會須利用需求評估所得的資料，來形成選替教育方案的目標及目的。大多數的選替教育方案，均有一項重要目標，即是能有效降低學生中途輟學的嚴重性。

四、規劃設備

選替學校的硬體設備之規劃，應包含教室、膳食服務、體育場地、圖書視聽中心等。選替教育方案的實施通常利用現有的學校建築、現有的社區或工商業建築、廢棄的學校建築、廢棄的社區或工商業建築、或具有民俗色彩的設施等（Chalker, 1996）。

1. 現有學校建築：和現有的一般學校共用該學校建築設備、教室、及其他教學設施等，是最具經濟效益的方法。例如，利用一般學校的空置教室設立提供選替教育之班級，或利用一般學校放學後的時間設置延教方案等。
2. 現有社區 / 工商業建築：和社區機構或工商業團體建立夥伴

合作關係，由社區機構捐贈空間設備，提供選替教育方案，亦是相當具有經濟效益的方法。

3.廢棄的學校建築：利用閒置或廢棄不用的學校建築，加以改建，以設立獨立式選替學校，也是相當普遍且有效益的作法。例如，喬治亞州有75％選替性學校即是利用已閒置的國小改建而成（Chalker,1994）。

4.廢棄的社區或工商業建築：某些社區或工商業團體捐贈其閒置的建築或廠房，或認養成立選替學校，亦受到相當的歡迎。

5.具有民俗色彩的設施：當選替學校的規劃委員會考慮籌建新的建築設施時，最好能在校園內規劃具有當地民俗風味的設施，以更能彰顯當地的文化傳統。

在學校建築建置完成之後，接著必須籌備的是各類器材資源，包括教師辦公用具、辦公家具及設備、課程教材、教學器材等。運用於發展器材資源的主要經費來源，除了地方政府提供或補助設備經費之外，利用學校贊助者及學校與社區夥伴關係來發展器材資源，也是有效的方式。

一般而言，政府教育部門對設備經費的提供或補助，要比對人事經費的補助來得慷慨，因為設備經費被視為是一次的支出，不像人事經費需要長期性的挹注。因此，選替教育方案向政府爭取器材資源的經費補助要來得容易一些。

向學校贊助者爭取器材資源的補助，則更是創造「雙贏」的局面。一方面，學校體系可從社區公益團體或工商業機構獲得所需購置的器材設備；另一方面，社區公益團體或工商業機構也能從具體可見的器材設備供應中，建立其公益聲望或良好的公共關係。故選替教育方案的合作團隊也需擅長於向社區公益團體或工商業機構爭取對學校的經費贊助。

五、規劃人力資源

由於大多數的學校體系並無法長期爭取到來自地方政府的經費挹注，因此如何爭取政府或民間企業的經費補助、運用基金會募款、招募志願服務工作者、以及邀請從普通學校或社會服務機構退休的教師或人員的協助，即是選替教育方案人力資源發展的可行作法。

一般而言，美國政府教育部門每年都會提撥一筆為數不小的教育經費，補助特定的教育方案，惟需由各方案規劃或執行單位提出完善的計畫書，在核定通過後才給予補助。由於補助經費的來源並非長期性無條件的提供，因此學校體系的經營團隊經常需要對外募款，或成立基金會或募款組織定期舉辦各類募款活動，以維持學校的持續運作。募款人員即扮演著相當重要的角色。

志願服務人員則是選替教育方案最需要的人力資源，透過個別或團體志工在校園中、教室或對個別學生提供督導和協助，讓多數缺乏關愛的危機學生重新感受到愛與溫暖、建立正向的自我肯定感，並能對社會發展出較為正向的看法，未來有較有可能以建設性的方式回饋社會。

運用現有教育或社會福利體系中閒置或退休的人員，一方面可讓這些閒置人員重新找回生命的活力，二方面他們長期累積的專業知能正是選替教育方案最需要的資產。尤其當地方教育當局無力支持選替教育方案的人事經費時，邀請退休人員擔任專任或兼任的教學工作，可解決部分選替教育方案的財政危機。

六、規劃暫時性經費預算

選替教育方案的計畫提案中，至少應有第一年度的經費預算，列舉支出項目和經費來源，包含當地稅收、學生學費、中央

和地方政府的補助，以及民間私人的捐獻等。

　　提送給地方教育當局審核的選替教育方案設立申請書，通常採較爲概要的形式，主要說明需求評估、目標、發展、實施及評鑑等幾個較大的範疇。然而，作爲申請經費補助用途的申請書，則會要求學校體系提供更周詳的方案規劃、發展、實施及評鑑等相關資料（附錄八）。

七、撰寫計畫提案

　　在規劃完成之後，規劃委員會應呈送一份計畫書給教育當局和中央政府督學，以取得成立許可。然而，在送交計畫書之前，委員會應邀請主要工作人員、社區領袖、家長、學生等共同檢視此一計畫書，並提出意見，來修正計畫書。一份完整的計畫書，應包含方案簡介、需求評估資料、方案目標、設備及經費預算，以及發展、實施和評鑑範疇的活動等。

　　Hefner-Packer（1991）曾列舉出經常用來評鑑選替教育計畫書之良窳的數項重點，可作爲學校經營合作團對撰寫計畫書之參考：

● 選替教育方案之任務聲明或宗旨
● 與經費補助原則的相容性
● 對當前教育政策的影響
● 可利用的資源（人力、器材、經費等）
● 有效實施所需的資源
● 成本效益
● 優點/缺點

第六節　選替教育方案之評鑑

　　選替教育方案實施過程是否能符合危機學生的需求，以及實施成效是否能如預期目標改善學生的中途輟學情況，均仰賴一個綜合性的評鑑方案，一方面瞭解危機學生在選替教育方案中的參與和進步情形；二方面掌握教育或其他工作人員的投入成度和表現績效，以確保選替教育方案的品質；三方面則評估選替教育方案對學生的影響，以發揮選替教育之最大效能。故選替教育方案之評鑑範疇，包含學生評鑑、工作人員評鑑，以及方案評鑑三大項（Chalker, 1996）。

一、學生評鑑

　　傳統上，一般學校對學生的學習表現進行測量或評鑑，多採用紙筆測驗的方式，以瞭解學生學習的精熟程度和進步情形；並依據測驗結果來決定獎賞或懲罰。然而，由於獲得獎賞的學生常僅限於成績名列前茅者，以致多數學生並沒有機會獲得成功的經驗，對自信心造成甚大的打擊，甚至逐漸對學習失去熱忱和興趣。

　　在選替學校中，教育人員則致力於建造Glasser（1992）所謂「沒有失敗的學校」（a school without failure），讓所有學生有機會在不受時間限制之下，以自己的步調學習，對習得的內容和品質進行自我評鑑，並在生活中表現出所習得的能力。在自主學習的前提下，讓學生能達成80％的精熟學習是選替教育方案的目標。此外，藉由「學生文件檔案」（student portfolio）的管理以進行情意目標的「形成性評鑑」（formative evaluation）和「總結性評鑑」（summative evaluation），亦是評鑑學生表現之數量和品質的有效方法。

對學生進步情形的評鑑，通常包含：對學生參與情形的觀察、對學習進步情形的監督、對學生成就表現的評鑑等。一個正向的班級氣氛可有助於學生的學習成就，而合作學習、應用視聽媒體進行互動式學習等，則有助於創造支持性的班級氣氛，促使學生積極參與於學習活動中。學生在學習活動中的進步情形和學習表現，則可透過觀察學生詢問哪些問題、如何回應問題、在合作小組中的貢獻和表現、製作的成品或完成的報告、以及精熟學習評量的成績等多元評量方式來加以掌握。

二、 工作人員評鑑

由於選替教育方案在課程、教學、支持服務及管理實務上皆與一般學校有所差異，故對工作人員的評鑑歷程和評鑑工具亦應有所不同，尤其應考慮下列數項層面：課程發展、教學活動、班級管理、學生進步評量等。

一般學校中的正式課程主要包括各個學科的學習，是受教育當局所規範的、由教育學者或學校預先規劃的正式教育經驗。然而，Glasser（1992）發現大多數的學生並不認為這些學科知識對他們有用或值得他們努力學習，他們相信學校要求他們記憶這些和生活無關的知識只是為了通過考試。因此，在選替學校中，課程發展的核心應在於和學生生活有關的「技能」學習，並促使學生將所習得的技能應用於日常生活中，成為社會的積極參與者，且持續發展因應未來生活所需要的新技能（Glasser, 1992）。選替學校的教師本身亦須具備創新教材和設計課程的能力，將情感教育或生活技能整合於主要學科的教學活動或「潛在課程」（hidden curriculum）之中，致力於引導學生在價值、道德、品格、個人生活技能上的正向發展（Chalker, 1996）。

選替學校中的「教學」（instruction）係以激發學生最大學習

潛能為目標，教師須不斷創新其教學方法，而不受傳統的單向傳播或講授式教學所框限。Ryan & Cooper（1995）主張教師應改變傳統上代表知識權威者的角色，而扮演人本心理學家Carl Rogers所謂的「催化員」（facilitator）。透過以學生為主體的合作學習和互動式活動，催化或鼓勵學生在團體中進行各種探索、思考、討論、和技能演練等，在小組完成工作任務的同時，知識也在其間發展、擴充、和轉型；最後，透過教師的分享、說明和理論觀點的引介，學生從經驗活動中所習得的知識即能更為宏觀和精緻。這不只是人本教育的思潮，更是輓近建構論教育的精髓，亦即，教學的目的在於輔助學生建構新的知識，而非傳遞已有的知識。教學活動應奠基於學生先前的經驗，引導學生省思現有的經驗，和其他學生分享和討論經驗中所產生的知識，以建構出新的理解。

選替學校的班級管理策略，也會相當不同於傳統班級的常規管理。Chalker（1996）認為，有效的教師能讓學生的學習環境有明確的焦點，而不易被打擾或阻斷，因此教師須和學生一起設計能讓學生專心致志參與投入的活動，並由學生肩負起主動學習的責任。對於學生不受歡迎的行為，則透過示範良好行為，對良好行為提供正向的回饋和增強，來消除不良的行為。

教師對學生進步情形的評量，宜綜合應用多元評量的策略或技術，同時進行形成性評鑑和總結性評鑑。並藉由鼓勵、讚美等正向回饋策略，增強學生的自信心和成就感，以激發學生的學習動機，促使其積極投入於學習活動之中。

三、方案評鑑

依據Hefner-Packer（1991）的說法，「方案評鑑」（program evaluation）是一種蒐集資訊的方法，以支持方案的持續進行、修

正方案或終止方案。方案評鑑亦區分為形成性評鑑和總結性評鑑二者。「形成性評鑑」係指在方案進行期間,對方案目標是否能達成,以及方案執行細節是否需要修正等,做出判斷。「總結性評鑑」是在方案結束或完成之後,評斷方案的實際執行成果是否符合預期成果,以及對方案參與者所造成的影響。

選替教育方案的評鑑通常會藉助於三類主要資源:一個合作團隊或評鑑小組、方案參與者—學生,以及工作人員—教師等。由學校、家長、社區、工商企業、政府機關等各單位代表所組成的評鑑小組,是最有效的合作團隊。此一評鑑小組須先討論出幾個主要的評鑑項目,扣緊如方案規劃、方案發展、方案執行、和方案管理等重要層面,並設計評定量表或檢核表,實地參訪方案執行現場和過程,逐一加以考評;最後並彙整所有考評資料,撰寫書面報告和建議事項,以提交教育當局參考,作為經費補助或獎勵之依據。

由直接參與選替教育方案的學生擔任方案評鑑人,則最能瞭解方案在實施過程中的問題,以及其對學生自身的影響。例如,Chalker(1996)在其所主導的選替教育學校中,每年都會詢問學生一些問題,包括:參與方案對他們有何好處?他們所喜歡和不喜歡的部分?教師和其他工作人員對他們的協助?教師在教學、輔導和管理上所使用的方法有何效果?以及他們希望方案有哪些改變?學生對這些問題的回應,有助於改善方案的缺失,或調整方案的內涵與實施方法。

由方案工作人員或教師來進行方案的評鑑,也是藉助其對個人實際參與經驗的省察,來提供直接的回饋或建議。除了請教師填寫預先設計的評定量表或檢核表之外,一系列以結構或半結構方式所提出的開放性問題,亦有助於教師表達其對方案的看法和建議。此外,請教師以方案評鑑為題撰寫書面報告,並提出改進建議,也是對方案進行總結性評鑑的有效方式。

藉由實際參與或長期關心選替教育方案的各類資源，對選替教育方案的執行歷程和實施成效進行有系統的評鑑，無疑是促使選替教育方案更能修正其執行上的缺失、克服其所遭遇的困難、致力於滿足危機學生的學習需求和對教育的期待，且促使危機學生在各方面獲得長足進步與良好表現的有效作法。尤其是由學生和教師擔負評鑑選替教育方案的重責大任，可激發學生和教師更深入思考問題、討論問題、探究問題、解決問題，是新時代教育「賦權予能」（empowerment）的最佳表現。

Chapter 9

我國中輟學生之理想學校願景

- ◆ 理想學校之學校設施
- ◆ 理想學校之教師態度
- ◆ 理想學校之訓導管理
- ◆ 理想學校之課程內容
- ◆ 理想學校之學生與班級
- ◆ 理想學校願景之綜合分析

有效的選替教育方案在組織結構、學校文化、課程與教學、諮商與服務等方面均有不同於正規學校的表現，令人對美國危機學生所享受的教育服務感到欣羨。反觀我國的情況，由於教育體系和一般學校仍深陷在聯考的泥淖中無法自拔，教育改革的列車似乎也面臨了動彈不得的窘境，政府的財政危機更如烏雲籠罩難見光明，在在皆使得爲瀕臨中輟危機學生提供選替教育成爲遙不可及的夢想。即使夢想遙不可及，心中的期待與願景卻會引領我們向前邁進的腳步，讓我們能在機會來臨之前做好充分的準備與規劃。

　　本章所報告者爲筆者於民國八十八年間以二十四位中輟（復）學生爲訪談研究參與者，所進行之「國中階段中輟學生問題與輔導研究」中，受訪者表達其心目中理想學校願景的部份。本章意圖藉由瞭解中輟學生對於理想學校的具體形象描繪，反省與思考目前的學校在學校設施、教師教學、課程內容、訓導管理等方面得以調整的方向。

第一節　理想學校之學校設施

　　在學校設施方面（如表9-1），多數受訪學生對於現有的學校設備表示了不滿意的看法，尤其是教室的空間太小、教室太熱、廁所太髒、環境太亂等都令人感到不舒服。相反地，校園環境美化、硬體設備完善、娛樂設施齊全，是受訪學生理想學校願景的重要一環。

　　多位學生反應希望學校的校園環境能乾淨、整齊、漂亮，有宜人的花草樹木、不髒亂，讓學生感覺有朝氣。而學校中的設備，從教室、操場、廁所到各類娛樂休閒設施，甚至「吸煙區」，都有學生提及他們的期待。顯然，這些學生希望學習的校

園也是他們生活的樂園。

「我們的學校顏色很多，看起來這間學校素質好像不好，像學校教室牆壁被利可白塗的好亂，不要讓學生感覺學校好像破破爛爛很不重視學生的，對同學影響很大，有時候啊!同學會變壞，就是因為學校。」(#37)

表9-1　中輟學生理想學校願景之一：學校設施完善

校園環境美化	* 學校措施就是要有比較漂亮一點，然後要有一些種樹、種花，服裝儀容，能穿便服來學校，可以抽煙，就弄一個吸菸區，然後要吸菸的去那裡抽不會影響到別人 (#26) * 亮亮的、都是白色的，不要死氣沉沉，廁所也很乾淨，整整齊齊的。(#23) * 我比較喜歡台北市的學校，就是用白磚塊的，而我們的學校顏色很多，看起來這間學校素質好像不好，像學校教室牆壁被利可白塗的好亂，不要讓學生感覺學校好像破破爛爛很不重視學生的，對同學影響很大，有時候啊!同學會變壞，就是因為學校。(#37)
硬體設備完善	* 教室電風扇都很小，裝大一點的，最好每間教室一間一台冷氣。(#18) * 裝冷氣、裝電視 (#19) * 教室裝冷氣，廁所太髒了 (#17) * 太熱了，廁所沒修理，同學沒有掃乾淨 (#23) * 教室啊，教室要大一點，還有需要冷氣，要用白板的，因為粉筆灰吸進去不好 (#26) * 加電風，可以加冷氣是最好的啊 (#22) * 要加一台冷氣嘛 (#25) * 要有操場、不要操的太嚴重 (#15)
娛樂設施齊全	* 增加撞球室呀，撞球室，卡拉OK呀，可以唱歌，還有電動，就是盡量能夠讓你覺得是可以娛樂的，放輕鬆的。(#1) * 要有撞球桌，還有棒球隊就好了 (#24) * 學校的一些建設還有一些設備要齊全，讓學生覺得說在學校也可以像是在遊戲的感覺，反正就是應有的設備就是要有，有操場、籃球場、體育館就好了。(#5)

第二節 理想學校之教師態度

受訪學生對教師的態度和管教方法最爲關注，大部分的學生都反應，希望老師能夠以親切、溫和的態度，關心學生的生活和學習情況，尊重學生的意見表達；希望教師能不以打或罵的嚴格凶惡手段管教學生。教學時能夠以幽默風趣的方式來進行，考核評量學生進步的方式也應更爲多元彈性（參見表9-2）。

在這些曾經輟學過的新新人類身上，我們看到他們所描繪的理想教師特質，不外乎親切、關心、尊重、溫和、善待學生、和學生溝通、幽默風趣、且教學方法彈性等。他們所期待於老師的其實並不是很特別，只是作爲「人師」的基本條件而已。可見，如果老師們能夠以對待一個「人」的方式，以眞誠、尊重、接納、同理的態度和學生建立良好的互動關係，成爲學生情感上可以依附、知識上可以信賴的對象，則不僅可以消弭不必要的師生衝突，且可有效避免這些因家庭或社會環境不利而瀕臨危機邊緣的學生向偏差同儕靠攏，以致成爲不良少年團體的一員而學會更多不良偏差行爲。相信一位「好老師」必可在危機少年成長過程中發揮「向上提昇」的積極影響力。

「老師……多多少少，還是要關心，關心你的情形，會不會心情不好，關心你的學習有沒有困難，在家裡好不好，吃的飽不飽，就是關心，但是不要限制。」（#1）

表9-2　中輟學生理想學校願景之二：教師態度良好

態度親切尊重	* 老師的態度要很好很好，再怎麼壞他都不會生氣，不要太容易生氣（#26） * 老師的態度，也是要好一點呀，和學生可以聊天，就是說尊重的意思就對了（#20） * 把校長換掉，就是老師校長他們的態度不好就對了，不要找我的麻煩就好了（#19） * 老師的態度、教學的觀念要有所改變，要尊重學生一點，要溝通。（#5） * 我希望他把我當成一個比較好的學生，沒有過去，就像一張白紙，老師就是能開玩笑（#37） * 老師不要叫來叫去（#21） * 老師不要太囉嗦，這樣就可以了。（#18） * 學生和老師拉的比較親切，有時候就是像朋友。（#5） * 老師都不會管你，不唸你也不打你，多多少少，還是要關心，關心你的情形，會不會心情不好，關心你的學習有沒有困難，在家裡好不好，吃的飽不飽，就是關心，但是不要限制。（#1） * 老師例如僕人，替學生服務，服務哪些，做事情都他做，例如說掃地，不能太兇，要聽學生的話，是說要尊重學生的意見。（#17）
管教方法適當	* 不會打人、不會唸你、不會罵人，只要這樣的老師就好了（#1） * 不要太嚴格、太囉嗦就好（#18） * 應該好一點，老師不要很嚴。（#19） * 老師不要管那麼嚴（#22） * 老師不要那麼兇，老師態度方面不要那麼兇，不要那麼兇的意思是說，不要太嚴。老師的教法，希望有說有笑的，不要那麼嚴肅。（#17） * 不會太過份就好了，不要打得太嚴重（#15） * 犯錯的時候，要弄清楚再打我們（#11） * 我是覺得不要處罰太狠（#9） * 老師都會兇人、希望用愛的教育（#6） * 快快樂樂的去學校讀書。希望學生快樂，就是如果犯錯不要用打的，用說的。（#55）
上課幽默風趣	* 就是最少也要風趣一下，幽默一點（#25） * 不要太龜毛就好了，不要太會念就好了，不要只 f 敘惜 v 都在那邊講， 幽默一點，，不要上得很有壓力。（#24） * 幽默風趣（#23）
考試方式多元	* 考試就用口頭問就好了（#26） * 不一定要用考試卷呀，用問的呀，平時教到哪就問到哪（#24） 整間教室只有他的聲音，覺得冷冷清清。邊說邊開玩笑。風趣一點、

第三節 理想學校之訓導管理

　　正值青春期的國中階段學生，喜歡以與眾不同的方式展現自己的獨特性，喜歡追求自由、獨立自主的感覺，原也是無可厚非。因此，他們對學校服裝儀容的硬性規定表示相當的不滿，期待學校能給予更多的彈性，讓他們有選擇穿著打扮的自由。對於其他規定，他們也期待學校訓導人員能有更寬容的方式來因應和處理，而不只是依賴僵化的校規處置（**參見表9-3**）。

　　「體罰」的確是讓許多受訪學生深惡痛絕的。期待教師和訓導人員能不打學生，是許多學生一再表達卻也感覺到希望渺茫的「願景」。

　　「我是覺得訓導處應該是比較有愛心的地方，那怎麼會變成好像監獄，而去那邊受苦。」（#37）

第四節 理想學校之課程內容

　　在課程方面，大多數的學生都表示，希望課程能夠簡單一點、生活化一點，否則一方面聽不懂，二方面更難以覺察目前所學對將來有什麼幫助。提供多元化的技藝訓練課程，能讓學生感覺到學習是一件有用且有趣的事，對那些飽經學業挫敗的中輟學生而言，是相當必要的。否則學生在聽不懂國、英、數、理化等一般課程內容的情形下，只能夠「呆呆陪讀」，不僅是白白浪費時間，更是如坐針氈般困難。接受實用技藝課程一方面不必度日如年，二方面更可以學得一技之長，發揮危機學生的潛能和價值。

表9-3　中輟學生理想學校願景之三：訓導管理適當

服儀規定彈性	* 服裝儀容，能穿便服來學校，可以抽菸，就弄一個吸菸區，然後要吸菸的去那裡抽不會影響到別人，頭髮，不要太奇怪就可以，可以染頭髮、留長頭髮（#26） * 要穿什麼就穿什麼，還有騎機車上學，然後要哪一班就哪一班。（#19） * 不要紮衣服，還有鞋子幹麼一定要穿白色的，頭髮也不要管就對了（#24） * 我覺得頭髮問題，我覺得短頭髮也較難梳，長頭髮綁起來就好了（#23） * 不要太兇，隨便我們，要穿什麼就穿什麼喔（#17） * 訓導管理方面，不要太嚴，像規定頭髮，又規定鞋子，雖然這是一定的，但不要太嚴。（#5） * 訓導方面，叫他們早上不要站在那邊顧門，因為都會被叫去念，我家住很遠所以常常遲到。不要捉抽煙、吃檳榔，還有那個服裝儀容，不要限制把紮衣服進去，不要管服裝儀容（#20） * 我覺得鞋子是不是要穿白色的，可以穿一點點其他的色，不要全白就對了，全白很奇怪就對了，如果有一些顏色，不要緊啦（#22） * 可以留長頭髮，可以穿便服、鞋子都隨便（#18）
其他規定放寬	* 服裝儀容，能穿便服來學校，可以抽菸，就弄一個吸菸區，然後要吸菸的去那裡抽不會影響到別人，頭髮，不要太奇怪就可以，可以染頭髮、留長頭髮（#26） * 要穿什麼就穿什麼，還有騎機車上學，然後要哪一班就哪一班。（#19）
上課幽默風趣	* 訓導管理太過白目了，覺得管太嚴了，例如動不動打人家屁股，還有小事情就打電話回去，學校處理好就好了，不要打電話回去。（#19） * 在訓導方面，我覺得打人太過狠了（#4） * 我是覺得訓導處應該是比較有愛心的地方，那怎麼會變成好像監獄，而去那邊受苦。（#37） * 希望用說的不要用打的（#55） * 就是覺得管得很嚴，他要多關心那個比較不喜歡讀書的，要鼓勵他，他要去就去，不去就不去。不應該打學生，用勸的啊！要不然就記過啊！就是不要打。（#61）

此外，課程的設計和時間安排應具有更大的彈性，讓學生多上一些他們感興趣的課程，培養學習的興趣和動機，才能有機會轉移到生活中其他層面的學習。由於就生活的實用性而言，基本學習能力的培養，更甚於知識內容的累積，因此如能將聽、說、讀、寫、算等基本能力融入學生所感到興趣的課程—技藝或體育，那麼學生也會將所學技能應用到生活的其他層面。於是，學生就有機會達成其對學校的最大期待：「快快樂樂去學校讀書」（#55）。（參見表9-4）

表9-4　中輟學生理想學校願景之四：課程內容多元

技藝課程多元	＊要排技藝訓練（#20） ＊贊成學校要有技藝訓練（#18） ＊學校應該增加技藝訓練部分的課程，例如服裝設計、歌唱訓練、演戲（#17） ＊要有技藝教育，就是有些人讀升學的，有些人讀技藝的。（#5） ＊覺得要加汽車修護啦、電腦啦、烹飪啦，這種技藝科目。學汽車不錯啊，學汽車修護不錯（#22） ＊學校需要技藝訓練，因為可以學很多東西呀（#19） ＊不喜歡讀書，想學一技之長去工作的話，多多少少讀一點，簡單一點的就好了（#18） ＊技藝方面要多元化一點，像這邊〔慈輝班〕一樣好多種讓你選。（#5） ＊多設計一些技藝課，例如電腦、水電、還有烘焙、中餐（#1）
課程活潑彈性	＊每天玩，都不要有課程，全部都變體育課，每天都要上課體育（#22） ＊不要上英文。（#19） ＊你想要讀幾節課就讀幾節課（#4） ＊快快樂樂的去學校讀書。希望學生快樂。（#55）

第五節 理想學校之學生與班級

　　較少數受訪學生的理想學校願景中，還包括了對其他學生的期待—溫和有禮、沒有偏差行為；而學校的班級和每班人數都希望能減到最少。可見，如果有機會讓學生自己選擇學校，他們會選擇能在溫馨的校園中和同學和諧相處的學校；如果有機會讓學生自己管理學校，相信他們也會管理自己的行為，達成自律、自主的最高道德準則。（參見表9-5）

表9-5　中輟學生理想學校願景之五：學生與班級

學生溫和有禮	＊學生都很聽話，都不要有一個壞學生（#25） ＊老師、同學都很溫柔，不會兇。（#23） ＊美女多一點，男生少一點（#21） ＊乾淨、不要打架、不要抽煙。（#14）
班級人數適中	＊學校的學生不要太多，一班、二班這樣子就好了（#4） ＊那班上同學的人數差不多30左右就好了。（#5）

第六節 理想學校願景之綜合分析

　　綜合而言，學校設施完善、教師態度良好、訓導管理適當、課程內容多元，以及學生溫和有禮、班級人數適中等，是本研究中輟（復）學生心目中對理想學校典型的普遍期待。

　　學生在整齊、清潔、溫馨、美麗的校園環境中成長和學習，將能充分感受到生命價值的被尊重和珍視，學習本身也會成為一件相當愉快且值得期待的事。

　　從研究發現中可以瞭解中輟復學生對於學校的期待與願景，「老師」是其中最重要的關鍵。他們非常期待能感受到老師充滿關

懷、尊重與不帶歧視偏見的眼光。尤其是這些曾經誤入人生歧路的中輟學生，內在已充斥著脆弱的自我和易感的心，亟需老師的瞭解和接納。因此，我們有理由相信：一個以真誠、尊重、接納的態度來瞭解與協助學生的好老師，將會是危機學生最為信服的依附對象，不僅支撐了危機學生的自我肯定感，也能對危機學生發揮最大的「向上提昇」力量，足以抗拒來自同儕群體的強大拉力。

　　為了使教師能有充分的機會深入瞭解學生且有效地協助學生，徹底落實小班小校的制度實有其迫切性與必要性。而訓導管理措施的合理和彈性，則是積極爭取獨立自主的青少年學生所殷殷企盼的，如能讓他們有機會自己管理自己，他們應更能為自己的行為負起自律的責任。

　　這些中輟（復）學生對於技能教育課程的熱切期待，同樣令人印象深刻。他們發現實用技能課程更能引起他們的學習興趣，從有趣的技藝課程中發掘自己獨特且特殊的能力，也部分抵銷了他們長久以來在學科課程上所遭遇的挫折經驗。可見，積極開發學生廣闊的視野與多元潛能，培養學生終身學習的能力與興趣，不啻是當前教育革新的目標與共識。因此，我們應從幾個方面加以著手：

1. 設計創新的教學活動。以學生為主體，遵循選替教育的理念，透過彈性與創造的原則，提供適切的教學方式、有趣的課程教材與多元的評量方式。

2. 提供廣泛的課程選擇機會。除了現有的知能學科以外，更應為這些在技藝課程上展現出更多能力與興趣的孩子，提供探索其多元能力興趣的課程環境，使學生將學校視為能滿足其好奇與需求的生活場域，而不致視學校為急欲逃脫的樊龍枷鎖。

3.設置實用技藝訓練中心。協助已畢業但未達法定工作年齡的就業導向學生，能安心在訓練心繼續精進所學技藝，以取得職業證照，保障其具備求職謀生的能力。方可避免失學學生游盪滋事，防止犯罪行為發生的可能。

此一研究發現，值得吾人深思之處在於除了學校設施之外，教師態度良好、訓導管理適當、課程內容多元、班級人數適中等，均是美國實施成效卓著之選替教育方案的重要特點之一。可見，學生對於理想學校願景的期待—一個能讓學生快快樂樂讀書學習的地方—其實是不分中西、沒有文化差異的。期待不久的將來，我們也會有愈來愈多的學校、老師、關心教育人士，能為那些在傳統教育體系中瀕臨學業失敗危機的青少年，建立多元、彈性、開放的教育環境，提供以學生需求為本位的課程，協助學生在學習過程中充分發揮各方面的潛能，鼓勵學生欣賞自己的能力和資產，且肯定自己存在於社會的價值。

Chapter *10*

我國實施中輟防治與選替教育芻議

◆ 我國當前中輟因應策略之評析

◆ 我國實施中輟防治方案之芻議

◆ 我國實施選替教育之芻議

◆ 我國籌設選替學校之芻議

◆ 結語

朝氣蓬勃的青少年是一個國家未來希望之所繫，由國家提供多元教育致力於化解青少年在複雜生活環境中所遭逢的重重危機，則是先進國家永續經營、進步發展的關鍵和契機。先進國家長期以來在協助有教育失敗之虞的危機學生所投注的心力、物力，一方面為其強盛國力奠定穩固健康的根基，二方面不啻為新世紀地球村培養優秀且能貢獻於社會的公民。先進國家實施中輟防治方案和選替教育的卓越成效，頗值得我國政府教育部門及各相關機構借鑑，以改善日益嚴重的青少年問題，避免腐蝕國基、動搖國本。

本章旨在為我國實施中輟防治方案、選替教育方案與籌設選替學校研擬具體可行的芻議，並冀望政府教育部門能付諸實際的教育行動，締造安全愉快的教育環境，培養健康活潑的青少年，以迎接新世紀的挑戰。

第一節 我國當前中輟因應策略之評析

如同1980年代之前的美國，因應中輟學生的主要策略為「強迫就學」和「違規學生退學處分」（參見第六章），二者也是我國學校教育體系最早採取的對中輟學生的因應策略。在民國八十年代之前，各中等學校對付校內違規犯過學生的最具嚇阻作用的辦法，就是祭出「記滿三大過退學」的嚴厲處分。學生被退學之後離開了學校的管轄範圍，究竟何去何從似乎就是家庭和社會該負擔的責任了。於是，愈來愈多學校的管理階層為了維持校園的安寧和學習風氣，「不得不」採取將學生「逼離」校園的手段，讓學生即使有心要留在學校體系之中，最後也因實在「待不下去」而被迫輟學。

將學校內教師無法處理的青少年行為問題丟給社會，並不會

讓問題自動消失。退學或輟學學生在社會中集群結黨，四處流竄，反而製造了更嚴重的社會問題，讓一般民眾跟著遭殃，生活環境面臨極大的威脅，擾得人心惶惶。於是，民國八十年代之後，我國政府教育部門深感於教育是社會問題的第一道防線，青少年問題仍應藉助更好的教育和輔導策略加以處理，始於民國八十三年依據「強迫入學條例」建立「國民中小學中途輟學學生通報系統」，致力將中輟學生找回到教育體系中。之後，教育部更陸續通過「國民中小學中途輟學學生通報及復學輔導辦法」（民國八十五年）及「中途輟學學生通報及復學輔導方案」（民國八十七年），和政府相關單位及民間社福機構戮力合作，積極推動通報、協尋、復學、輔導等一系列因應策略，以有效緩和學生中輟問題的嚴重性。另一方面，在教育體系之內則更加強輔導的功能，實施「璞玉專案」、「朝陽專案」、「春暉專案」、「認輔教師」、「專業輔導人員」、「教訓輔三合一」等各類專案，對偏差行為學生、中輟復學生提供特別的協助和輔導。表10-1列了當前政府機構為中輟學生所提供的各項支援服務措施。

在通報協尋方面，由於教育部委外設計的中輟學生通報系統並未能和司法警察機關或警察單位協尋系統連線，當地方政府社會局或家扶中心社工人員發現學生已離家且行蹤不明時，亦難藉助警方之力進行全省性的通報協尋，增加了協尋中輟學生的負擔和困擾。

在復學輔導方面，由於當前學校輔導人員專業證照未落實、輔導人員數額無法提高，以致許多立意良好的措施常因執行者缺乏專業素養而有「巧婦難為無米之炊」之憾，或抵銷了原本應可善加發揮的功能。茲以近期教育部大力推動的「教訓輔三合一整合輔導實驗方案」（附錄九）為例，原意係為提昇全校教學及訓導人員的輔導知能，促使所有教師均能善盡輔導學生的「人師」角色。然而在實際執行層面上，卻常受限於真正專業的輔導人員

表10-1 當前政府機構為中輟學生提供支援服務一覽表

主題	單元	主要工作內容
法律	立法院	強迫入學條例
教育單位	教育部	成立輔導中途學生專案租倒小組落實通報及復學輔導適宜
	教育部訓委會	1.製訂國民中小學中輟報學通報極富學輔導辦法進行通報與輔導工作 2.推動認輔制度 3.推動攜手計畫 4.中輟追蹤輔導協調會 5.中輟主題輔導工作坊 6.建置輔導網路系統 7.推動生涯輔導活動 8.進行親職教育活動 9.籌設中途學校 10.落實教輔導與管教學生辦法 11.建立學生輔導新體制—教學訓導輔導三合一整合方案
	教育部國教司	1.強迫入學實行細則 2.製訂強迫入學作業規範 3.補助鄉鎮室強迫入學委員會運作經費
	教育部技職司	推動記憶教育自辦班合作班特殊技藝班實用技能班
	省（市）教育廳局及縣市教育局	1.推動中輟復學輔導工作計畫 2.設置中途學校自辦慈輝班合作式學園式 3.推動少年輔導委員會之業務 4.進行彈性學校課程計畫如高關懷學生彈性分組教學潛能開發班特殊才能班 5.試辦專任輔導人員進入校園協助輔導個案
學校	學校輔導室	1.中輟學生之通報事宜 2.結合學校教師和義工進行中輟學生的追蹤輔導 3.中輟復學生的輔導安置
社政	內政部社會司	督導鄉鎮市落實強迫入學條例
	各縣市社會局	協助中輟生進行輔導與安置
	各地教養院	進行犯罪少女之就學府輔導工作

續表10-1　當前政府機構爲中輟學生提供支援服務一覽表

主題	單元	主要工作内容
警政	各級警政單位	1.配合教育部進行中輟學生追蹤協尋 2.建立配合中輟學生追蹤協尋及輔導網路 3.進行深夜在外遊蕩學生之追蹤與留置 4.落實少年輔導委員會之功能
司法	法務部	1.建立中輟學生協尋及輔導網路 2.推動學校法治教育活動
	各地法院及輔導觀護院所	1.進行犯罪少年的感化與輔導教育 2.結合義務關户人進行犯罪少年之追蹤輔導 3.建立犯罪少年之輔導網路

資料來源：劉秀汶（1999）

稀少，僅有的輔導主任、組長尚需擔負「輔導知能訓練」之行政業務，無力從事實際個案輔導工作；而擔任偏差或危機個案認輔的「認輔教師」又缺乏完整的諮商專業訓練，以致「心有餘而力不足」；更甭提在許多學校中單打獨鬥的輔導人員，甚難和已自成龐大體系的教學和訓導人員抗衡。這些問題不僅存在於實施「教訓輔三合一實驗方案」的學校，更普遍存在於所有中小學校中。因此，當和教育單位合作的民間社福機構找回中輟學生之後，學校內部卻往往不知所措，難以對中輟復學生提供良好而有效的輔導。於是有「訓導處決定要收的學生就留在訓導處，輔導室決定要收的學生就留在輔導室，校長決定要收的就得自己擔任認輔教師」的諸多無奈作法。

於是，許多學校輔導人員對教育單位設立專門收容中輟復學生的「中途學校」寄望甚殷，期待在目前學校輔導人力並不充裕的現實狀況下，能由一具有特定目標的學校或班級、及具有專業知能的教育或輔導人員，來專門處理中輟復學生的教育和輔導事宜，以提供最有效的協助。例如，國內多個縣市在「精省」之前

宜，以提供最有效的協助。例如，國內多個縣市在「精省」之前已設立了數所專為收容因家庭變故或父母離異而瀕臨中輟學生的「慈輝分校」，在技藝教育和生活教育方面的成效令人稱許。不過，一來由於慈輝分校並不招收家庭變故之外的其他學生，未能關照到因父母或教師管教困難而有嚴重偏差行為的中輟學生之教育與輔導需求；二來慈輝分校在「精省」之後即面臨教育經費斷炊之虞，以致在師資來源和多元課程設計上均有相當的困難，亦無法滿足瀕臨教育失敗危機學生的學習需求。故一所能為各類型中輟學生提供特定教育和輔導服務的「中途學校」即成為教育人員的希望。

民國八十八年四月頒佈實施的「教育部補助直轄市、縣市籌設中途學校實施要點」曾為許多因中輟復學生問題而困擾許久的學校，帶來光明的憧憬。期待這些在教育部大力支持下即將設立的獨立式、資源式、學園式或合作式中途學校，能延聘專業輔導人員，為中輟復學生規劃特別的教育及輔導課程，解決一般正規學校無法收容安置中輟復學生的難題。

令人擔憂的是，由於教育部並未對負責中途學校或中途班之人員資格條件有所規範，亦未對課程內容、評量方式、管理措施等的多元彈性作出要求，以致除少數承辦學校對提供不同於正規教育體系的教學、課程、輔導策略等甚為用心籌謀之外，多數承辦學校仍然「換湯不換藥」，除將中輟復學生集中於一班嚴加管教之外，並沒有任何選替教育的理念和作法，對中輟復學生的實質助益甚為有限。

從長期接觸或輔導中輟學生和犯罪少年的經驗中，筆者瞭解學校教育單位雖然已經很努力地在進行輔導工作，但是成效仍然有限，最主要的原因除學校缺乏專業的諮商輔導人員，以提供中輟學生或偏差行為學生所需的心理健康服務之外；其次則是由於學校課程嚴重和生活脫節，無法符應中輟學生實際學習需要。

仍以知識傳授教導為主，缺乏生活導向的內容，無法和學生個人實際生活經驗緊密連結，則是不爭的事實。於是，學校中許多在知識學習上遭遇困難的學生，一方面易於感到學習的無趣和無用，二方面則易於被貼上阻礙其他人學習的壞標籤，於是在不喜歡學校、對課程均無興趣、同儕相處不佳、師生關係不良等惆h影響因素之下，中途輟學就成了這些學生宿命的不歸路。

　　目前政府教育部門雖已和社政部門積極合作，致力於「將中輟學生找回來」。但學校在找回中輟學生之後，目前較好的策略是讓中輟學生安置於「資源班」、「高關懷班」或「技藝班」；其他缺乏有力教育資源的學校，僅能消極地將中輟學生放回普通班級，至多由一位任輔教師提供特別的關注與輔導。然而，此類方式也已衍生許多問題。安置在普通班級的中輟復學生，常易於感到和現有的同儕格格步入，無法從同學群體獲得歸屬感，且更容易因覺察老師對其另眼相看而感到難堪，另一方面更因為課程並無絲毫改變，導致其所處的環境實際上常比輟學之前更為惡劣；而任輔教師通常並不具備專業的輔導知能，以致無法提供其所需要的心理諮商服務。因此，再度中輟幾乎也是可被預測的必然結局。

　　為中輟復學生提供特殊「資源班」的學校，無論是有心作為的校長或直接擔負重責大任的導師，亦常感到「心有餘而力不足」。雖明白現有的學校課程不足以激發這些學生的學習興趣，但「不知道要如何輔導他們？」、「不知道應該安排什麼課程？」是大多數資源班教師共同的心聲。至於，為中輟復學生所開設的「技藝班」，雖有其實用效益，但常因受限於技藝所須之設備和師資來源並不充分，而無法提供既符合時代潮流、又能真正使學生習得一技之長的實用技藝課程。於是，中輟復學生在學校中仍難以真正體會學習的有趣和有用，難有機會在學校學習情境中獲致支持其健康成長所必須的成功經驗。

這些當前政府所實施但或仍渾沌不明、或部份扞格不諧的中輟因應策略，實有賴政府、民間熱心教育人士更積極地進行通盤檢討，並妥善規畫籌謀一全面性、綜合性的「中輟防治方案」，及以提供「有教無類、因材施教」之多元教育為目標的「選替教育方案」。

第二節 我國實施中輟防治方案之芻議

國立中正大學犯罪防治研究所於今年（民國八十九年）四月在教育部支持下成立「全國中輟防治諮詢研究中心」，成立宗旨就是致力於發展有效的教育和輔導策略，來預防學生中途輟學、發生嚴重偏差行為或涉入犯罪。該中輟防治中心刻正配合教育部的規畫，積極推動「中輟學生輔導與支援網絡」之建構，預期藉由和民間社福團體、政府教育部門及學校單位建立合作夥伴關係，共同進行中輟學生通報、追蹤輔導、家庭訪視、親職教育、選替教育、復學輔導、諮商服務、社會支援網絡與校園安全維護等全面性、綜合性的中輟防治策略，以減少青少年中途輟學與犯罪、發展健全人格、締造安全校園與祥和社會為最高行動目標。

此外，鑑於教育部所頒佈「中途輟學學生通報及復學輔導方案」臚列之廿四項具體工作項目，其中央主管機關有教育部、內政部、法務部、原住民委員會。執行單位中央有教育部訓育委員會、國教司、技職司、電算中心、內政部警政署、民政司、戶政司、社會司、法務部保護司、矯正司、犯罪問題研究中心、原住民委員會教育文教處；地方則有台灣省政府文教組、直轄市政府教育局、縣市政府等單位；民間另有各宗教團體、社福機構、學術研究等單位為執行或諮詢之機構。如何整合這些單位、機構之力量，以民間力量為本，群策群力，共同致力於中輟學生的輔導

與防治工作，亦是值得重視之議題。

　　故當前所規畫之「中輟學生輔導與支援網絡」草案（附錄十），目的即在於整合政府與民間各類社會資源，含括教育人員、諮商人員、法務人員、警政人員、社工人員及認輔義工、學生家長等各類人員的群策群力（如圖10-1），從通報、協尋、教育、輔導、諮商與社會支援各層面，來共同擬定一兼具預防與處遇對策之最佳輔導與支援網絡，以達成中輟防治之主要任務。

　　觀諸此一輔導與支援網絡之建構，實乃積極防護中輟學生免於受到個人、家庭、學校、社會等各層面危機因素之侵襲，故係屬「綜合性中輟防治方案」之典型（參見第六章）。

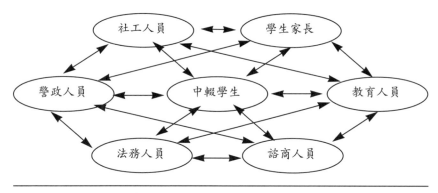

圖10-1　中輟學生輔導與支援網路資源整合

一、中輟防治方案之目標

　　此一綜合性中輟防治方案有下列四大目標：

1.整合中央和地方政府、民間、團體、企業與學校資源，建立政府-學校-民間機構之夥伴關係（partnership），共同致力於中輟學生追蹤與復學之輔導工作。並依各資源團體之專長，進行分工。

2.建構健全之中輟學生通報、追蹤復學輔導、及就業服務網絡。

3.培養身心健康的學生，締造安全的校園，促進祥和的社會。

4.減少中輟學生人數，降低少年犯罪率。

二、中輟防治方案之重點工作項目

此一綜合性中輟防治方案的重點工作項目，應由民間團體、政府各部門及學校單位協同合作並各司其職，包含下列各項：

中輟學生通報與協尋方面

1.中輟學生通報與追蹤輔導

由學校輔導人員透過通報系統每日定時通報中輟學生，轉介由與地方政府簽約之民間社福團體社工師，配合司法警察單位積極協尋追蹤中輟學生，並由社工師和少輔隊輔導員伺機施予個別輔導。

2.中輟學生家庭訪視與家庭扶助

由與地方政府簽約之民間社福團體派遣社工師，對個別中輟學生家庭進行家庭訪視，並視實際需要提供必要之家庭扶助、寄養服務或家庭諮商。

3.中輟學生父母親職教育

由與地方政府簽約之民間社福團體社工師，利用夜間或週末於各地舉辦中輟學生父母親職教育活動或親職技巧團體，鼓勵中輟學生之父母或監護人積極參與。並與地方法院少年法庭合作，為違反「強迫入學條例」的父母家長，實施強制性親職教育活動。

4.受保護管束中輟學生之法治教育與輔導

由與地方政府簽約之民間社福團體與地方法院少年法庭觀護人員（少年保護官）建立合作模式，提供受保護管束中輟學生法治教育，並實施個別與團體輔導。

中輟（復）學生教育與輔導方面

1.中輟復復學生暨潛在中輟學生之選替教育

由各地方政府教育局籌辦「選替學校」或「選替教育班」，為已經輔導復學的中輟復學生及有潛在中輟危機的學生提供選替教育方案，預防危機學生中途輟學或再度中輟。方案內涵應包括學科教育、技藝教育、生活及心理教育、與諮商服務等。

2.中輟復學生之復學輔導與諮商服務

由收容中輟復學生之一般學校或選替學校專業輔導人員或學校諮商師負責，為中輟學生提供復學輔導與諮商服務，內容包括學習輔導、生活輔導與生涯輔導，方式包括個別諮商、團體諮商與家庭諮商等。

3.中輟復學生暨潛在中輟學生之社會支援

由與地方政府簽約之民間社福團體招募志工成員，施予助人技巧之培訓，擔任中輟復學生與潛在中輟危機學生之認輔員，提供社會支援與服務。

4.中輟復學生暨潛在中輟學生之就業輔導

由與地方政府簽約之民間社福團體和各地職業訓練機構建立合作模式，發展危機學生就業輔導方案，提供不打算繼續升學之中輟復學生與潛在中輟危機學生有系統的就業輔導與求職協助。

5.校園安全維護暨校外生活指導

　　由學校機構、民間社福團體與各地警察單位建立合作模式，發展校園安全維護暨校外生活指導方案，以共同締造安全的校園與祥和的社會。

三、中輟防治方案之分工和合作

　　欲有效推動此一綜合性中輟防治方案，紓緩中輟問題的嚴重性，亟需仰賴政府各部門、學校單位及民間團體之分工和合作。

政府機構

　　1.中央：教育部、內政部、法務部、原住民委員會
　　　負責制訂全國中輟防治政策、推動中輟防治法案之立法、鼓勵學校和民間社福團體提出綜合性中輟防治計畫、審核中輟防治計畫、提撥專款補助相關經費、進行中輟防治方案成效評鑑、獎勵有效實施之計畫。
　　2.地方：地方政府（教育局、社會局、警察局）
　　　負責統合並聯繫協調地方各類資源、督促學校及民間社福團體提出中輟防治計畫、協助審核中輟防治計畫、提撥配合款補助相關經費、督導與協調計畫之執行、彙整計畫執行成果。

學校機構：各縣市公、私立中小學

　　負責擬定及執行以中輟防治為目標之各類教育改革方案之實驗，包括學校環境、行政組織、教學方法、課程教材、多元評量、輔導活動等之創新與實驗。並與地方警政、社政、法務體系，及民間社福團體建立協同合作關係，共同建構綜合性中輟防治之聯防網絡。

民間社福團體及公益或文教基金會

接受地方政府委託，負責擬定及執行以中輟防治為目標之各類輔導與支援服務方案，包括追蹤輔導、個別輔導、團體輔導、家庭訪視、親職教育、志工服務等。

全國中輟防治諮詢研究中心

該中心乃作為全國中輟防治資源整合之橋樑，負責協調聯繫政府、學校、民間社福團體等各類資源，建構中輟聯防網絡。並接受政府及民間團體之委託，進行各項中輟防治方案之規劃、研究與評鑑工作。

冀望此一架構完善之「綜合性中輟防治方案」的提出與執行，能推動我國中輟防治政策向前邁進一大步！

四、其他社會資源的運用

設置學校社工人員，提供家庭扶助與諮商服務

許多中輟學生來自破碎或功能薄弱的家庭環境，家長本身即是學生產生問題的根源，或對學生身心造成長期的戕害。然而，這類家長幾乎是學校各類親職教育活動的缺席者，對學校的輔導工作形成莫大的阻礙。為破除此一障礙，亟需政府教育與社政部門聯手推動學校社工人員的設置，或由地方縣市政府社會局派駐社工人員駐校服務，直接為須特別扶助的家庭提供家庭諮商服務，或為須特別扶助的學生尋求社會資源與提供安置服務。

與民間機構合作，舉辦青少年休閒娛樂活動

現今青少年生活空間狹隘，休閒活動內容乏善可陳，不喜歡讀書的青少年更是物以類聚，經常結伴流連在KTV、撞球場、泡沫紅茶、或檳榔攤，或結夥飆車、濫用藥物等，容易受到不良友伴的負面影響，且深陷其中無法自拔，甚至造成社會治安的不定時炸彈。政府社政部門亟需正視此一青少年社會問題，從改造青少年從事休閒活動的生態環境著手，與民間機構合作，多加舉辦有益身心健康且能激發潛能的休閒活動，並配合取締不良娛樂場所，盡力防治青少年受到不良友伴的污染。

建構社區與校園聯防網絡，實施社區處遇

近來黑幫進入校園吸收學生，偏差團體次文化的滲透使得校園染上暴力與犯罪的陰影。此一問題的防治與解決之道有賴政府單位積極鼓勵社區警政、司法、社會等各類體系資源和學校教育體系協同合作，建構一個以校園為中心的社區聯防網絡，以多元面向來預防輟學青少年流連街頭或打架滋事，並由此聯防網絡中的各類專業輔導人員，協力輔導青少年改變偏差行為，應是兼具治標與治本的社區處遇對策。

第三節 我國實施選替教育之芻議

作為關懷青少年心理健康與人格成長的教育與輔導工作者，筆者更深切期待「選替教育方案」之實現，能在學校設施、教師態度、訓導管理、課程內容、學生和班級等方面，符合我國中輟（復）學生心目中的理想學校願景（參見第九章）；並在組織結構

方面、學校文化方面、課程和教學方面、諮商與服務方面，符合國外有效選替教育方案之特點（參見第八章）。

此類以爲中輟學生創造愉快學習經驗、獲得成功機會、提升自我肯定爲目標的選替教育方案，應強調下列數項重點：

一、以中輟學生之學習需求爲本位

許多中輟學生有著嚴重的學習困擾，或是因課程教材的枯燥乏味而提不起學習的興趣，或因課程太難而跟不上學習進度，缺乏成功的學習經驗，更無法在學習中發揮自己的潛能、肯定自己的能力，以致於愈來愈不喜歡學校。政府教育部門應體認到學習不應僅限於學科知識的記誦，而應廣及於學生的所有生活層面，積極爲不適於傳統教育體系的學生提供選替教育方案，設計能激發潛能的創新性學習活動，促使學生能在各類學習活動中肯定自己的能力。此外，教育部門並應積極提供教師在教學方法上再進修的機會，配合嶄新的媒體科技的運用，以生動有趣的教學方式，激發學生的學習興趣。

爲不適於傳統教育體系之中輟學生或潛在中輟學生而特別設置的選替學校，在學校設施、課程內容、學習活動、教學評量等方面均應有創新性的做法，致力於以多元、彈性與開放的措施，使所有學生均能在學校中獲得愉快、充實、有成就感的學習經驗，肯定自己的能力與價值，達成教育的最終目的-自我實現，以發展成爲社會中具建設性的成員。

二、化解現有學校體系的結構性障礙

台灣當前教育體系的明顯弊病如：學制缺乏彈性、能力標籤、考試決定、課程內容狹隘、缺乏支援服務、學業成績至上等造成學生挫敗學習經驗的結構性障礙，均應在選替教育方案中提

出因應的措施，促使許多障礙消弭於無形。例如以彈性的修業規定銜接主流教育體系、以創新性的教學與評量方法激發學生的潛能、以多元化且生活化的課程內容創造快樂的學習經驗、以個別與團體諮商服務解決學生生活中的難題，並以充實的服務學習、生涯教育與實習工作經驗促進學生的自我肯定。因此，未來的選替教育應設計「學生本位」課程，並規劃「學校本位」之行政組織，以破除升學主義的迷障。

三、注重「教育即生活」的內涵

教育的範疇應擴展至生活技巧、心理與情緒、公民與法治、運動與休閒、生涯與職業、戲劇與藝術，甚至實習工作與社區服務學習等，將學生會在未來生活中面臨而現在「學校沒教的事」減到最少。教育的內涵應能充分反映現在與未來生活的內容，使學生在貼近其生活世界的各類學習活動中增進其基本學習技能、人際溝通技能，學到生活中真正有用的知識，以因應未來新世紀的挑戰。這些多樣性的學習經驗，因目標在於激發學生的潛能、提升自我肯定，其學習成果將由多元化的工具與方式來評量，避免使學生以成敗論英雄，扭曲了自我概念。

四、加強教師輔導知能改善師生關係

由於教師對待學生的態度與方式，影響青少年的成長與發展至為深遠；而中輟復學生期待教師真誠關愛、尊重接納的心情更是殷切。於是，學生的理想學校願景中，教師態度良好是最被關注的一項。故政府教育部門有必要致力於強化教師的學生輔導知能，嚴格規定合格教師均必須修習一定時數的輔導學分；並修改「教師培育法」，將「輔導原理與實務」列入「必修」課程，要求每一位準備成為教師者均須研習輔導與諮商相關知能。俾使每一

位教師均能真正了解學生的心聲想法，並能以適當的輔導方法協助學生健康地成長發展，成為學生一生中至為關鍵的「貴人」。

五、促成家長與社區的積極參與

由於家庭的功能不良是造成青少年產生偏差行為或違法犯罪的一大根源，在以寄宿式學校形式隔離家庭危險因子的同時，亦要求家長須擔負起基本的親職責任，與學生共同參加「家庭與親職教育」課程或接受家庭諮商，促使家長有機會了解學生的心聲想法，並學習良好的親子溝通技巧，改善其家庭互動關係；並鼓勵家長積極參與學校教學或學習活動，使家長能了解子女在成長發展中的難題，並學習與子女建立良好的親子關係。

另一方面，學校體系亦應積極邀請社區熱心教育人士或學生家長參與學生輔導工作，擔任危機學生「認輔者」的角色，和學生建立良好信賴的關係，關懷危機學生的學習、生活和生涯發展，並提供剴切的建議，將可使來自功能不良家庭的危機學生感受到社會的溫暖和善意，激發回饋社會的建設性行動。

六、提供諮商與其他支援服務

選替教育方案可要求每一位學生皆須接受諮商服務，並視為正式課程的一環。在國民教育和中等教育階段，學生輔導工作應著重初級預防和次級預防工作，故應加強以班級形式進行之輔導活動課程，以及為瀕臨中輟或偏差行為學生所實施的個別、小團體和家庭諮商工作。

班級輔導活動的範圍，應包含所有學生成長發展歷程中或現在及未來生活中可能會面臨的問題，如自我瞭解、學習問題、情緒管理、人際溝通、兩性關係、家庭互動、價值澄清、品格教育、法治教育、生涯規劃、生命教育等。小團體諮商則多係為瀕

臨危機邊緣學生所舉辦，通常包括社會技巧訓練、憤怒控制、道德推理、家庭重塑、藥物戒治、行為改變等團體諮商活動。許多違規犯過的青少年多有情緒異常衝動與暴躁的傾向，常因無法做理性思考而鑄下大錯，學校的輔導活動課程宜加強培養學生情緒管理的能力，並學習理性的方法來表達自己的負面情緒，有效地協助學生改變其違規或偏差行為。

欲有效實施這些輔導與諮商活動，均須仰賴輔導人員具備充分的專業輔導與諮商知能。選替學校可嘗試以「輔導教師」（合格教師）擔任班級輔導的授課工作；並延聘「學校諮商師」（非教師）擔任瀕臨中輟或偏差行為學生的個別、小團體和家庭諮商工作，並作為危機學生之「個案輔導員」（case manager），負責和家庭及校外資源的聯繫和轉介，始能提供危機學生真正適切、有效的協助。

七、致力科際整合與團隊合作

選替教育方案的工作人員除合格中等學校教師外，可廣泛網羅跨學科領域的各類專業人員，如不具教師身份之學校諮商師、學校社工師、技藝教師、學校醫護人員、學校警衛等，提供教學外的其他專業協助與輔導服務。期能以多元化的角色楷模，為學生提供日常生活中所需的正向學習經驗，並示範彼此尊重的團隊合作努力。

關心青少年的教育與輔導工作者，亟需將「把中輟學生找回來」化為更積極更具體的教育改革行動，籌設專門收容所有不適應於現有教育體系之中輟學生的「選替學校」，設計學業、生活、技藝、諮商服務等多元化的課程或方案，規劃適切的教育及輔導策略，建構最理想的教育及輔導服務網絡，為這些學生創造愉快的學習經驗，以協助他們發展自我潛能、提升自我肯定、達成自我實現（吳芝儀，1999c；2000；蔡德輝、吳芝儀，1999)。

第四節 我國籌設選替學校之芻議

由於筆者對籌設中輟學生選替學校一直抱持著高度的關心，並曾參與教育部委託規劃之「多元型態中途學校實驗辦法」。在該辦法草案中，筆者亟思落實選替教育的理念和實務，對我國實施選替學校之設校目標、招生對象、學校類型、辦學主體、班級編制、員額編制、行政組織、師資聘用、授課時數、入學與修業、課程內涵、教學與評量、學生輔導、家長參與、及社區聯繫等各重要事項均有所籌謀。目前雖仍受限於現有教育體制而不足以形成具體教育政策，但未來則仍可作為規劃我國選替教育方案之重要參考資料。

選替教育理念

選替教育之實施應秉持有教無類、因材施教之原則，主動提供學生多元化學習機會與經驗性學習活動，協助每位學生在最適合其學習之環境中愉快地學習和成長，促進其社會、情緒、心靈、體能、智能等方面之全人發展，以充分發揮潛能，體認自我價值，成為身心健康之國民。

選替學校設校目標

選替學校的設校目標，主要有下列數項：
1. 協助因個人、家庭、社會及教育不利因素而中途輟學的青少年能繼續接受教育與輔導，促進良好的社會適應。
2. 協助青少年參與涵蓋基本學術、生活、技藝、諮商等選替教育，以均衡滿足青少年在學業、生活與生涯三方面的教育與輔導需求。

3.協助青少年浸淫在愉快的學習經驗中，發展自我潛能、提升自我肯定、達成自我實現。
4.預防青少年偏差及犯罪行爲問題。

選替學校招生對象

選替學校的招生對象爲中途輟學或有中途輟學之虞的學生，係指因個人、家庭、學校、社會或文化等因素造成在正規教育體系中適應或學習困難，致需選替學校教育提供特別協助者。凡具有下列情形之一，經鑑定有立即安置與輔導需要者屬之：

1.家庭變故。
2.嚴重適應困難。
3.性格或行爲偏差。
4.藥物濫用。
5.違反兒童及少年性交易防制條例規定而需特別保護者。
6.其他經鑑定有接受選替學校教育需求者。

選替學校設置類型

選替學校之設置，可分爲國民小學及國民中學兩階段，得分別設置或合併設置。學校名稱除依國民教育法施行細則第三條規定外，並得以代表選替學校設置精神之適當名稱加以命名。選替學校之類型，可概分爲下列四類：

1.獨立式選替學校：係指單獨設置之選替學校。提供學生住宿、膳食、選替教育課程與輔導措施。
2.附設式選替學校：係指附設於一般學校之分校或分部。提供學生住宿、膳食、選替教育課程與輔導措施。

3.資源式選替學校：比照特殊教育資源班模式設置之選替教育班，提供選替教育課程及輔導措施，必要時得提供學生住宿與膳食。

4.合作式選替學校：凡社會福利機構、民間團體或宗教團體與學校合作，就學生之安置、輔導與教育分工實施者均屬之。

選替學校辦學主體

選替學校辦學主體分別為中央教育部、各縣市政府，以及民間團體。

1.獨立式選替學校由教育部督導直轄市或縣（市）教育局辦理。

2.附設式及資源式選替學校由直轄市或縣（市）教育局逕行視需要辦理。

3.合作式選替學校則鼓勵或委託社會福利機構、民間團體或宗教團體辦理。依兒童及少年性交易防制條例規定設置之「中途學校」，由教育部與內政部共同辦理。主管教育行政機關對社會福利機構、民間團體或宗教團體辦理選替學校應優予獎勵或補助。

選替學校班級編制

選替學校之班級編制，每班學生人數以至少十名、至多不超過二十名為原則，以利班級團體輔導之進行。獨立式及附設式選替學校應有完整之校園，規劃完善之教育與輔導設施，並可容納三至十二個班級，總學生數以不超過兩百名為原則。資源式選替學校則以一至三班為原則，總學生數以不超過六十名為原則。合作式選替學校依班級數規模比照獨立式或資源式選替學校辦理。

選替學校員額編制

選替學校之教師員額編制，除依據國民小學與國民中學班級編制及教職員工員額編制標準之規定外，並得參照下列基準聘任數類教職人員：

1. 學科教師：係指教授原國民教育階段基本課程之教師，每班以一點五名為原則。
2. 技藝教師：係指教授各類技藝訓練課程之教師，每班以零點五名為原則。
3. 專業輔導人員：係指輔導教師、心理諮商師、臨床心理師等專業輔導人員，負責實施團體輔導活動或心理教育課程，並負責學生之個別諮商與個案輔導工作。每班以一名為原則。
4. 社工人員：係指擔任個案管理工作之社會工作師或生活輔導員，負責與個案相關之一切家庭扶助與社會資源聯繫事宜。由主管社會福利機關派員駐校服務，並接受主管社會福利機關之督導。
5. 助理人員：係指教學助理、技術助理或輔導助理等助理人員，視需要增置之，必要時得為兼任。

選替學校行政組織

選替學校須設校務發展委員會，由校長召集學校教師代表、家長代表、職工代表、主管教育行政機關代表、專家學者代表等組成。由校長主持召開校務會議，議決校務重大事項或一切校務發展與規劃事宜。每學期至少召開兩次，必要時得召開臨時會議。

選替學校之行政組織，除依國民教育法、國民教育法施行細

則、國民小學與國民中學班級編制及教職員工員額編制標準之規定外，並依下列各款辦理：

1.獨立式選替學校：
（1）校長：置校長一名，綜理校務，應爲專任，由教育部遴選聘任之。
（2）教務處：置主任一名，由具三年以上教學經驗之專任教師兼任，得視學校規模設置教學設備、註冊、資訊等組。
（3）學務處：置主任一名，由具三年以上±郎ゼg驗之專任教師兼任，得視學校規模設置訓育、體育衛生、生活教育等組。
（4）總務處：置主任一名，由具三年以上教學經驗之專任教師兼任，得視學校規模設置文書、事務、警衛等組。
（5）輔導中心：置主任一名，由具三年以上輔導經驗之專任輔導教師兼任，得視學校規模設置輔導、諮商、研究等組，由專業輔導人員兼任之。
（6）導師：每班置導師一名，由專任教師兼任之。
（7）人事、會計單位：依人事、主計主管機關之規定設置之。
2.資源式選替學校：
（1）校長：由原校校長兼任，綜理校務。
（2）輔導組：置組長一名，由專業輔導人員兼任，協助辦理選替學校校務，並負責學生輔導、諮商、社工與研究事宜。
（3）導師：每班置導師一名，由專任教師兼任。
（4）各處室業務：由原校各處室兼辦。

3.合作式選替學校則依班級數規模及學校實際情況比照獨立
　式、附設式或資源式選替學校之相關規定辦理。

4.依兒童及少年性交易防制條例規定設置之「中途學校」，
　視學校規模及實際需要設置資源中心或資源組，其主任或
　組長由專任社工人員兼任。

選替學校師資聘用

　　選替學校校長、主任、組長、教師之甄選、任用及考績等，
依相關規定辦理，惟均應修畢輔導相關課程至少六學分或具輔導
活動科教師資格。選替學校技藝教師之任用資格，依國民中學技
藝教育教師兼代課實施辦法辦理。

　　選替學校專業輔導人員之聘用，應為國內外大學心理、輔
導、教育、社會、犯罪防治、青少年兒童福利等相關系所畢業，
修畢輔導或諮商專業課程至少二十學分，並具備諮商或輔導等專
職工作經驗一年以上或義務工作經驗兩年以上者，由各類選替學
校組成甄選委員會公開甄選，並依相關規定晉用。專業輔導人員
之支給標準，由主管教育行政機關依聘用人員之相關規定辦理。
選替學校社工人員之聘用，依據主管社會福利機關之相關規定辦
理。

選替學校授課時數

　　選替學校之主任每週授課時數為六節，組長每週授課時數為
十節，六班（含）以上主任及組長每週授課時數得酌減二至四節
課；導師每週授課時數為十四節；專任教師每週授課時數為十八
節；專業輔導人員每週團體輔導時數不得少於六節，連同個別諮
商時間，每週不得少於專任教師授課時數。

　　選替學校得依實際需要安排夜間及寒暑假期間課業輔導、技

藝訓練、或輔導活動等，師資來源可聘請校內（外）教師、專業輔導人員或助理人員兼任，其鐘點費支給標準依相關規定辦理。

選替學校入學與修業

選替學校之入學採申請制，依下列程序辦理：

1. 由原就讀學校導師及輔導教師、社會福利機構社會工作師或法院觀護人向各選替學校提出入學推薦，並由學生家長、監護人提出入學申請。違反兒童及少年性交易防制條例者由法院裁定之。
2. 學校於接獲入學申請或法院裁定後，由校長召集校內教師、專業輔導人員、社工人員、及學生家長組成鑑定、安置與輔導小組，召開會議，評估及鑑定學生的興趣、性向、能力、成就（學科成績）、人格、情緒表現、行為表現，以及學習需求與輔導需求等。並將各項鑑定結果提報主管教育行政機關鑑定、安置與輔導委員會核定之。
3. 學校依據主管教育行政機關核定通過結果，安置學生於適當班級就讀，或安排接受適當之心理教育課程與輔導方案。
4. 選替學校之修業規定，以一學期為修業期間，並得視需要予以延長，最長修業期限以不超過三年為原則。學生修業期滿應由鑑定、安置與輔導小組進行評估鑑定，以輔導轉介至適當公私立學校就讀。學生修業期滿成績及格者，得發給畢業證書或結業證書。

選替學校課程內涵

選替學校之課程，參照九年一貫課程之精神，培養學生七大

學習領域之基本能力；並提供技藝教育和心理教育課程，促進學生的潛能開發，提升學生之自我肯定。課程內容應涵蓋基本課程、技藝課程及輔導活動或心理教育課程等三大類：

1. 基本課程：應涵蓋國民教育階段之基本課程，如語文、數學、社會、自然與科技、健康與體育、藝術與人文等，得以資源教室或補教教學方式實施，總時數每週至少十五節。
2. 技藝課程：依據國中技藝教育班相關規定，開設工業類、商業類、家事類、農業類、海事類等技藝課程，總時數每週至少八節。
3. 輔導活動或心理教育課程：包含團體輔導、團體諮商、社區服務、課外活動之參與，以及生活技巧、情緒教育、品德教育、生涯教育、生命教育、兩性教育、親職教育、法治教育或其他心理教育課程，總時數每週至少六節。

選替學校教學與評量

選替學校之教育方法，以多元開放和主動參與為原則。除由教師講授課程內容之外；並應強調學生之參與和體驗，採用學生蒐集資料、實驗、觀察、訪問、報告、討論、辯論、表演、創作發表等各類可啟發學生主動學習之教育方法。教師應藉助各類教學媒體和教育科技，輔助學生學習；並依據學生之學習興趣、能力、性向及身心發展狀況等個別差異，設計適當教材，因材施教。

選替學校學生之學習評量，應以多元化方式，依據學生個別進步情況來評量學生之學習表現。並由校內鑑定、安置與輔導小組共同評估個別學生之學習興趣、學習能力、學習表現、精熟程

度與特定學習需求等；且由專責個案輔導員為學生安排個別化教育方案、技藝訓練方案、心理教育課程或輔導活動等，隨時了解並督導學生之學習進步情況。

選替學校學生輔導

選替學校之學生輔導工作，依下列各款辦理：

1. 輔導工作應兼顧生活輔導、學習輔導與生涯輔導。
2. 輔導工作應兼顧生活輔導、學習輔導與生涯輔導。協助學生了解自己、適應環境，並具有自我指導之能力，進而能充分發展潛能，達成自我實現之目的。
3. 班級導師應負班級輔導學生訓育管理之責，並配合學校輔導與訓育措施，注重學生生活輔導與品德教育。
4. 專業輔導人員須為所輔導之學生建立個案記錄，包含心理測驗、家庭背景、學校經驗、行為表現、成長發展等資料，以及對學生觀察、訪談、諮商等之記錄，以作為安排心理教育課程或輔導方案之依據。並視個別學生之需要，提供個別諮商、團體諮商或家庭諮商等服務。
5. 社工人員應負個案管理之責，並為保護、協助個案而實施家庭扶助、親職教育或家庭諮商，提供社會資源聯繫與社會福利服務

選替學校家長參與

選替學校之家長參與，依下列各款辦理：

1. 選替學校學生家長應組成家長委員會，並選派代表參加該

1. 選替學校學生家長應組成家長委員會，並選派代表參加該選替學校之校務發展委員會，參與擬訂及推動校務發展計畫。
2. 主動協助教師之教學與輔導學生事宜，並與班級導師、個案輔導員保持密切聯繫。
3. 出席學校所舉辦的家長座談會、親職教育活動或其他親子活動，並配合學校為輔導學生所辦理之各項措施。

選替學校社區聯繫

選替學校應與當地社區緊密聯繫，結合社區資源提供學生多元化學習機會，參與社區服務學習、課外活動及其他社區活動等，協助學生發展多方面潛能，並與社區機構建立協同合作關係，以充分利用社區民間團體所提供之各項支援服務。

第五節 結語

立足於新世紀的起點，筆者衷心冀望新政府能正視且妥善處理危機青少年之議題，推動中輟防治與選替教育立法工作（如中輟防治與選替教育法），以有效減少未來因青少年犯罪所需支付的龐大社會成本。

有鑑於他山之石可以攻錯，筆者試圖向歐美先進國家已行之有年且成效卓著的中輟防治方案及選替教育取經，發現一個能提供課業以外各類生活導向學習經驗的選替多元教育方案，扮演著增進學生成功經驗與自我肯定機會的重要角色，使處在教育失敗危機中的中輟學生，不至因課業上的挫折，而全盤否定了教育的價值，拒絕了繼續接受教育的機會。

由於中輟學生問題涉及家庭、學校、社會三方面，亟需政府教育、內政與法務部門能共同攜手合作，推動中輟防治與選替教育立法工作，以學校為核心，建構危機學生中輟防治聯防網路。促使學校教育除基本學科之外，更多元化地提供人文教育、科技教育、體能教育、心理教育、生涯教育、親職教育與法治教育等，並設計能激發潛能的創新性學習活動，使學生有機會獲得成功學習經驗進而肯定自己。

　　此外，政府教育部門在協助一般教師加強學生輔導知能之外，亦有必要透過明確的立法（如學生輔導法），引進更多專業輔導人員，為危機學生提供最適切的諮商服務，並積極推動實施發展性和綜合性輔導課程，切實做好三級預防體系中發展性及早期介入的輔導工作，讓每一位學生都有機會更瞭解自己的心理和行為、學習處理同儕壓力、尊重且愛惜生命、建立人生的方向和目標，並明白犯罪行為必須擔負的法律責任，將更能有效預防青少年發生嚴重行為問題的可能性，減少未來社會成本之支出。

附錄一：國民中小學中途輟學學生通報及復學輔導辦法

中華民國八十五年五月二十九日
台（八十五）參字第八五五○四四○八號頒佈
中華民國八十八年三月三十一日修訂
台（八十八）參字第八八○三一三三五號頒佈

第一條

　　教育部為加強國民教育階段中途輟學學生（以下簡稱中輟生）之通報，輔導中輟生復學，並協助其順利完成國民教育，特依國民教育法、強迫入學條例及兒童及少年性交易防制條例第十一條第二項規定訂定本辦法。

第二條

　　國民小學、國民中學應將未經請假未到校上課達三日以上之學生，列為中輟生，加強追蹤輔導，積極查尋，並填具通報單通報鄉（鎮、市、區）強迫入學委員會執行強迫入學及該管主管教育行政機關。

　　前項未請假學生包括學期開學未到校註冊，或轉學時未向轉入學校報到之學生。

第三條

主管教育行政機關，接獲所屬學校通報之中輟生資料，應於

　　教育部應於三日內將失蹤學生檔案資料函送內政部警政署。

三日內彙報教育部，臺灣省所屬縣市並函知臺灣省政府教育廳。

第四條

　　內政部警政署接獲教育部函送之中途輟學失蹤學生資料後，立即透過其資訊設施系統傳送各地警政單位，配合查尋。

　　各地警政單位協尋查獲失蹤學生應即通知原就讀學校之主管教育行政機關，會同學校及鄉（鎮、市、區）強迫入學委員會輔導復學。

　　主管教育行政機關應於非上班時間指定聯絡人，即時協助警政單位輔導尋獲學生復學。

第五條

　　中輟生經原就讀學校輔導復學者，學者應將學生資料報知該管主管教育行政機關，失蹤復學學生並報由教育部函轉內政部警政署註銷失蹤列管。

　　前項中輟生追蹤管制期限，至其年滿十六歲止。

第六條

　　國民小學、國民中學對通報之中輟生應依強迫入學條例第九條至第十五條之規定辦理，並積極輔導其復學。

　　對家庭清寒或家庭變故之中輟生，應檢具該生及其家庭相關資料同時通報當地社會福利主管機關，由社會福利主管機關指派社工人員調查並採取必要措施。

第七條

　　國民小學、國民中學應建立中輟生檔案，詳細記載中輟生資料，包括輟學日期、通報及輔導記錄、復學日期、再度中輟情形、追蹤輔導紀錄等，並定期檢討通報及復學輔導績效。

第八條

國民小學、國民中學對中輟生復學後，應配合學校認輔制度之推動，優先列為認輔對象。

第九條

主管教育行政機關對國民小學、國民中學經常中輟生及輟學後長期未復學學生，除函報鄉（鎮、市、區）強迫入學委員會執行強迫入學外，應會同社會福利主管機關洽商民間機構、團體協助指派社工人員定期追蹤輔導復學。

第十條

主管教育行政機關對國民小學、國民中學中輟復學學生不適應一般學校常態教育課程者，應設多元型態中途學校或班級，提供適性教育課程，避免學生再度中輟。

第十一條

國民小學、國民中學應於每學期結束後一個月內檢討輔導學生復學成效。 各級主管教育行政機關應會同民政、戶政、社政主管機關（單位），定期辦理中輟生通報及復學輔導工作督導考評。 學校及主管教育行政機關權責如下：

1. 學校：確實通報，建立中輟生檔案，配合強迫入學委員會督導復學，安排教師認輔中輟復學學生。
2. 省（市）政府教育廳（局）、縣（市）政府：督導學校執行通報業務，結合民間團體追蹤輔導長期（多次）中輟生，籌設多元中途學校或班級，規劃適性教育課程。
3. 教育部：建置中輟生通報及復學資訊系統，定期出版中輟生資料分析，協調內政部、法務部、行政院原住民委員會跨部會權責事項及經費補助事項。

列為學校校長及行政主管考績之一。前項督導考評結果，應

第十二條

對通報及復學輔導工作執行績效良好者，由各該主管機關予以獎勵。

第十三條

本辦法自發布日施行。

附錄二：中途輟學學生通報及復學輔導方案

中華民國八十七年七月七日
台（八七）訓三字第八七○七三三○一號函頒佈
中華民國八十八年一月十九日修訂
台（八八）訓三字第八八○○三六八二號函頒佈

壹、緣起

根據學者專家之研究（蔡德輝，81年；82年）少年犯罪比率，非在學少年約為在學少年的三倍至五倍。協助十八歲以下青少年儘量留在學校持續接受教育，將可以有效紓緩青少年犯罪人數與比率。

近年來教育部為有效找回中途輟學學生，自八十三年起即建立「國民中小學中途輟學學生通報系統」，並與內政部合作，請警政署協尋中輟失蹤學生，請社政、社輔單位和地方教育廳局合作，追蹤輔導長期未復學學生。與法務部合作，加強執行學校法治教育實施計畫各項重點工作，強化中輟犯罪學生的觀護與輔導措施。由於三部共同努力，各單位人員鼎力配合結果，已見初步成效。八十五年少年犯罪人數比八十四年減少2497人，降幅8.49％；八十六年少年犯罪人數比八十五年又減少3804人，降幅達14.14％；八十七年一月至九月少年犯罪人數與八十六年同期（1-9月）比較，又減少2962人，降幅達16.72％。少年犯罪逐年降低在文明先進的國家極為少見，前述的成果印證了跨部會的團隊合作，運用網絡的型態協助青少年最具成效，有待持續加強，擴大其效果。

依據教育部中途輟學學生通報系統之資料，84、85、86三個學年度國民中小學中途輟學學生人數仍高達9000人至10000人之間，近年來更因為青少年重大刑案多與中途輟學者有關，引致社會大眾普遍關注，教育部亦已列為當前重大教育課題之一。教育部遂於八十七年七月七日頒布「中途輟學學生通報及復學輔導方案」，成立專案督導小組，落實執行十四項重點工作，其中復學輔導方面仍跨會合作措施，亟待內政部、法務部、原住民委員會督導所屬單位共同促成，爰依需要充實跨部會協商措施，明列合作加強事項，頒行周知，期能有效找回輟學學生，增益復學輔導效果。

貳、目標

整合內政、法務、教育、原住民委員會所屬單位及民間輔導資源，建構國民中小學中途輟學學生通報及復學輔導網絡，有效協助輟學學生復學，貫徹「零拒絕」國民中小學教育，實現國民教育理想。

參、策略

一、成立任務小組，統籌督導權責單位落實執行國民中小學中途輟學學生通報及復學輔導工作。

二、加強宣導工作，增進教師及相關單位人員熟悉通報事務及輔導中輟學生權責。

三、整合政府及民間資源，建立協尋及追蹤輔導復學網路。

四、發展多元教育型態，提供中輟復學學生另類教育內涵。

肆、方法

一、召開「輔導中途輟學學生專案督導小組」督導會議（教育部主辦，內政部、法務部、原民會參與）

教育部邀請內政部、法務部及原民會指定業務主管，參與「輔導中途輟學學生專案督導小組」，會同省市、縣市教育單位主管及學者專家，定期召開督導委員會議，協調督導所屬各單位，落實執行中輟學生通報及復學輔導工作，並協助解決相關衍生問題。

二、修訂「國民中小學中途輟學學生通報辦法」為「國民中小學中途輟學學生通報及復學輔導辦法」（教育部主辦，內政部、法務部、原民會參與）

教育部會同省市、縣市教育廳局修訂「國民中小學中途輟學學生通報辦法」為「國民中小學中途輟學學生通報及復學輔導辦法」，具體規範教育人員對於中輟學學生協尋、追蹤輔導、輔導復學相關權責與方法，強化中輟學生協尋復學及輔導復學後相關工作。有關警政、民政、戶政、社政、法務、原住民教育單位配合事項，邀請內政部、法務部、原民會主管參與協商。

三、建立「國民中小學中途輟學學生檔案」（教育部）

省市、縣市教育廳局督責所屬國民中小學建立「中途輟學學生檔案」（電腦系統檔），按學年度登錄校內中途輟學學生資料，包括輟學日期、輔導復學、回流輟學情形，並定期（按月）與縣市通報資料比對檢核，徹底掌握校內中途輟學學生資料。

四、彙整提報「國民中小學中途輟學學生輟學」統計表即「直轄市、縣市暨鄉（鎮、市、區）公所強迫入學委員會執行國中小強迫入學條例成果彙整」季報表（教育部）

五、持續改善中途輟學學生通報及復學管理系統（教育部、內政部）

教育部（電算中心）發展「國民中小學中途輟學學生通報及復學管理系統Windows版本」，自八十七學年度起全國連線使用，並持續與警政署協商，發展教育單位與警政單位直接連線設施，俾使教育、警政，強迫入學委員會能夠同時即時掌握中途輟學學生資料。

教育部會同省市、縣市教育廳局分區辦理「中輟學生通報及復學管理系統操作研討會」，增進教育人員熟悉中輟學生通報事務。

六、督導直轄市、縣市暨鄉(鎮、市、區)公所「強迫入學委員會」運作功能（內政部、教育部）

內政部要求省市、縣市政府，督導鄉(鎮、市、區)公所，依據強迫入學條例規定，成立鄉(鎮、市、區)公所強迫入學委員會，落實執行國民中小學中途輟學學生強迫入學工作（家庭訪問，勸告入學；書面警告，限期入學；罰鍰，限期入學；持續罰鍰，直至入學為止；移送法院強制執行），發揮強迫入學委員會應有運作功能，有效協助中輟學生復學。

七、協請直轄市長、縣市長重視輔導中輟學生復學績效（內政部、教育部）

內政部鼓勵省市、縣市首長，重視輔導中輟學生復學績效，要求所屬學校校長及鄉(鎮、市、區)長列管國民中小學中途輟學學生檔案，積極輔導中輟學生復學，將中輟學生通報及復學輔導績效列為校長及鄉(鎮、市、區)長年度考績重要參據之一。

八、建立中輟失蹤學生巡警掌上型電腦資訊系統（內政部）

內政部警政署儘速將中輟失蹤學生資料系統，發展為巡警掌

上型電腦通報資料，提供全國巡迴警察人員，同時通報協尋中輟失蹤學生，增進通報協尋時效，提高尋獲輔導復學比率。

九、加強學校法治教育重點措施（法務部、教育部）

法務部會同教育部依據「加強學校法治教育實施計畫」，落實執行各項重點措施，增加學校教師及學生民主法治知能，善盡教師通報、輔導權責，學生接受義務教育權利與義務，減少中輟學生人數。

十、定期（每年）分析少年犯罪在學學生與非在學學生比率及犯罪類型（法務部）

法務部犯罪資料研究中心，配合犯罪相關研究，將少年犯（犯罪當時）之在學與非在學者列為重要變項，定期（每年）分析其犯罪比率消長與主要犯罪類型變化，提供教育單位規劃因應輔導措施參考。

教育部協商司法院，在少年犯罪資料上增列「在學」及「非在學」欄位。

十一、定期辦理「中輟學生輔導業務經驗傳承研討會」（教育部）

教育部會同省市、縣市教育廳局定期辦理「中輟學生輔導業務經驗傳承研討會」，邀集有關教育、警政、民政、戶政、社政、法務、司法（觀護）、原民會單位行政人員、縣市中輟學生彙辦中心學校人員及相關團體人員，研討相關問題，傳承經驗，增進工作績效。

省市、縣市教育廳局定期辦理（每學期一次）「中途輟學學生通報及復學輔導工作檢討會」，加強觀念宣導，落實學校通報及復學輔導業務。檢討會進行時得邀請同層級警政、民政、戶政、社政、法務、司法（觀護）、原民會單位人員參與。

教育部逐年編印「國民中小學中途輟學學生資料分析報告」，分析中途輟學原因類別及重要現象，並請專家學者建議應對輔導措施，發送行政機關及學校參考。

十二、編印「執行強迫入學條例作業手冊」（教育部）

教育部會同省市、縣市教育廳局、學校實務工作者及學者專家，依據強迫入學條例規定及實務作業需要，撰寫編印「執行強迫入學條例作業手冊」，明確規範中途輟學學生執行強迫入學之主要流程，以及相關單位搭配執行之工作要領，八十七學年度起發送國民中小學、教育行政機關及鄉（鎮、市、區）強迫入學委員會，提升中輟學生強迫入學工作之執行效果。

十三、補助鄉（鎮、市、區）強迫入學委員會運作經費（教育部）

教育部逐年補助直轄市、各縣市鄉（鎮、市、區）強迫入學委員會運作經費，並配合「教育優先區」計畫，針對中輟學生較為嚴重之地區，加強協助其辦理親職教育與學生課業輔導，改善環境條件，降低中輟學生問題嚴重程度。

十四、建立中輟學生協尋及輔導復學網路（教育部、內政部、法務部、原民會）

直轄市、縣市教育局結合縣市警察局、社會局、原住民行政及民間公益社輔單位，建立縣市中輟學生協尋及輔導復學網路，運用社會資源協助教育人員協尋輟學學生，並協助其復學。教育局針對所屬每年逾十名以上中輟學生學校，督責其建立學校中輟學生協尋及輔導復學網路，有效協助中輟學生復學。

十五、策動學校教師積極參與協尋及輔導復學工作（教育部）

直轄市、縣市教育局依據修訂頒布之「國民中小學中途輟學學生通報及復學輔導辦法」，策動所屬學校教師積極參與中途輟

學學生協尋及輔導復學工作，結合社會資源，善盡教育人員責任。

十六、協調社政、社輔單位追蹤輔導長期（或多次）輟學學生（教育部、內政部）

內政部鼓勵所屬社政、社輔單位、團體與地方教育行政單位合作，簽約執行長期（或多次）中輟學生之追蹤復學輔導，由教育單位提供中輟名單及追蹤經費，由社政、社輔單位、團體指派社工員依約執行追蹤輔導，追蹤結果應保存具體詳實紀錄。發現低收入戶或破碎家庭者，協助其申辦救助措施。

十七、落實「認輔制度」（教育部）

教育部結合省市、縣市教育廳局，配合中小學認輔制度之全面實施，鼓勵學校教師及社會志工志願認輔適應困難及行偏差學生，並將可能中途輟學及有輟學記錄復學學生列為優先認輔對象。安排具備愛心、熱心之認輔教師，透過晤談、電話關懷、親師合作，持續協助中輟學生，使之不再回流中輟。八十七學年度規劃四萬名認輔教師（可認輔約五萬名學生），應可完全吸納所有中輟復學或可能中輟之國民中小學學生。

十八、策動社會志工協助教師認輔中輟復學學生（內政部、教育部）

內政部鼓勵民間社會公益團體及個人，以志工角色配合學校認輔制度之推動，協助教師認輔中輟復學學生，使其重新適應學校生活，以彌補學校輔導資源之不足，預防已復學學生回流中輟。

十九、推動多元彈性教育課程（教育部）

教育部結合省市、縣市教育廳局，積極規劃推動國中技藝教育、寒暑假期潛能開發教育，第十年國民技藝教育等多元彈性教

育課程，提供學生不同的選擇管道，給學生成就感，留住更多學生在學校，降低實際中輟人數。

二十、籌設中途學校，提供中輟復學學生另類教育內涵（教育部、內政部）

教育部會同內政部結合省市、縣市教育及社政廳處局，積極規劃多元型態中途教育設施 中途學校（包括資源班、分班、分校、以及與社政保護單位合作式班別），為特殊需要中輟復學學生提供另類教育內涵（供應食宿，實用活動技藝導向課程，有社工員、心理師協助），九十二年度之前，每縣市應至少有一所中途學校，全國每年約可照顧二○○○人至三○○○人中輟而需要具體協助之學生。

二十一、成立「中輟學生通報及復學輔導宣導團」（教育部、法務部、內政部、原民會）

教育部會同法務部、內政部與原民會邀集優秀觀護人、法官、律師、社輔專家及學校教育人員五十名至六十名，成立「中輟學生通報及復學輔導宣導團」，巡迴各縣市重點學校及中輟學生較多社區，宣講輔導中輟學生權責與具體輔導措施，協助特殊需要地區與學校，有效輔導中輟學生復學。

二十二、加強原住民中輟學生通報及復學輔導（原民會、教育部）

行政院原住民委員會會同教育部結合地方教育及社輔單位，成立「加強原住民中輟學生通報及復學輔導工作小組」，配合本方案各項工作之執行，針對原住民較多地區，支援落實通報、協尋、輔導復學、復學後輔導、追蹤輔導業務，並提供必要的經費及人力協助，有效降低原住民學生中途輟學比例。

二十三、鼓勵所屬單位人員參與輔導網路系統活動（教育部、內政部、法務部、原民會）

教育部會同內政部、法務部及相關單位，建立輔導網路資訊系統，辦理系列網路資源單位主管（人員）座談會，網路系統操作研習，經驗分享活動，有效支援中輟學生協尋與復學輔導工作，提升執行績效。

二十四、定期辦理「中途輟學學生通報及復學輔導」工作訪視評鑑（教育部主辦，內政部、法務部、原民會參與）

教育部定期辦理「中途輟學學生通報及復學輔導」工作訪視評鑑，邀請內政部、法務部指派業務主管參與，會同學者專家，瞭解省市、縣市重點工作執行績效，並依「國民中小學中途輟學學生通報及復學輔導辦法」規定，獎懲有關人員。

縣市（含直轄市）定期（每學期）針對所屬中途輟學學生較多學校，辦理訪視評鑑，協助其推展重點工作，並檢討績效，推荐有功人員及失職人員接受獎懲。

伍、行動步驟

一、教育部「輔導中途輟學學生專案督導小組」應於八十七年六月底前成立，依據「輔導中途輟學學生專案督導小組設置要點」、「國民中小學中途輟學學生通報及復學輔導辦法」及本方案，督導教育行政單位並協調相關單位落實執行各項工作。

二、內政部、法務部及原民會自八十七年十一月起指定業務主管參與教育部「輔導中途輟學學生專案督導小組」，以督導委員立場協助推動國民中小學中途輟學學生復學輔導措施。

三、教育部及省市、縣市教育廳局與中途輟學學生工作攸關
　　單位主管，應參與「輔導中途輟學學生專案督導小
　　組」，擔任委員，並指定專人兼辦中輟學生輔導有關業
　　務。

四、教育部應將中途輟學失蹤學生資料按週定期傳送內政部
　　警政署，內政部警政署以巡警掌上型電腦系統同步協
　　尋，並協商系統直接連線設施。

五、為落實本方案各項工作，教育部應每兩月召開「輔導中
　　途輟學學生專案督導小組會議」，逐年編印「中途輟學
　　學生資料分析報告」、「執行強迫入學條例作業手
　　冊」，辦理「中輟學生輔導業務經驗傳承研討會」、
　　「中輟學生通報系統操作研討會」、「中輟學生通報及復
　　學輔導工作訪視評鑑」及「頒獎表揚有功人員」各一
　　次。直轄市、縣市每年應辦理「國民中小學中途輟學學
　　生通報及復學輔導工作檢討會」兩次，訪視評鑑所屬學
　　校中輟學生業務兩次，並審慎指定中輟學生通報彙辦中
　　心學校，定期檢核通報系統。

六、直轄市、縣市為建構地區中途輟學學生協尋及輔導復學
　　網路，應主動辦理學校及社輔、社政、警政、戶政、原
　　住民行政單位座談活動，或鼓勵教育人員參與支援社輔
　　機構活動。

七、「中輟學生通報及復學輔導宣導團」應於八十七年十二
　　月底前成立，八十七學年度下學期起積極推展宣導活
　　動。

八、教育部定期印行之「中途輟學學生資料分析報告」及法
　　務部定期印行之「少年犯罪分析」（含在學與非在學犯罪
　　比率、類型），以及內政部印行之社輔資料應發送跨部
　　會相關單位，增進輔導資訊交流。

九、執行本方案所需經費，資本門在教育部「籌設中途學校」
　　經費項下支應，經常門在「地方國民教育補助」及「青
　　少年輔導計畫」經費項下優先支應。省市、縣市亦得配
　　合編列年度預算或在相關經費項下勻支。

十、執行本方案有功人員，依據「國民中小學中輟學生通報
　　及復學輔導辦法」規定，定期予以獎勵。

陸、預期成效

一、每年降低國民中小學中途輟學學生人數百分之十以上，
　　九十二年以後每年國民中小學中途輟學學生總人數不逾
　　2000人（不含失蹤部分）。

二、每位輟學後復學學生及可能中途輟學學生均有教師或社
　　會志工認輔，協助其適應學校生活。每位長期（或多次）
　　中輟學生均有民間社輔單位社工人員定期追蹤輔導。

三、九十二年度以後，每一縣市（含直轄市）至少均有一所
　　以上住宿式中途學校，並規劃多元型態中途教育設施，
　　妥予照顧中途輟學後復學而有特殊需要學生。

附錄三：教育部補助直轄市、縣市籌設中途學校實施要點

中華民國八十八年四月三日
台（八八）訓（三）字第八八○三五九九二號頒佈

一、教育部（以下簡稱本部）為扶助家庭變故、嚴重適應困難、行為偏差、中輟復學或需要特別保護之學生（含不幸少女）順利就學，培育適性發展之國民，依據國民教育法、特殊教育法、強迫入學條例之精神，暨兒童及少年性交易防制條例第十四條第一款之規定訂定本要點。

二、中途學校泛指有別於一般正規學校而能提供具有銜接、中介作用之教育設施。概分為四類：

1.獨立式中途學校：包括一般學校中獨立設置之班級、分班、分部、分校、及單獨設置之學校。提供學生住宿、膳食、另類教育課程輔導措施。

2.資源式中途學校：比照特殊教育資源班方式設置之中途班，提供另類教育課程及輔導措施，必要時提供膳宿。

3.合作式中途學校：學校與社會福利機構合作，由學校指派教師至保護機構內開班授課。

4.學園式中途學校：政府與民間宗教或公益團體合作，安置學生於學園內，藉由社會資源輔導之力量，改善學生氣質。

三、為培育適性發展之國民，落實部頒「中途輟學學生通報及復學輔導方案」，直轄市、縣（市）應視學生之需要，積極籌設適當類型之中途學校。

四、直轄市、縣（市）參照左列基準，籌設各類型中途學校：

（一）獨立式中途學校
1.每校以三至九班為規劃基準，每班學生至多二十名。
2.設置教師：高中職、國中每班三名，國小每班二名。
3.各校依學生數及班級數規模，並參酌相關標準，酌設社會工作師（員）、臨床心理師、住宿管理員、職員、警衛、工友、廚工等若干人。

（二）資源式中途學校
1.師資員額比照特殊教育資源班規定，高中職及國中每班設置教師三名，國小每班設置教師兩名。
2.每班聘請社會工作師（員）、臨床心理師輪值，每週二至四小時。

（三）合作式中途學校
1.由教育單位比照資源式中途學校標準，提供師資及社會工作師（員）、臨床心理師輪值服務。
2.由社會福利機構提供食宿及教學設施。

（四）學園式中途學校
由合作縣（市）與執行單位協商，酌予提供師資員額並補助相關需求。

五、教育部補助經費原則如次：

（一）獨立式中途學校
1.教育部補助校舍建築、教學設備、師資職工（人事費）、學生膳食及業務管理費。
2.校舍建築費每校補助五仟萬元至一億元為原則。

3.教學設備費新設校每年每校最高補助一千萬元，至多三年。在有需要逐年專案申請。

4.師資職工（人事費）、學生膳食、及業務管理費用，配合學校規模逐年核實列支。

（二）資源式中途學校

1.教育部補助教學設備，師資職工（人事費）及業務管理費。

2.教學設備費開班費第一年一百萬元，第二年起有特殊需要者再專案申請，每年至多五十萬元。

3.師資職工（人事費）及業務管理費用，配合學校規模逐年核實列支。

（三）合作式中途學校

1.教育部補助師資職工人事鐘點費，並逐年核實列支。

2.教育單位與私立社會福利機構合作之班級，比照資源式中途學校，補助其教學校設備費，每班開班費第一年一百萬元，第二年起有特殊需要者再專案申請，每年至多五十萬元。

（四）學園式中途學校

教育部酌予補助師資職工人事鐘點費，並逐年核實列支。

六、資源式、合作式、學園式中途學校必須由學校提供學生膳宿服務者，其費用亦得向教育部申請補助。

七、直轄市政府教育局及各縣（市）政府每年十月底之前，應將次年度籌設或辦理中途學校實施計畫及經費需求函報教育部申請補助。

八、直轄市政府教育局及縣（市）政府每年一月底前，應將上年度辦理中途學校執行成果函報教育部備查。

九、教育部補助直轄市、縣（市）籌設或辦理中途學校經費，經核定額度後，均需由學校主管教育行政機關備文請領轉撥，新建工程經費比照地方國民教育補助經費之規定，依工程進度分期撥付。

十、籌設或辦理中途學校業務績優人員，併入「中途輟學學生通報及復學輔導方案」有功人員甄選要點規定，由教育部給予公開表揚獎勵。

十一、本要點自發布日實施。

附錄四：中輟學生訪談綱要

您好：

　　我是中正大學犯罪防治研究所的研究人員，目前正在從事一項有關「國中階段中輟學生問題與輔導的研究」。我們在這個研究中有一些問題，希望與你進行訪談，了解你在這些問題上的經驗和想法，未來我們希望能夠找到有效的方法來幫助中途輟學的學生。所以你的意見非常實貴、也非常重要，希望能得到你的協助。

　　本研究的訪談時間大約是一小時左右，為了將你的回答做詳實的紀錄，而且筆記的速度可能趕不上你的表達，所以我必須使用錄音機錄音。但是你不用擔心，你的任何資料及訪談內容絕對保密，不會對外公開。而且如果你希望知道研究結果，研究完成後我們也會與你分享。

　　如果你同意接受我們的訪談，須請你在「訪談同意書」上簽名，非常感謝你的協助！

訪談問題：

1. 你有多長的時間沒有到學校上課了？

2. 沒上課的這一段時間，你都在做些什麼？生活過得如何？

3. 這是你第幾次輟學呢？（第一次）是在什麼時候？當時幾年級？幾歲？

4. 你是為了什麼原因決定不再到學校上課呢？第一次......第二次.....

　　(1) 個人（身心狀況）方面的原因？

　　(2) 家庭方面的原因？

(3) 學校方面的原因？

(4) 社會及朋友的原因？

(5) 其他原因（如工作、結婚、懷孕生子……）

5.有些專家學者在訪問過許多和你一樣的中輟學生之後，歸納出他們不再到學校讀書的原因，有下列一些項目，有哪些和你的情況符合的嗎？請針對每一項符合你情況的原因，詳細加以說明。

6.如果有機會回到學校讀書，你願意嗎？為什麼？（以前幾次輟學後，是什麼原因讓你願意又回到學校讀書？）

7.如果有人鼓勵你回到學校讀書，而你也願意考慮，那會是什麼人？他對你的重要性是什麼？（以前幾次輟學後又回到學校讀書，是因為有人鼓勵你嗎？那是什麼人？他對你的重要性是什麼？）

8.你認為還有些什麼因素可以吸引你回到學校讀書？

9.如果你決定回到學校讀書，你會希望學校有些什麼配合的措施？

(1) 老師的態度方面？

(2) 老師的教法方面

(3) 課程教材方面？

(4) 考試評量方面？

(5) 技藝訓練方面？

(6) 行政組織方面？

(7) 訓導管理方面？

(8) 輔導措施方面？

(9) 家長聯繫方面？

(10) 服務與協助方面？

(11) 其他方面？

10.你心目中理想的學校應該是什麼樣子？

11.對於你的未來，你有什麼計畫或打算？

12.你目前生活中有哪些困難需要學校或社會機構來幫助你？
（如：經濟支援、安置與養護、醫療保健、親人的照顧與
安置、父母的親職教育、職業訓練、就業、求職......等）

附錄五：中輟因素調查問卷

※下列是一些專家學者在訪問過許多中輟學生之後，歸納出他們
　不再到學校讀書的原因，有下列一些項目，有哪些和你的情況
　符合的嗎？請在符合你情況的選項□中打Ｖ
※並請針對每一項符合你情況的原因，詳細加以說明。

	非常不符合	有些不符合	有些符合	非常符合

（一）學校因素:

1.不喜歡學校---------------------------------- □ □ □ □
2.與教師關係不佳---------------------------- □ □ □ □
3.與同學關係不符合---------------------------- □ □ □ □
4.曠課太多---------------------------------- □ □ □ □
5.覺得校園不夠安全、沒有安全感-------------- □ □ □ □
6.被退學---------------------------------- □ □ □ □
7.覺得在班上沒有歸屬感---------------------- □ □ □ □
8.覺得在學校沒有歸屬感---------------------- □ □ □ □
9.跟不上學校進度，課程太難------------------ □ □ □ □
10.覺得在學校沒有一科可以學好---------------- □ □ □ □
11.轉學，但不喜歡新的學校-------------------- □ □ □ □
12.認為學校所教的內容對將來工作沒有幫助------ □ □ □ □
13.考試壓力過大------------------------------ □ □ □ □
14.其他---------------------------------- □ □ □ □

（二）工作因素

1.不能同時兼顧就學與就業---------------------- ☐☐☐☐

2.必須工作------------------------------------- ☐☐☐☐

3.找到工作------------------------------------- ☐☐☐☐

4.想提前創業----------------------------------- ☐☐☐☐

5.其他----------------------------------- ☐☐☐☐

（三）家庭因素

1.家庭經濟因素須工作以補貼家用-------------- ☐☐☐☐

2.在家照顧家人，幫忙家庭-------------------- ☐☐☐☐

3.親屬間不和，無法安心上學------------------ ☐☐☐☐

4.家庭關係不正常---------------------------- ☐☐☐☐

5.家庭發生重大變故-------------------------- ☐☐☐☐

6.家人不關心、管教太鬆---------------------- ☐☐☐☐

7.家人覺得你上不上學、讀不讀書不重要-------- ☐☐☐☐

8.家人對於你的期望過高---------------------- ☐☐☐☐

9.家人對你的管教太嚴------------------------ ☐☐☐☐

10.上學交通不便----------------------------- ☐☐☐☐

11.舉家躲債-------------------------------- ☐☐☐☐

12.家人不讓你上學-------------------------- ☐☐☐☐

13.懷孕------------------------------------ ☐☐☐☐

14.結婚------------------------------------ ☐☐☐☐

15.生子------------------------------------ ☐☐☐☐

16.其他------------------------------------ ☐☐☐☐

（四）同儕因素

1.受同學影響------------------------------- ☐☐☐☐

2.受已經輟學的同學的影響-------------------- ☐☐☐☐

3.受外面的朋友的影響------------------------ ☐☐☐☐

4.受欺壓不敢上學------------------------ ☐☐☐☐

5.男女朋友不讓你上學------------------------ ☐☐☐☐

6.其他------------------------------ ☐☐☐☐

（五）個人因素

1.覺得自己不夠聰明------------------------ ☐☐☐☐

2.有精神疾病------------------------------ ☐☐☐☐

3.需要藥物控制精神狀態--------------------- ☐☐☐☐

4.身體殘障------------------------------ ☐☐☐☐

5.意外傷害或重大疾病--------------------- ☐☐☐☐

6.自尊心低落------------------------------ ☐☐☐☐

7.學習能力低------------------------------ ☐☐☐☐

8.其他------------------------------ ☐☐☐☐

附錄六：中輟學生鑑別檢視表

家庭事件

  來自單親家庭者

  有輟學親戚者

  無雙親管教者

  雙親對學生之期許低者

  來自教學輔助資源稀少之家庭者

  家庭與學校間溝通不良者

  經歷經濟困窘之學生

  家庭生活頗具壓力者

  雙親移居他地工作者

學校事件

  經常缺席或遲到者

  缺乏確切教育目標者

  感覺與學校疏離，缺乏歸屬感者

  認為教育與生活經歷無關者

  能力與學業成績顯有差異者

  社會事件

  結交校外之社會團體者

  不參與或極少參與學校課外活動者

  結交藥物濫用、偏差行為或曾經企圖自殺等友儕者

  不以其同儕團體自居者

  長於同學二歲以上者

人格事件

無法忍受別人安排妥當之活動者

不願認同權威人士者

常打斷教室課程進行者

智商顯著高於或低於一般同學者

經歷情緒創傷者健康狀況不佳者

低自我肯定者

常尋求立即性滿足者

校外工作時間過長者

成就事件

英語語熟程度低者

成績等第與其閱讀等第顯不相當者

曾有低劣之成績分數者

缺乏基本技能者

數理技能學習困難者

經常轉校者

曾經留級一年以上者

附錄七：1997美國全國中輟防治法案
（The National Dropout Prevention Act of 1997）

第一章：協同合作的全國性策略

第101條 全國性的活動

建立中輟防治方案以服務危機兒童，是聯邦政府的優先施政重點，該方案將爲期五年。教育部門應對參與方案的不同族群學生，蒐集有系統的資料。

第102條 全國性學校中輟防治策略

各州應在聯邦法律規範之下應用各類資源、經費來協同合作，以發展和執行學校中輟防治計畫。

第103條 中輟防治和達成局

各州應設立「中輟防治和教育達成局」（Office of Dropout Prevention and Degree Completion），置主任一名，負責向教育部報告中輟防治方案的發展和執行、資料的蒐集，並發展新的中輟防治策略和模式。

第104條 全國性的資源中心

本法案頒佈之後六個月內，主任應建立有效中輟防治和復學方案的資源中心，以達成資源共享。

第105條 全國性的獎勵方案

主任需對奠基於全國中輟防治行動指導守則、且在降低中輟率上獲致卓越成效的各校中輟防治方案，給予特別的獎勵。

第二章：全國中輟防治行動

第201條 實施成果

　　實施成果需強調方案能挑戰所有學生、開發其學術上最大的潛能，且確保所有學生均有機會學習學術和技術技能，在較小型的校中校（schools within schools）和教師合作，並獲得成人認輔者（adult mentors）的持續支持。

第202條 方案主權

　　各州需建立一個經費補助計畫，提供有較高中輟發生率的中等學校，規劃和執行有效的、堅實的、協同合作的學校中輟防治方案，以服務整整個學校的學生。各州每年將獲得聯邦政府50,000美元至100,000美元的經費補助，取決於學校規模、需求、和其他因素。在爲期五年的計畫中，經費補助將逐年遞減，但有百分之十的額外補助，會提供給選擇將學校劃分成較小學習區的學校。

第203條 模式和策略

　　獲得經費補助的學校，應執行以研究爲基礎的、堅實的且被廣泛採用的中輟防治和復學策略，以滿足學校內所有學生的需求爲目標。這些策略應包括學校革新策略如將較大型學校劃分爲較小的學習區，培養生涯技能和就業安置，並化解可能阻礙學生進步的問題。

第204條 學校的選擇

　　各州的學校能否獲得經費補助取決於學校所在的學校行政區、中輟率、貧窮情況、以及各校專業人員所顯現的投入程度。主任應將經費補助標準、和被認可的策略公告周知，並據以判定

經費之補助。為了確保經費補助之不虞匱乏，申請補助的方案應係全校性方案。

第205條 交流活動

每一個獲得經費補助的學校方案，應為同一個學校行政區內的其他學校提供資訊和技術協助，包括成果展示、文件分享、和人員專業發展的協助等。

第206條 進步激勵

參與方案的各地教育部門，必須同意提供持續的經費補助參與學校，包括在獲得補助的兩年內尚未有效降低中輟率的學校。

第207條 學校中輟率的統計

各學校有義務報告每一年度離校學生的中輟率，及其進步情況，並與全國教育統計中心的資料取得一致。

第208條 成果

每一所獲得經費補助的學校，應對主任提出年度實施成果報告。

第209條 禁令

本法案不適於任何提供一般教育的學校，或提供不同於教育法規所規定之課程教材的學校。

第三章：為學生進行生涯準備，以降低中輟率

第301條 生涯準備教育

各州和各地獲得「柏金斯職業和應用科技法案」（Perkins Vocational and Applied Technology Education Act）之經費補助的

學校，應協助每一位學生有能力完成中等學校教育方案或文憑方案。

第302條 各州活動

獲得州政府行政領導經費補助的各州，應盡最大努力推動並配合全國性的教育改革，包括實施被證實有效的中輟防治策略，如將學校劃分爲較小學校區、和其他全校性的革新。

第303條 地方活動

要求柏金斯法案的經費補助，應優先頒給收容最多特殊教育學生、瀕臨學業失敗危機學生的學校或機構，並鼓勵獲得經費補助的學校支持推動全校性的教育革新方案。

第304條 表現目標和指標

方案爲學生表現所設定的達成目標，應包括完成學校教育或爲有中輟危機學生所設計的適性課程。

第四章：1965年高等教育法案的中輟防治

第401條 中等學校方案

建立早期介入方案，以提供具有學業支持需求的七至九年級學生所需的適當服務，培養能適當轉換至中等學校就學的技能和動機。

第402條 經費補助的考量

在經費補助上的額外考量，是申請學校所設定服務的學生，並未在先前補助方案的行列中，以及申請學校所服務的學生來自高中輟率的中等學校地區。

第403條 方案協同合作

本法案所補助方案的主持人，可負責執行一個或一個以上的補助方案。

第404條 額外要求

如獲得本法案經費補的學校能對所服務的同一年群學生提供持續性的追蹤服務，可額外獲得該年度經費總額百分之五的經費補助。但要求獲補助學校應達成百分之七十五的學生留校率，並致力調整方案以增加學生的留校率。並要求方案所服務的學生應爲因長期逃學、行爲常規、留級、來自低收入家庭等問題而無法順利完成中等學校的危機學生。

第405條 工作學習

方案應規劃有「工作學習」（work study）的內涵，使參與學生有機會接觸要求具備中等教育畢業文憑的工作。

第406條 移民家庭學生的特別方案

重新爲移民家庭學生規劃高中同等學歷方案。

第407條 諮商方案

建立一個經費補助計畫，以發展學生諮商的示範方案。

第五章：州政府責任

第501條 州政府責任

要求各州爲了獲得「初等與中等教育法案」（Elementary and Secondary Education Act）所提供的協助，應（1）蒐集和報告當年度各學校行政區和學校有關中輟學生率的資料，並與全國教育統計中心的資料取得一致；（2）執行對公立學校之教育經費補助

政策，爲將學生留在學校內提供適當的利誘；（3）建立統一的留校察看和退學政策，使得學生所犯的相似違規受到相似的懲罰；（4）爲所有被小學和中學退學或留校察看的學生，提供進入選替教育方案的安置計畫，使學生仍能完成中等學校教育。

第六章：經費補助和主權

第601條 主權層級

教育部有權在1999年起執行一億美元的教育經費，投入於執行中輟防治方案的行動，後續四年所獲之補助金額亦同。

附錄八：選替學校或方案檢核表

Morley（1998）

> 　　選替學校或方案，是一個學校或學校教育方案，符合學校行政區的教育目標，但在教學方法和學習環境上則不同於傳統學校。所有以中輟學生或中輟防治為焦點的方案都應被包括在內，父母和學生擁有選擇參與選替學校或傳統學校的權利。但純粹以
>
> 之內。

1.學校行政區：＿＿＿＿＿＿＿＿＿＿＿＿＿＿＿＿＿＿＿＿＿

2.選替方案或學校名稱：＿＿＿＿＿＿＿＿＿＿＿＿＿＿＿＿＿

3.選替方案或學校地址：＿＿＿＿＿＿＿＿＿＿＿＿＿＿＿＿＿

4.聯絡人：＿＿＿＿＿＿＿＿＿＿＿＿＿＿＿＿＿＿＿＿＿＿＿
　　提供殘障或資優學生特殊教育為主的方案，並不包含在此一範圍
　傳真：＿＿＿＿＿＿＿＿＿＿　電子郵址：＿＿＿＿＿＿＿＿＿

5.選替方案或學校起始年度：

6.本年度選替方案或學校註冊情形：（學生總數）＿＿＿＿＿＿＿

　殘障（特殊教育）學生人數：＿＿＿＿＿＿＿＿＿＿＿＿＿＿＿

　少數民族學生人數：＿＿＿＿＿＿＿＿＿＿＿＿＿＿＿＿＿＿＿

7.選替方案或學校的教育階段：（勾出所有適用的選項）

（1）小學（K-5）＿＿＿　（2）國中（6-8）＿＿＿　（3）高中（9-12）＿＿＿

8.選替方案或學校所服務的學生：（勾出所有適用的選項）

（1）中輟學生＿＿＿　（2）潛在中輟學生＿＿＿　（3）一般學生＿＿＿

9.本年度每一位學生的平均單位成本：＿＿＿＿＿＿＿＿＿＿＿＿

10.（1）本年度來自低收入家庭的學生人數：＿＿＿＿＿＿＿＿＿

　　（2）本年度育兒青少年的學生人數：＿＿＿＿＿＿＿＿＿＿

　　（3）本年度參與GED考試的學生人數：＿＿＿＿＿＿＿＿＿

　　（4）本年度完成學業或畢業的學生人數：＿＿＿＿＿＿＿＿

（5）本年度畢業後繼續接受職業訓練的學生人數：＿＿＿＿＿＿

（6）本年度中輟或退學學生人數：＿＿＿＿＿＿

11.選替方案或學校是否為育兒青少年提供子女看護服務？

　　是 ＿＿＿＿＿＿＿＿＿＿＿　　否 ＿＿＿＿＿＿＿＿＿＿＿

（1）校內看護中心

（2）校外看護卷

12.選替方案或學校中的工作人員人數：（寫出適當數字）

（1）專任諮商師　　　　　　（2）專任教師

（3）兼任諮商師　　　　　　（4）兼任教師

（5）其他：

13.選替方案或學校的註冊程序：（勾出所有適用的選項）

（1）在註冊前有一段等候期

（2）學生被直接轉借到方案中—沒有等候期

（3）只服務學校區內的學生

（4）服務學校行政區內和外的學生

14.選替方案或學校的課程安排：（勾出所有適用的選項）

（1）日間課程（下午五點以前）

（2）夜間課程（下午五點以後）

（3）學校週（星期一至星期五）

（4）週末（星期六至星期日）

（5）學校年（九月至五月）

（6）暑假（六月至八月）

（7）所有學生全時出席（5 1/2小時）

（8）學生部分時間出席

15.選替方案或學校的目標：

（1）中輟防治

（2）回歸一般學校方案（部分課程在一般班級中進行）

（3）在選替方案或學校中完成高中文憑

（4）透過GED考試取得高中文憑

（5）完成小學基礎教育

（6）其他：

16.選替方案或學校所提供的課程：

（1）學術發展

（2）GED考試準備

（3）個人和社會發展

（4）生涯和職業發展

（5）其他：

17.選替方案或學校所頒發的文憑

（1）獨立選替學校文憑

（2）由一般學校發給文憑

（3）高中同等學歷

（4）出席證書

（5）沒有文憑或證書

（6）其他：

18.選替方案或學校設備：

（1）位於一般學校的建物中

（2）位於獨立的學校建物

（3）位於教堂、社區學院、公司行號或其他非典型的學校建物

19.選替方案或學校所使用的評鑑程序：

（1）對學生的追蹤調查（包括生涯、畢業後訓練、社會成就等）

（2）標準化測驗（學科、個人/社會、生涯/職業）

（3）工作人員的讚美鼓勵　　（4）學生進步情形報告

（5）非正式測驗

（6）學生自我評鑑（學科、個人/社會、生涯/職業）

（7）應用性研究計畫　　（8）行為表現契約

（9）學生個人檔案　　（10）報告卡

（11）檢核表　　　　　　　（12）寫給父母的信

（13）和父母座談　　　　　（14）個別化計畫

（15）需求評量　　　　　　（16）父母問卷

（17）雇主調查　　　　　　（18）工作人員調查

（19）社區調查　　　　　　（20）其他：

20.選替方案或學校課程技術和/活動

（1）能力為基礎的學習（透過測驗、表現觀察或訪談，瞭解學生是否精熟預設的目標，紀錄學生的進步情形）

（2）個別引導教育（教學係以學生的程度為基礎，並由學生的表現所引導—個別化計畫）

（3）塊狀安排（教學或輔導的提供以團體學生為主）

（4）個別安排（以一對一方式教導或諮商學生）

（5）獨立研究（教師和學生建立契約，由學生主動學習）

（6）合科教學（將二或三科加以整合，使學生能融會貫通不同科目領域知識）

（7）社區研究（學生參與社區，以擴展學科學習，或生涯導向、探索與準備）

（8）GED準備課程（學習基本學科技能）

（9）兒童看護訓練（和兒童看護中心合作，提供育兒父母親職訓練）

（10）健康教育：　藥物濫用　　　營養　　　性　　　其他

21.選替方案或學校的諮商活動：

（1）方案規劃　　　　　　　（2）生涯規劃/安置準備

（2）個別/團體問題解決　　　（4）藥物濫用諮商

（5）自我評量/測驗　　　　　（6）課程導向

（7）父母關係/座談會　　　　（8）作決定技巧

（9）學校/ 社區議題　　　　　（10）其他：

22.選替方案或學校的學生組織：學生可參與

　　（1）決定教學技術　　　　（2）規劃課程

　　（3）判斷行為常規　　　　（4）教師評鑑

　　（5）規劃課程輔助活動　　（6）其他：

23.選替方案或學校的工作人員組織：教師可參與

　　（1）教學　　　　　　　　（2）課程

　　（3）常規　　　　　　　　（4）教師評鑑

　　（5）課程輔助活動　　　　（6）專業發展

　　（7）其他：

24.在全國或國際被認可的方案中，屬於哪一類？

　　（1）探險學習學校（Expeditionary learning schools）

　　（2）本質學校聯盟（Coalition of essential schools）

　　（3）開放學校（Open schools）

　　（4）自我導向學習學校（Self-oriented learning schools）

　　（5）其他：

25.參與本方案或學校的社區團體：

　　（1）父母家長　　　　（2）公民及社區團體

　　（3）工商業團體　　　（4）支援服務，如人群服務、心理衛生等

　　（5）其他：

附錄九：建立學生輔導新體制—教學、訓導、輔導三合一整合實驗方案

教育部87年8月21日
台（87）訓（三）字第87091640號函頒

壹、目標

建立各級學校教學、訓導、輔導三合一最佳互動模式與內涵，培養教師具有教訓輔統整理念與能力，有效結合學校及社區資源，逐步建立學生輔導新體制，其具體目標如下：

一、建立有效輔導體制。
二、增進輔導組織功能。
三、建立學校輔導網絡。
四、協助學生適性發展。
五、培育學生健全人格。

貳、策略

一、成立學生輔導規劃組織。
二、落實教師輔導學生職責。
三、強化教師教學輔導知能。
四、統整訓輔組織運作模式。
五、結合社區輔導網絡資源。

參、方法

一、成立「建立學生輔導新體制規劃委員會」

教育部會同省市教育廳局，結合教育、訓導、輔導學者專家及實驗學校校長，成立「建立學生輔導新體制規劃委員會」，規

劃教學、訓導、輔導三合一整合實驗方案，協助實驗學校依據實驗方案，擬定教訓輔人員最佳互動模式與內涵，並逐步增加實驗學校。

二、擬定實驗學校實驗計畫

實驗學校成立「建立學生輔導新體制執行小組」，依據部頒「教學、訓導、輔導三合一整合實驗方案」，結合社區資源，設計學校教、訓、輔人員最佳互動模式與內涵，規劃具體實驗計畫，提送教育部「建立學生輔導新體制規劃委員會」審議，經行政程序核定後據以執行。

三、辦理學生輔導新體制實驗績效評估

教育部「建立學生輔導新體制規劃委員會」配合實驗進程，適時委託學者專家進行「學生輔導新體制實驗績效∝朘襖v，併同「省市試辦專業輔導人員方案評估」結果，作為調整實驗方案及實驗學校之參考。

四、落實教師在教學歷程中輔導學生之責任

實驗學校「建立學生輔導新體制執行小組」依據教師法第十七條規定，並配合學校傳統與發展特色，規範教師在教學歷程中輔導學生之責任。

五、培養全體教師皆具有輔導理念與能力

實驗學校設計多元途徑與方法，引導學校教師善盡輔導學生責任，並規劃提供各項研習機會，培養全體教師皆具有輔導理念與能力。

六、鼓勵每位教師皆負導師職責

實驗學校可視師資現況及員額編制，設計多元模式，實施每位教師皆能擔任導師，在教學中能及時辨識、通報並輔導學生。

七、鼓勵每位教師參與認輔工作

　　實驗學校配合學校輔導工作行政運作，鼓勵教師人人認輔一至二位適應困難、行為偏差或中輟復學學生，協助學生順利成長發展。

八、策勵教師實施高效能的教學，幫助學生獲得人性化及滿意的學習

　　實驗學校辦理教師教學知能研習，提升教師的教學知能，發揮教學的本質與功能，兼顧認知、情意與行為等領域的教育目標，幫助學生獲得人性化及滿意的學習，並使教學達成主學習、副學習、輔學習的理想。

九、強化各科教學研究會功能，將輔導理念融入教學歷程，提升教學品質

　　實驗學校加強彈性安排課程，實施定期及不定期各科教學研究會、教學觀摩，共同擬定教學計畫，將輔導理念融入教學歷程，並成立教學診斷小組，瞭解教學與辦學問題，持續研究課程、教材、改進教學方法，及必要的補救教學，以提升教學品質。

十、實施教學視導及教師評鑑

　　實驗學校將教學視導及教師評鑑納入教師聘約中，規定教師均應接受主管教育行政機關及學校所進行之教學專業視導及教師評鑑。

十一、調整學校訓導處之行政組織及人員編制，兼具輔導學生之初級預防服務功能。

　　實驗學校將訓導處改為學生事務處，依據學生身心發展特質，運用輔導的觀念及態度，實施訓育及生活教育，培養學生正確的價值觀及人生觀，並協助推動與執行全校性之初級預防服務工作。

十二、調整學校輔導室（學生輔導中心）之行政組織及人員編制，加強各級心理輔導及諮詢服務工作。

　　實驗學校為發揮輔導功能，中小學校得調整輔導室為輔導處，大專院校亦可將學生輔導中心改為諮商中心，設置專任輔導教師及專業輔導人員，規劃、辦理全校性輔導工作，結合醫院心理治療人員，加強二級、三級預防服務工作，並為全校教師及學生家長提供輔導知能諮詢服務。

十三、調整學校行政組織及人員編制

　　實驗學校配合教訓輔行政組織之整合，以及輔導網絡之建立，調整行政組織及人員編制，以提升全校行政運作功能。

十四、建立學校輔導網絡，結合社區資源，協助辦理學生輔導工作

　　實驗學校結合社區資源，如社工專業人員、心理衛生人員、公共衛生護理人員、法務警政人員、心理治療人員、公益及宗教團體等，建立學校輔導網絡，協助學校輔導工作。

十五、運用社區人力資源，協助學校推動教育工作

　　實驗學校研訂辦法，結合社區義工、學生家長及退休教師，協助推動教學、訓導、輔導工作，例如充實與補救教學、交通導護、校園安全、認輔適應困難學生、追蹤輔導中輟學生、親職教育諮詢服務..等。

十六、研訂學校教師輔導工作手冊

　　實驗學校依據「建立學生輔導新體制」實驗內涵，明確規範教師、導師、輔導教師、專業輔導人員、行政人員之角色任務與職能，列舉教師進行學生輔導工作有效實施模式，逐年研訂教師輔導工作手冊，進行實驗工作，提升輔導學生績效。

十七、辦理學校教師、行政人員、義工及家長研習活動

實驗學校配合實驗方案設計，適時辦理教師教學、訓導、輔導知能及行政人員、義工、家長相關研習活動，提升其教訓輔知能。

肆、行動步驟

一、

教育部會同省市、縣市教育廳局，結合學者專家，於八十七年六月前成立「建立學生輔導新體制規劃委員會」，規劃策訂實驗方案，執行重要實驗工作。

省市政府教育廳局於八十七年八月成立「建立學生輔導新體制督導小組」，負責遴選推薦實驗學校及督導所屬學校實驗工作之進行。

各縣市政府於八十八年三月成立「建立學生輔導新體制督導小組」負責推廣國中國小實驗學校及督導工作。

二、

實驗學校之遴選由主管機關推荐，經「建立學生輔導新體制規劃委員會」審議核定，第一年實驗學校由學者專家指導，並配合實驗成效評估工作，第二年起主管機關依所屬學校之規模與 fa 區分佈向規劃委員會建議，經審議核定後擴大實驗。

三、

各實驗學校成立「建立學生輔導新體制執行小組」，於每年五月底前擬訂實驗計畫，六月底前提送審議，七月底前經核定後據以執行。

四、

實驗學校因實驗之需要，得依據相關標準，調配學校教職員

總員額，設置專任輔導教師及專業輔導人員；如爲配合整體實驗方案之需要，必須增加員額時，得敘明理由，提報「建立學生輔導新體制規劃委員會」審議。

五、

教育部依據八十七學年度實驗成效爲基礎規劃逐年擴大推廣實驗學校。預計八十八學年度增至每縣市均有學校參與，八十九學年度配合修訂各級學校法規後，九十一學年度前全面實施。

六、

教育部應配合實驗方案之進程，定期辦理各項研習與傳承活動，並擇定各層級一所中心學校，負責邀集同一層級實驗學校人員定期討論，研議實驗工作衍生問題與改進措施。

七、

教育部應配合實驗方案之進程，定期彙集實驗成果，印製各種輔導工作手冊，推廣實驗績效。

八、

教育部及省市、縣市府教育廳局應配合本實驗計畫之進程，指定專人執行相關業務。

九、

參與實驗學校第一年所需經費由教育部教改經費中優先支援，第二年起即依據經常性業務運作辦理，教育行政主管機關依實驗績效擇優補助之。

十、

本方案所需經費除實驗學校補助款由教改經費另行支援外，由「青少年輔導計畫」年度經費額度優先勻支。

附錄十：國民中小學中輟學生輔導與支援網絡實施方案（草案）

提案單位：全國中輟防治諮詢研究中心

國立中正大學犯罪防治研究所

提案日期：民國89年11月22日

壹、緣起

　　教育部於八十六年三月起，即與台灣省政府教育廳試辦中途輟學學生追蹤輔導工作，並由地方各縣市政府教育局與民間團體中華兒童福利基金會各地家扶中心合作，進行中輟學生之輔導工作。精省之後由省政府統籌補助經費，該府文教組賡續承辦仍由地方各縣市政府教育局與中華兒童暨家庭扶助基金會負責執行。邇來中央及各縣市地方政府經費來源拮据，在各界重視輟學問題，紛紛投入專業人力協尋、輔導之際，如何統整民間與地方政府既有資源，結合中央將投入更多經費支持辦理多元輔導中輟生方案問題，斯為當前努力之方向與工作重點所在。

　　依教育基本法第九條之規定，國民教育雖為地方政府教育權限，又憲法規定中央對弱勢群體之教育事務應提供扶助。而地方各縣市地區特性、民間團體屬性殊異，難以中央統籌一套方式即可滿足，故而由地方政府主動研提實施計畫，結合民間團體積極辦理輔導中輟學生之預防、輔導、安置等工作，實為當前環境下可行之道。

　　根據民國八十七年行政院主計處發布之各相關官方統計資料與教育部發布之國民中小學中途輟學學生統計資料進行「群落分析」(cluster analysis)，依地方各縣市之輟學率數據高低為準，分析結果依其嚴重程度可概分為三級(如後附錄圖一與表一、表二)：

一、第一級：係輟學率最嚴重之地區，計有花蓮與台東等二偏遠之縣。

二、第二級：係指輟學率次嚴重之地區，計有台北、高雄等二院轄市與基隆、台中、台南、新竹、嘉義等五省轄市。

三、第三級：係指輟學率較不嚴重之地區，計有嘉義、屏東、南投、苗栗、新竹、澎湖、彰化、雲林、桃園、台中、宜蘭、高雄、台北與台南等十四縣。

以此三級區分輟學嚴重程度之縣市之地區特性一併說明如下：

一、第一級：人口結構方面，其出生率、死亡率、原住民人口率均最高，而人口密度卻最低；治安方面，刑案發生率雖最低，但犯罪人口率卻最高；社會與教育資源方面，青少年就業率最高，平均每校服務面積最廣，每班學生數與師生比數最小。

二、第二級：人口結構方面，其出生率、死亡率、原住民人口率均最低，而人口密度卻最高；治安方面，刑案發生率最高；社會與教育資源方面，失業率最高，而青少年就業率亦最低，平均每校服務面積最小，每班學生人數與師生比數最大。

三、第三級：失業率最低，犯罪人口率最低；其他各方面之比值大小均居於第一、二級之間。

由以上地方政府地區特性之概述，輟學率最嚴重之花東偏遠地區，其社會資源之劣勢可見，應係長期城鄉發展失衡，衛生醫療環境低劣，社區資源分配失當，教育政策失調等必然之結果。而輟學率次嚴重之區域，其所面臨之環境幾乎恰與上述之環境迥異，如何而能遏抑犯罪之發生，改善失業率所影響之層面，調整

人口(學生)密集於有限空間內之窘境等，均為降低輟學率重要之政策。

　　國立中正大學犯罪防治研究所於今年四月在教育部支持下成立「全國中輟防治諮詢研究中心」，成立宗旨就是致力於發展有效的教育和輔導策略，來預防學生中途輟學、產生嚴重偏差行為或涉入犯罪。我們積極推動「中輟學生輔導與支援網絡」之建構，預期藉由和民間社福團體、政府教育部門及學校單位建立合作夥伴關係，共同進行中輟學生通報、追蹤輔導、家庭訪視、親職教育、多元選替教育、復學輔導、諮商服務、社會支援網絡與校園安全維護等全面性、綜合性的輔導與防治策略，以減少青少年中途輟學與犯罪、發展健全人格、締造安全校園與祥和社會為最高行動目標。

　　此外，鑑於教育部所頒佈「中途輟學學生通報及復學輔導方案」臚列之廿四項具體工作項目，其中央主管機關有教育部、內政部、法務部、原住民委員會。執行單位中央有教育部訓育委員會、國教司、技職司、電算中心、內政部警政署、民政司、戶政司、社會司、法務部保護司、矯正司、犯罪問題研究中心、原住民委員會教育文教處；地方則有台灣省政府文教組、直轄市政府教育局、縣市政府等單位；民間另有各宗教團體、社福機構、學術研究等單位為執行或諮詢之機構。如何整合這些單位、機構之力量，以民間力量為本，群策群力，共同致力於中輟學生的輔導與防治工作，亦是值得重視之議題。

　　本「中輟學生輔導與支援網絡」之規劃草案，目的即在於整合政府與民間各類社會資源，從通報、協尋、教育、輔導、諮商與社會支援各層面，來共同擬定一兼具預防與處遇對策之最佳輔導與支援網絡。

貳、依據

一、地方制度法與教育基本法

二、強迫入學條例

三、國民中小學中途輟學學生通報及復學輔導辦法

四、中途輟學學生通報及復學輔導方案

五、八十九年六月十二日「輔導中途輟學學生通報及復學輔導相關事宜」協調會議決議

六、八十九年十月四日「與民間團體合作協助學校輔導工作，以及追蹤與輔導中輟生方案」第一梯次諮詢會議決議

參、目標

一、整合中央和地方政府、民間、團體、企業與學校之資源，建立政府—學校—民間機構之夥伴關係 (partnership)，共同致力於中輟學生追蹤與復學之輔導工作。並依各資源團體之專長，進行分工。

二、建構健全之中輟學生通報、追蹤、復學輔導、及就業服務網絡。

三、培養身心健康的學生，締造安全的校園，促進祥和的社會。

四、減少中輟學生人數，降低少年犯罪率。

肆、方案擬定步驟與程序

一、由方案規劃單位提出「中輟學生輔導與支援網絡」規劃草案

由全國中輟防治諮詢研究中心研究人員密集研商，提出「中輟學生輔導與支援網絡」規劃草案，呈送教育部訓育委員會溝通意見。

二、初步修正規劃草案，籌備焦點團體座談會

　　依據教育部訓育委員會簽報之意見，對「中輟學生輔導與支援網絡」規劃草案做成初步修正。同時進行焦點團體座談會各項籌備、聯絡與辦理事宜。

三、舉辦專家學者與實務工作者焦點團體座談會

　　「焦點團體訪談」乃係由規劃主持人預先擬定與主題相關的訪談導引，以小團體方式對受訪者進行有系統的訪談，不僅可呈現個別受訪者對特定問題的看法，更可藉由團體歷程中彼此的相互影響與團體動力之發展，產生共識性之意見。

　　本規劃案由全國中輟防治諮詢研究中心分別邀請教育部、各縣市政府教育局和社會局、民間社福團體等各單位負責人員，以及教育行政專家學者，於台北和嘉義舉行兩次「中輟學生輔導與支援網絡」焦點團體座談會，以凝聚共識，修正規劃方案（參見兩次會議記錄）。

四、彙整焦點團體座談會意見，提出具體可行方案

　　由全國中輟防治諮詢研究中心彙整兩次焦點團體座談會之具體實施意見，架構綜合性的「中輟學生輔導與支援網絡」，並提出各機構團體之實施和合作辦法，以呈報教育部中輟督導小組會報討論。

五、報告「中輟學生輔導與支援網絡」實施方案

　　由全國中輟防治諮詢研究中心主任負責向教育部中輟督小組報告「中輟學生輔導與支援網絡」實施方案，以及各機構團體之合作辦法。

六、完成「中輟學生輔導與支援網絡」規劃報告

　　由全國中輟防治諮詢研究中心彙整教育部部內討論意見及結論，確立「中輟學生輔導與支援網絡」實施方案，並撰寫完成

「中輟學生輔導與支援網絡」規劃報告，呈報教育部訓育委員會結案。

伍、方案行動策略

本「中輟學生輔導與支援網絡」實施方案，共提出九項重點工作項目，擬依中輟學生通報與協尋、中輟學生教育與輔導兩方面分別敘述。

一、中輟學生通報與協尋方面

（一）中輟學生通報與追蹤輔導

由學校輔導人員透過通報系統每日定時通報中輟學生，轉介由與地方政府簽約之民間社福團體社工師，配合司法警察單位積極協尋追蹤中輟學生，並由社工師和少輔隊輔導員伺機施予個別輔導。學校、社政單位、警察單位應定期舉辦「中輟學生通報與協尋」協調會報。

（二）中輟學生家庭訪視與家庭扶助

由與地方政府簽約之民間社福團體派遣社工師，對個別中輟學生家庭進行家庭訪視，並視實際需要提供必要之家庭扶助、寄養服務或家庭諮商。

（三）中輟學生父母親職教育

由與地方政府簽約之民間社福團體社工師，利用夜間或週末於各地舉辦中輟學生父母親職教育活動或親職技巧團體鼓勵，中輟學生之父母或監護人積極參與。並與地方法院少年法庭合作，為違反「強迫入學條例」的父母家長，實施強制性親職教育活動。由與地方政府簽約之民間社福團體與地方法院少年法庭觀護

（四）受保護管束中輟學生之法治教育與輔導

人員（少年保護官）建立合作模式，提供受保護管束中輟學生法治教育，並實施個別與團體輔導。

二、中輟（復）學生教育與輔導方面

（五）中輟復學生選替教育暨危機學生中途輟學之預防

由教育部支持補助各地方政府教育局籌辦「選替學校」或「選替教育班」，為已經輔導復學的中輟復學生及有潛在中輟危機的學生提供選替教育方案，並依據不同中輟原因分類實施特定教育和輔導策略，預防危機學生中途輟學或再度中輟。方案熔[應包括學科教育、技藝教育、生活及心理教育、與諮商服務等。

（六）中輟學生復學輔導與諮商服務

由教育部支持補助收容中輟十位以上中輟復學生的學校或選替學校，試辦「學校諮商師或專業輔導人員實施計畫」，延聘具備專業輔導資格的人員，負責為中輟復學生提供復學輔導與諮商服務，內容包括學習輔導、生活輔導與生涯輔導，方式包括個別諮商、團體諮商與家庭諮商等。

（七）中輟復學生暨危機學生社會支援

由收容中輟學生的學校或選替學校民間社福團體訂定「中輟復學生輔導與支援合作計畫」，招募志工人員，施予助人技巧之培訓，擔任中輟復學生與潛在中輟危機學生之認輔員，提供社會支援與服務。

（八）中輟復學生暨危機學生就業輔導

由收容中輟復學生之學校獲選替學校、民間社福團體和各縣市職業訓練機構訂定「中輟復學生職業訓練與就業輔導合作計畫」，發展危機學生就業輔導方案，提供不打算繼續升學之中輟復學生與潛在中輟危機學生有系統的就業輔導與求職協助。

（九）校園安全維護暨校外生活指導

由收容中輟復學生之學校或選替學校、民間社福團體與各縣市校外生活指導委員會、各縣市警察單位訂定「校園安全維護暨校外生活指導合作計畫」，建立校園安全維護暨校外生活指導方案，以共同締造安全的校園與祥和的社會。

陸、協同合作單位與負責事項

欲有效推動此一綜合性中輟學生輔導與支援網絡，紓緩中輟學生問題的嚴重性，亟需仰賴政府各部門、學校單位及民間團體之分工和合作。

（一）政府機構

1.中央：教育部、內政部、法務部、原住民委員會

負責制訂全國中輟防治政策、推動中輟防治法案之立法、支持補助各縣市政府設置「選替學校」或「選替教育班」、補助「學校諮商師或專業輔導人員實施計畫」、鼓勵學校和民間社福團體提出綜合性中輟防治計畫、審核中輟防治計畫、提撥專款補助相關經費、進行中輟防治方案成效評鑑、獎勵有效實施之計畫。

2.地方：地方政府（教育局、社會局、警察局）

成立處理「中輟學生教育與輔導」專責單位，負責統合並聯繫協調地方各類資源、委託值得信賴的民間社福機構進行中輟學生通報與協尋計畫、督促學校及民間社福團體提出中輟防治計畫、協助審核中輟防治計畫、提撥配合款補助相關經費、督導與協調計畫之執行、彙整計畫執行成果。

（二）學校機構：各縣市公、私立中小學

負責擬定及執行以中輟防治為目標之各類教育改革方案之實驗，包括學校環境、行政組織、教學方法、課程教材、多元評量、輔導活動等之創新與實驗。並與各縣市地方警政、社政、法

務體系，及民間社福團體訂定協同合作計畫，共同建構綜合性中輟防治之聯防網絡。

（三）民間社福團體及公益或文教基金會

接受各地方政府委託，負責派遣合格社工師進行中輟學生的通報、協尋、家庭訪視、親職教育∞央Ａ和學校單位合作擬定及執行以中輟防治為目標之各類輔導與支援服務方案，包括追蹤輔導、個別輔導、團體輔導、家庭協談、親職教育、志工服務等。

（四）全國中輟防治諮詢研究中心

作為全國中輟防治資源整合之橋樑，負責協調聯繫政府、學校、民間社福團體等各類資源，建構綜合性中輟聯防網絡。並接受政府及民間團體之委託，進行各項中輟防治方案之規劃、研究與評鑑工作。

柒、預期成效

一、建立中輟學生的通報和協尋的密切聯繫網絡，積極找回中輟學生。

二、對中輟學生的家庭提供支持、協助、和親職教育，促使家庭負起關懷教養中輟學生的責任。

三、為中輟學生提供法治教育，以預防中輟學生涉入違法犯罪活動。

四、為中輟復學生提供不同於正規學校的多元另類教育措施，及深入的個別和團體諮商服務，促進學生的心理健康和人格成長。

五、為中輟復學生建立良好完善的社會支援網絡，以協助其奮發向善，並維護校園的安全與社會的祥和。

六、為中輟復學生提供技藝教育和就業輔導服務，以協助其在社會中謀得正當的工作。

七、促使政府與民間機構各司其職且攜手合作，共同為減少
　　中輟學生人數比例並提供中輟學生適切有效之協助措施
　　而積極努力。

參考書目

內政部統計處(2000)。國民中小學中途輟學學生特性統計分析。

王慶愧 (1988)。保護管束少年家庭、同儕與不良行為之研究。東海大學社會工作研究所碩士論文，台中：東海大學。

王鍾和 (1994)。單親家庭的親子關係。單親家庭-福利需求與因應對策略。中華兒童福利基金會。

呂民璿 (1990)。青少年的社會參與與社會適應。台北：巨流出版社。

李月櫻 (1994)。親子關係與青少年竊盜行為之研究。東海大學社會工作研究所碩士論文。台中：東海大學。

吳芝儀 (1998)。中輟學生的另類選擇學校。職教園地，22期，11~15頁。

吳芝儀 (1999a)。國中階段中輟學生問題與輔導之研究。台灣省諮議會專題研究成果報告。

吳芝儀 (1999b)。暴力犯罪少年學校經驗回顧。發表於「當前青少年犯罪問題與對策」研討。嘉義：中正大學。

吳芝儀 (1999c)。危機中學生教育的另類選擇：美國選替性教育之發展與現況。中華民國比較教育學會主編：新世紀的教育挑戰與各國因應策略，245-280頁。台北：揚智。

吳芝儀(2000)。國中階段中輟學生輟學經驗與危機因素之研究。犯罪學期刊，5期，179-232頁。

吳芝儀、李奉儒譯 (1995)。質的評鑑與研究。台北：桂冠。

門菊英 (1992)。青少年吸食安非他命相關因素之探討。東海大學社會工作研究所碩士論文，台中：東海大學。

周愫嫻(1999)。中輟學生的問題、原因與影響：檢驗社會結構、輟學率與少年犯罪的共變與因果關係。台北：中輟學生的服務與輔導學術研討會。

段秀玲 (1988)。中途輟學國中生與一般國中生在生活適應及親子關係上差異之比較研究。輔導月刊，(24)，31~34。

法務部 (1997)。少年兒童犯罪概況及其分析。台北：法務部犯罪研究中心。

法務部 (1998)。少年兒童犯罪概況及其分析。台北：法務部犯罪研究中心。

法務部 (1999)。少年兒童犯罪概況及其分析。台北：法務部犯罪研究中心。

高金桂 (1992)。問題行為學生類型及其成因之研究。教育部輔導工作六年計畫研究報告。教育部訓育委員會。

高琦玲 (1994)。台北市高職補校學生輟學傾向危險群之研究。社會教育學

刊，25期，233-251頁。

高淑貴 (1990)。影響青少年社會行為的家庭因素。婦女與兩性學刊，(1)，49~86。

翁慧圓 (1995)。從家庭系統理論探討國中少年中途輟學行為。社區發展季刊，73期，63~72頁。

商嘉昌（1995）。中途輟學與青少年犯罪：以新竹少年監獄為例。國立政治大學社會學研究所碩士論文。

梁志成 (1993)。台北市高級職業學校學生中途輟學因素及其輔導預防策略調查研究。師範大學工業教育研究所碩士論文。

許春金（1997）。收容少年犯罪成因及其防治對策之調查研究。法務部犯罪研究中心。

張人傑（1994）。改進輟學研究需解決的問題。教育研究雙月刊，第37期，28-35頁。

張清濱 (1992)。中途輟學的社會學分析及輔導策略。台灣省政府教育廳。

張景然 (1992)。青少年犯罪學。台北：巨流圖書公司。

張華葆 (1988)。台灣青少年犯罪分析。台灣省政府。

張鈿富 (1994)。高級職業學校學生中途輟學原因與輔導策略之研究。教育廳專案研究報告。台灣省政府教育廳。

張勝成 (1993)。國民中小學中途離校學生暨未升學亦未就業畢業生之生活狀況及教育問題調查研究。彰化師範大學特殊教育系。

彭駕騂 (1994)。國民中小學中途輟學學生復學輔導手冊。教育部。

彭駕騂 (1995)。青少年偏差行為探討及台灣目前的輔導措施1995。輔導工作國際比較學術研討會論文集(pp.25-38)。國立高雄師範大學。

黃武鎮 (1989)。國民中學中途輟學學生形成因素、在校適應行為及其輔導策略之調查研究。台中：台灣省中等教師研習會。

黃富源、鄧煌發(1999)。單親家庭結構與功能對少年非行之影響：台北市之調查研究結果分析，中央警察大學學報，第三十五期，頁329-92。

黃德祥（1996）。高中學生輟學、休學與逃學的問題與輔導:輔導措施實務手冊。台中:台灣省政府教育廳。

黃德祥、向天屏 (1999)。中輟學生形成原因與對策之研究。訓育研究，38卷2期，16-33頁。

楊國樞（1986）。家庭因素與子女行為：台灣研究的評析。中華心理月刊，28期，2-28頁。

楊瑞珠（1998）。從高危險行為之初期徵候看中輟學生的便是與輔導。中華兒童福利基金會（編印）：中途輟學問題與對策。

廖德富、馬傳鎮等 (1993)。吸安、財產、暴力少年與一般少年性格特質、環境因素及其因應能力之比較研究。行政院八十二年度研考經費補助專案。

鄭崇趁 (1998)。輔導中輟學生的權責與方案。學生輔導，55期，16-23。

鄭崇趁 (1999)。中途學校與中輟生輔導。訓育研究，38卷2期，48-56頁。

鄧煌發(2000)。輟學少年之家庭與社會學習因素的比較分析。犯罪學期刊，5期，233-276頁。

鄧煌發譯(2000)。美國中學輟學問題與預防計畫，新知譯粹，第16卷第1期，桃園：中央警察大學，頁17-41。

賴保禎 (1988)。青少年犯罪預防及矯治。台灣省政府。

劉秀汶（1999）。國民中學中輟生問題及支援系統之研究。訓育研究，38卷2期，63-80頁。

蔡德輝、吳芝儀（1998）。中輟學生輔導策略之轉向：跨世紀的另類選擇教育。中華兒童福利基金會（編印）：中途輟學問題與對策。

蔡德輝、吳芝儀（1999）。中輟學生的輔導與服務方式。訓育研究，38卷2期，57-62頁。

蔡德輝等(1999)。青少年暴力犯罪成因與矯正處遇對策之研究。國科會研究報告。

Ageton, S., & Elliott, D. (1974). The effects of legal processing on self concepts. *Social Problems*, 22, 87-100.

Alpert, G.& Dunham, R. (1986). Keeping academically marginal youth in school. *Youth and Sociology*.(17), 346-361.

Aronson, S. R. (1995). Alternative learning environments . *Insights*, 6.

Bandura, A. (1977). *Social learning theory*. Englewood Cliffs, NJ: Prentice-Hall.

Barr, R.D. (1975). The growth of alternative public schools: The 1975 ICOPE report. *Changing Schools*, 12, 9.

Barry, B. W. (1986). *Strategic planning workbook for nonprofit organization*. St. Paul, MN: Amherst H. Wilder Foundation.

Baruch, R. & Stutman, , S. (1994). *Strategies for fostering resilience*. Washington, DC: Institute for Mental Health Initiatives.

Bearden, L. J., Spencer, W. A., & Moracco, J. C. (1989). A study of high school dropouts. *The School Counselor*, 37, 111-119.

Berrueta-Clement, J., Schweinhard, L., Barnett, W., Epstein, A., & Weikert, D.

(1984). Changed lives: The effects of the Perry preschool program on youths through age 19. *Monographs of the High/Scope Educational Research Foundation*, 8. Ypsilanti, MI: High/Scope Press.

Beck, M. S. (1991). Increasing school completion: Strategies that work. *Monographs in Education*, 13.

Boyer, E. L. (1987). Early schooling and the nation's future. *Educational Leadership*, 44, 4-6.

Brody, G.H.& Mccoy, J.K. (1992). Associations of maternal and paternal direct and Differential behavior with sibling relationship: Contemporaneous and longitudinal analysis. *Child Development*, 63, 82~92.

Bucci, J. A. & Reitzammer, A. F. (1992). Teachers make the critical difference in dropout prevention. *The Educational Forum*, 57, 63-69.

Butchart, R. E. (1986). *Dropout prevention through alternative high schools: A study of the national experience*. New York: Elmira Board of Cooperative Educational Services. ERIC Document Reproduction Service No. ED 273 872.

Cairns, R. B., Cairns, B, D., & Neckerman, H.J. (1989). Early school dropout: Configurations and determinants. *Child Development*, 60, 1437-1452.

Carter, G.V. (1973). *Dictionary of Education*. 3 rd. (ed.). New York: McGraw Hill, p.198.

Catalano, R. F., Arthur, M. W., Hawkins, J. D., Berglund, L., & Olson, J. J. (1998). Comprehensive community- and school-based interventions to prevent antisocial behavior. In R. Loeber & D. P. Farrington (Eds.), *Serious & Violent Juvenile Offenders*. Thousand Oaks: Sage.

Chalker, C. S. (1994). *A description of separate secondary alternative school programs in Georgia in 1993-1994*. Unpublished doctoral dissertation. The University of Georgia, GA.

Chalker, C. S. (1996). *Effective alternative education programs: Best practices from planning through evaluating*. Lancaster: Technomic Pub.

Chow, S et al. (1996). *Dropping out in Ogden city schools: The voice of students. Final draft*. (ERIC Document Reproduction Service NO.ED405160).

Davalos, D. B., Chavez, E. L., & Guardiola, R. J. (1999). The effects of extracurricular activity, ethnic identification, and perception of school on student dropout rates. *Hispanic Journal of Behavioral Sciences*, 21, 61-77.

Denzin, N. K. (1978). *The research act: A theoretical introduction to sociological methods*. New York: McGraw-Hill.

Denzin, N. K., & Lincoln, Y. (1994). *Handbook of qualitative research*. Thousand Oaks, CA: Sage.

Dewey, J. (1938/ 1963). *Experience and education*. New York: Collier Books.

Dinkmeyer, D. C., Pew, W. L., Dinkmeyer, D. C. (1979). *Adlerian counseling and psychotherapy*. Monterer, CA: Brooks/ Cole.

Dryfoos B. (1990). *Adolescents at risk: Prevalence and prevention*. New York: Oxford University Press.

Duckenfield, M., & Swanson, L. (1992). *Service learning: Meeting the needs of youth at risk*. Clemson, SC: National Dropout Prevention Center.

Dynarski, M. & Gleason, P. (1999). *How can we help: Lessons from federal dropout prevention programs*. Princeton, NJ: Mathematica Policy Research, Inc.

Ekstrom, R. B., Goertz, M. E., Pollack, J. M., & Rock, D. A. (1986). Who drops out of high school and why? Findings from a national study. *Teacher' s College Record*, 87, 356-373.

Elliott, D. S., Ageton, S. S., & Canter, R. J.(1979).An integrated theoretical perspective on delinquent behavior. *Journal of Research in Crime and Delinquency*, 16, 3-27.

Elliot, D. S. & Voss, H. H.(1974). *Delinquency and dropout*, MA: Lexington Books.

Englander, E. K. (1997). *Understanding Violence*. Mahwah, NJ: Lawrence Erlbaum.

Enyon, T. G., & Reckless, W. C.(1961). Companionships at delinquency onset. *British Journal of Criminology*, 2, 167-168.

Featherstone, J. (1967). Schools for children. *The New Republic*, 157(8&9), 17-21

Finn, J. D. (1989). Withdrawing from school. *Review of Educational Research*, 59, 117-142.

Fosnot, C. T. (1996). *Constructivism: Theory, perspectives and practice*. New York: Teachers College Press.

Friedenberg, E.Z. (1959). *The vanishing adolescent*. New York: Dell.

Frymier, J., & Gansneder, B. (1989). The Phi Delta Kappa study of students at risk. *Phi Delta Kappan*, 71, 142-146.

Frymier, J. R. (1992). *Phi Delta Kappa study ofstudents at risk: Final report*. (LC/4802/F77/ 1992).

Gibson, R. L. & Mitchell, M. H. (1986). *Intr* New York: Macmillan Publishing. *oduction to counseling and guidance*

Glasser, W. (1992). *The quality school: Managing students without coercion*. New York: Harper Perennial Publishers.

Goldstein, A. P., Glick, B., Irwin, M. J., Pask-McCartney, C., & Rubama, I. (1989). *Reducing delinquency: Intervention in the community*. New York: Guilford.

Goldstein, A. P., & Glick, B. (1994). Aggression replacement training: A *comprehensive intervention for aggressive youth*. Champaign, IL: Research Press.

Goodman, P. (1964a). *Compulsory mid-education and the community of scholars*. New York: Vintage.

Goodman, P. (1964b). *Growing up absurd*. New York : Random House.

Gordon, E. & Yowell, C. (1994). Culture dissonance as a risk factor in the development of students. In R. Rossi (Ed.), *Schools and Students At Risk* (pp. 51-69). New York: Teachers College Press.

Hahn, A. & Danzberger, J. (1987). *Dropouts in America: Enough is known for action*. Washington DC: Institute for Educational Leadership.

Hamilton, S. F. (1986). Raising standards and reducing dropout rates. *Teachers College Record*, 87, 410-429.

Hefner-Packer, R. (1991). Alternative education programs: A prescription for success. *Monographs in Education*, 12.

Heger, H. K. (1992). *Retaining Hispanic youth in school: An evaluation of a counseling-based alternative school program*. Paper presented at the Annual Conference of the Rocky Mountain Educational Research Association.

Hirschi, T.(1969). *Causes of delinquency*. Berkeley, CA: University of California Press.

Hirschi, T.(1990). Control: Society' s central notion. *The American Journal of Sociology*, 96, 750-752.

Hixson, J. & Tinzmann, M. B. (1990). *Who are the 《at-risk》 students of the 1990s?* NCREL, Brook. http://www.ncrel.org/sdrs/areas/rplesys equity.htm#workdes

Holt, J. C. (1964). *How children fail*. New York : Delta

Holt, J. C. (1967). *How children learn*. New York : Dell.

Hycner, R. H. (1985). Some guidelines for the phenomenological analysis of interview data. Human Studies, 8, 279-303.

Jacobs, B. G. (1995). Summary for recommendations for alternative education. *Texas Study of Secondary Education*, Vol. IV.

Jarjoura, G. R.(1993) Does dropping out of school enhance delinquent involvement? Results from a large-scale national probability sample *Criminology* ,31, 149-71.

Johnson, R. E. (1979). *Juvenile delinquency and its origin.* Cambridge University Press.

Jordan, W. J. & Lara, J. (1996). Exploring the causes of early dropout among race-ethnic and gender groups. *Youth & Society,* 28, 62-93.

Kasen, S. & Cohen, P. (1998). Adolescent school experiences and dropout, adolescent pregnancy, and young adult deviant behavior. *Journal of Adolescent Research,* 13, 49-72.

Kaufman, R. A. (1972). *Educational system planning.* Englewood Cliffs, NJ: Educational Technology Publications, Inc.

Kaufman, P., Klein, S., & Frase, M. (1999). *Dropout rates in the United States: 1997.* National Center for Education Statistics.

Kershaw, C. A., & Blank, M. A. (1993). *Student and educator perceptions of the impact of an alternative school structure.* Paper presented at the Annual Meeting of the American Educational Research Association, Atlanta, GA.

Koethe, C. (1999). One size doesn't fit all. *Tech-Nos quarterly.* Bloomington, IN: The Agency for Instructional Technology.

Kohen, A.I., & Barker, S.C. (1966). *The antecedents and consequences of interruption in formal schooling: A review of the literature.* Columbus, Ohio: The Ohio Sate University, Center of Human Resource Research. College of Administrative Science.

Kronick, R. E. (1997). *At-risk youth: Theory, practice, reform.* New York: Garland Publishing, Inc.

Kunisawa, B. (1988). A nation in crisis: The dropout dilemma. *NEA Today,* 6, 61-65.

Lerner, R. M. (1993). *Early adolescence: Perspectives on research, policy, and intervention.* Hillsdale, NJ: Erlbaum.

Levin, H. M. (1987). Accelerated school for disadvantaged students. *Educational Leadership,* 44, 19-21.

Levin, H. M. (1991). What are accelerated schools? *Accelerated Schools,* 1.

Lincoln, E. G., & Guba, Y. S. (1985). *Naturalistic inquiry.* London: Sage.

Little Hoover Commission (1996). *The charter movement: Education reform school by school.* The State of California.

Maslow, A. H. (1954). *Motivation and personality.* New York: Harper and Bros.

McLanahan, S. & Sandefur, G. (1994). *Growing up with a single-parent: What hurts, what helps?* Cambridge, MA: Harvard University Press.

McLaughlin, T. F., & Vacha, E. F. (1992). School programs for at-risk children and youth: A review. *Education and Treatment of Children*, 15, 255-267.

McLearn, K., Colasanto, D., & Schoen, C. (1998). *Mentoring makes a difference.* Findings from the Commonwealth Fund 1998 Survey of Adults Mentoring Young People.

McMillen, M. M., Kaufman, P., & Whitener, S. D. (1996). *Dropout rates in the United States*: 1995. Washington, DC: National Center for Education Statistics.

McWhirter, J. J. (1998). *At-risk youth: A comprehensive response.* New York: Brooks/Cole Publishing Company.

Merriam, S. B. (1998). *Qualitative research and case study applications in education.* San Francisco: Jossey-Bass Publishers.

Meyers, S. (1999). Service learning in alternative education settings. *The Dropout Information Clearing House*, 73, 114-117.

Miller, A.P. (1991). *An analysis of the persistence/dropout behavior of Hispanic students in a Chicago public high school.* The annual meeting of American Educational Research Association. *Social work with*

Morley, R. E. (1991). *Alternative education. Dropout prevention research reports.* Clemson, S. C.: National Dropout Prevention Center. ERIC Document Reproduction Service No. 349 652.

Morley, R. E. (1998). *Description of alternative schools or programs.* Department of Education. Des Moines, Iowa.

Morrow ,K.N. (1990). *A self-esteem group for high school dropouts: A facilitators manual.* Moorhead State University.

National Center for Education Statistics (1992). *National dropout statistics field test evaluation.* Washington, DC: United States Department of Education.

Neil, A. S. (1960). *Summerhill.* （夏山學校） New York: Hart.

Ogden, E. H. & Germinario, V. (1988). *The at-risk student: Answers for educators.* Lancaster, PA: Technomic Publishing Company.

Orr, M. (1987). *Keeping students in schools.* San Francisco: Jossey-Bass Publishers.

Patton, M. Q. (1990). *Qualitative evaluation and research methods* (2nd ed.). London: Sage.

Paula, A.M. (1995). School failure and special populations. *children and adolescents.* University of Michigan.

Piaget, J. (1932). *The moral judgement of the child*. London: Routledge and Kegan Paul.

Raywid, M. A. (1981). The first decade of public school alternatives. *Phi Delta Kappan*, 62(8), 551-557.

Raywid, M. A. (1990). Alternative education: The definition problem. *Changing Schools*, 18, 4-5.

Raywid, M. A. (1994). The research record. In J. Mintz, R. Solomon, & S. Solomon (Eds.), *The Handbook of Alternative Education* (pp. 7-11). New York: Macmillan.

Raywid, M. A. (1998). History and Issues of Alternative Schools. *The High School Magazine*, 6, 10-14.

Reckless, W. C., & Dintz, S.(1967). Pioneering with self-concept as a vulnerability factor in delinquency. *Journal of Criminal Law, Criminology and Police Science*, 58, 515-23.

Riessman, F. (1962). *The culturally deprived child*. New York: Harper & Row.

Rogers, C. (1951). *Client-centered therapy: Its current practice, implications, and theory*. Boston: Houghton Mifflin.

Rogers, C. (1979). Foundations of the person-centered approach. Education, 100, 98-107.

Rumberger, R. (1995). Dropping out of middle school: A multilevel analysis of students and schools. *American Educational Research Journal*, 32, 583-625.

Rumberger, R.W.; Ghatak, R.& Ritter, P.L. (1990). Family influences on dropout behavior in California high school. *Sociology of Education*, (63),283-299.

Russel W. R. (1983). Dropping out of high school: The influence of race, sex, and family background. *American Educational Research Journal*.20(2),199-220.

Ryan, K., & Cooper, J. M. (1995). *Those who can teach*. Boston, MA: Houghton Mifflin Co.

Seitz, V., Apfel, N. H., & Rosenbaum, L. K. (1991). Effects of an intervention program for pregnant adolescents: Educational outcomes at two years postpartum. *American Journal of Community Psychology*, 19, 911-930.

Short, P. M. (1988). Planning and developing in-school suspension programs. *Monographs in Education*, 9.

Storn, D. (1986). *Reducing the high school dropout rate in California: Why we should and how we may*. (Eric Document Reproduction Service No.

Ed2733712).

Sutherland, E. H. (1939). *Principles of criminology*. Philadelphia: Lippincott.

Sutherland, E.& Cressey, D. (1970). *Criminology*. Phiadelphia: Lippincott Co. 8th ed..

Swisher, J. D. (1990). *An evaluation of student assistance programs in Pennsylvania.*

The Audit Commission (1996). *Misspent youth: Young people and crime.* Audit Commission Publication, U. K.

Thornberry, T. P., Moore, M. & Christenson, R. L.(1996). The effect of dropping out high school on subsequent criminal behavior. In J. G. Weis, R. D. Crutchfield, & G. S. Bridges (eds.), *Reading: Juvenile Delinquency*. CA: Pine Forge Press, pp. (87-89).

Tindall, L. W. (1988). *Retaining at-risk students: The role of career and vocational education*. ERIC Clearinghouse on Adult, Career, and Vocational Education, Columbus.

Tinto, V. (1975). Dropout from higher education: A theoretical synthesis of recent research. *Review of Educational Research*, 45, 81-125.

Valerie. E.L & Zimiles, H.(1991). Adolescent-family structure and educational-progress. *Developmental Psychology*. 27(2),314-320.

Varner, W. (1998). *A legislative tour of the States*. Maryland Department of Education. http://www.dropoutprevention.org/edpol/edpolicy.htm.

Vygotsky, L. S. (1978). *Mind in society: The development of higher psychological processes*. Cambridge, MA: Harvard University Press.

Vygotsky, L. A. (1986). *Thought and language*. Cambridge, MA: The MIT Press.

Warren, M. Q. (1983). Applications of interpersonal-maturity theory of offender populations. In W. S. Laufer & J. M. Day (eds), *Personality Theory, Moral Development and Criminal Behavior*. Lexington: Lexington Books.

Wasik, B. H., Ramey,, C. T., Bryant, D. M., & Sparling,, J. J. (1990). A longitudinal study of two early intervention strategies: Project CARE. *Child Development*, 61, 1682-1696.

Weinstein, G., & Fantini, M. (1970). *Toward humanistic education: A curriculum of affect*. New York: Praeger.

Well, S. E. (1990). *At-risk youth: Identification, programs, and recommendations*. Englewood, Colorado: Teacher Idea Press.

West Virginia State Dept. of Education, Charleston. Div. OF General and Special Educational Development (1987). *West Virginia dropout study, 1985-1986*.

(EEIC Document Reporduction Service NO. RESUME ED 278930).

Wigtil, J. V. (1995). Exceptional children: Counseling at-risk students. In J. Young (Ed.). *Conference Proceedings of the Symposia on Counseling and Guidance in Taiwan and U.S.A.* (pp. 19-24). Kaohsiung, Taiwan: National Kaohsiung Normal University.

Woodley, A. & Parlett, M. (1983). Student drop-out. *Teaching at a Distance*, 24, 2-23.

Wozniak, R. H., & Fischer, K. W. (1993). *Development in context: Acting and thinking in specific environments.* Hillsdale, NJ: Erlbaum.

Young, T. W. (1988). Survey of public alternative schools in Washington. *Options in Education*, 3(4), 11.

Young, T. W. (1990). *Public alternative education: Options and choice for today' s schools.* New York: Teachers College.

Zimiles, H. & Lee, V. (1991). Adolescent family structure and educational progress. *Developmental Psychology*, 27, 314-320.

國家圖書館出版品預行編目資料

中輟學生的危機與轉機 = Alternative education for
dropout prevention / 吳芝儀著.
－－初版 －－ 嘉義市 ：濤石文化， 2000【民89】
面 ；　　　 公分　　參考書目：面
ISBN 957-30722-3-8（平裝）
1.輟學 2.輔導（教育）

　　　527.119　　　　　　　　　　89017963

中輟學生的危機與轉機

Alternative Education for Dropout Prevention

著　　者：吳芝儀
出 版 者：濤石文化事業有限公司
發 行 人：陳重光
總 編 輯：陳重光
責任編輯：吳孟虹
封面設計：白金廣告設計 梁叔爰
登 記 證：嘉市府建商登字第08900830號
地　　址：嘉義市台斗街57-11號3F-1
電　　話：(05)271-4478
傳　　眞：(05)271-4479
郵撥帳號：31442485
戶　　名：濤石文化事業有限公司
印　　刷：鼎易印刷事業有限公司
初版一刷：2000年12月　初版二刷：2001年3月
I S B N：957-30722-3-8
總經銷：　揚智文化事業股份有限公司
　　　　　台北市新生南路三段88號5F-6
　　　　　　電話：886-2-23660309　傳眞：886-2-23660310
定　　價：新台幣350元
E-mail ：waterstone@pchome.com.tw